何以山东

——中国文旅强省十六城高质量发展巡礼

王小刚　编著

山东大学出版社
SHANDONG UNIVERSITY PRESS
·济南·

图书在版编目（CIP）数据

何以山东 : 中国文旅强省十六城高质量发展巡礼 / 王小刚编著. -- 济南 : 山东大学出版社, 2025. 1.

ISBN 978-7-5607-8511-0

Ⅰ. F592.752

中国国家版本馆CIP数据核字第20248N5U50号

责任编辑：张彩芸

封面设计：蓝海文化

何以山东

HEYI SHANDONG

——中国文旅强省十六城高质量发展巡礼

出版发行：山东大学出版社

社　　址：山东省济南市山大南路20号

邮　　编：250100

发行热线：（0531）88363008

经　　销：新华书店

印　　刷：山东蓝海文化科技有限公司

规　　格：787mm×1092mm　1/16

19印张　272千字

版　　次：2025年1月第1版

印　　次：2025年1月第1次印刷

定　　价：98.00元

序

105年前，巴黎和会上，31岁的中国外交官顾维钧的话掷地有声：“山东是中华文明的摇篮，孔子和孟子的诞生地，对于每一名中国人而言，这都是一块不容染指的圣地。”这句话，到了电影《我的1919》中就变成了陈道明口中的那句我们熟知的经典台词：“中国不能失去山东，就像西方不能失去耶路撒冷。”

顾维钧是上海嘉定人，当时是北洋政府的驻美公使，作为民国时期优秀的外交家，他一生最高光的时刻就是在巴黎和会上就山东主权归属问题据理力争、拒绝签字。刚过而立之年的顾维钧一战成名，即便“弱国无外交”是残酷的现实，但“以公理争强权”，勇敢说“不”仍不失为弱国最后的倔强。夏朝有个方国叫“顾国”，居今菏泽鄄城县东北，不知顾维钧的先祖与这个顾国有没有关联，但顾维钧为维护中华民族的权益、山东主权的完整作出贡献却是不争的事实。最终，在两年后的华盛顿会议上，中国收回山东主权，赎回胶济铁路，日军退出山东，北洋政府罕见地取得了一场外交胜利。

山东是中华文明的重要发祥地之一，是一块文化圣地。在文化底蕴这块儿，永远都不需要质疑山东。中华上下五千年，在齐鲁大地上世世代代都流传着后羿射日、女娲补天、愚公移山、盘古开天、大禹治水的远古传说。后李文化、北辛文化、大汶口文化、龙山文化、岳石文化、珍珠门文化灿若繁星、谱系完整，齐鲁大地上诞生了中华民族的早期文明。山东是儒家文化的发祥地，东夷文化、海岱文化、齐鲁文化在此熠熠生辉。自隋朝开创科举制，“四书五经”成为中国古代科举考试的必考内容。“四书”，作者皆出孔门；“五经”，孔子均有参与收集、整理、修订。《二十四孝》中多达10个故事与山东有关……中国当然不能失去山东，山东更不能离开中国。从某种程度上说，读不懂齐鲁，就读不懂华夏；读不懂华夏，也就读不懂中国。

2024年5月3日，泰安宁阳小伙王龙在淄博博山跳河救人时不幸溺亡。同年8月10日，河北廊坊固安，宁阳小伙栾留伟冲下永定河救人，在奋力将3名落水儿童推向安全地带后，自己却因体力不支英勇牺牲。在短短不到100天的时间里，两位来自宁阳的小伙“感动中国”，他们用自己宝贵的生命深刻诠释了“信义宁阳·好人之城”，让国人再次强烈地感受到了“美德山东”和“厚道山东人”，感受到了齐鲁文化的巨大力量。

1988年出生的王龙，是宁阳县磁窑镇人，磁窑旧称“太平”，春秋时期属鲁国。这座千年古镇在唐宋时期盛产精美瓷器，因古瓷窑址众多而得名“磁窑”。这里设有京沪铁路二等站——磁窑站，因距北京和南京的距离相等，故磁窑镇又称“中京”。1983年出生的栾留伟，宁阳县堽城镇人，堽城旧称“刚邑”，春秋末年至战国时期属齐国，西汉置刚县。栾留伟、王龙来自的地方，一位带“刚”，一位与“铁”有关，可哪里有什么从天而降的“钢铁侠”？有的只是凡人的挺身而出罢了。

八百多年前，北宋吏部侍郎李若水（河北邯郸曲周人，曾任济南教授）在靖康之变时，成为以身殉国、慷慨赴死的第一人。倘若没有像李若水这样的人的壮举，赵宋王朝“与士大夫共天下”的国策将彻底沦为笑话。很难说清李若水在济南从事教育工作时受到儒家文化的熏陶有几何，但若没有像他这样的人的为国成仁，挽回了一点北宋朝廷的血性和颜面，南宋又如何能享国152年？又怎会有后来的南宋丞相陆秀夫在崖山突围无望之际背起八岁的宋少帝赵昺投海而死，随行十多万军民亦相继跳海殉国的壮烈一幕？又怎会有文天祥在明知南宋已亡的情况下，仍宁死不屈，在元大都向南方行跪拜礼后，从容就义的“人生自古谁无死，留取丹心照汗青”？

总有一种力量让人泪流满面。李若水、陆秀夫为国捐躯时，分别只有35岁和44岁，跟今年（2024年）牺牲的“80后”王龙、栾留伟属于同一个年龄段的人。他们的精神堪称不朽，正是这些精神慢慢挺起了中华民族的脊梁。他们守护的是什么？是中华民族五千年来安身立命的精神风骨。路遇危难而舍身成仁者，可谓烈士也。很遗憾以这样的方式认识两位英雄，在这里献上我作为一名普通“80后”的深深敬意。

在2024年5月17日召开的全国旅游发展大会上，习近平总书记对旅游工作作出重要指示：“着力完善现代旅游业体系，加快建设旅游强国，推动旅游业高质量发展行稳致远。”以文塑旅，以旅彰文。建设旅游强国的重要前提，就是要把文化强国建设好，加快文化、旅游、交通、乡村振兴等板块深度融合高质量发展，形成全社会范围内高度“文化自信”，最终实现中华民族伟大复兴。文化优势明显的山东当以此为契机，把以儒家文化的精髓为核心的齐鲁文化、以齐鲁文化和东夷文化的精髓为核心的华夏文化建设好，为建设社会主义文化强国和旅游强国贡献山东力量。

山东手握5处世界遗产，即三孔、齐长城、大运河山东段、山东东营黄河口候鸟栖息地以及世界文化与自然双重遗产——泰山；2处世界地质公园，即泰山、沂蒙山；8项联合国教科文组织认定的人类非物质文化遗产代表作，即烟台剪纸、济南皮影戏等。泰山之于“国山”、黄河（山东段）之于“国河”、在历史上与万里长城齐名并称的齐长城之于“国墙”、京杭大运河（山东段）之于“国运”、儒家文化精髓之于“国学”、“孔门四圣”之于“国师”、诸葛亮之于“国士”、鲁菜之于“国宴”、山东高速之于国家高速“国之大道”、通车里程全国第一的山东高铁之于“国家高铁”、港口吞吐量位列全球第5的青岛港之于“国之大港”……即便山东想低调，可客观实力也不允许。

山东握有“一山一水一圣人”和“仙境海岸”两大在全国范围内都极具竞争力的文化旅游目的地品牌。事实上，“一山一水一圣人”不应仅仅是山东省的文旅品牌，更应成为中国的超一线文旅品牌。“一山”，泰山素有“中华国山”威名，1987年12月11日，泰山被联合国教科文组织批准列为中国第一处世界文化与自然双重遗产，领先黄山三年，牢牢占据中国山岳C位。“一水”，秦汉前，“河”是黄河的专称，九曲黄河穿山越岭，在东营沉积出了共和国最年轻的土地——黄河三角洲湿地……沿着黄河遇见海，山东是黄河流域唯一的沿海省份，德州齐河黄河国际生态城旅游度假区是2024年新晋国家级旅游度假区。若是把“水”认定为黄海、渤海，山东海岸线长达3504.74千米，占据全国大陆海岸线总长度的1/6，海洋产业产值占到我国的40%，是“丝绸之路经济带”和“21世纪海上丝绸之路”的重要结合地带，且山东拥有全国最大的国家级海滨旅游度假区集群；若是把“水”认为是趵突泉，那可是乾隆皇帝御封的“天下第一泉”。“一圣人”，中华上下五千年，说孔子是中国历史上最具代表性的世界文化名人，恐怕很难有争议。

截至目前，山东有32家国家一级博物馆、133家国家一级文化馆、128家国家一级图书馆，数量皆为全国第一；山东74个区县（包括县级市，下同）被联合国地名专家组评定为“千年古县”，数量居全国第一；全国“百年百大考古发现”，山东入选6项。全省A级旅游景区1228家，数量居全国第一；拥有7处国家级旅游度假区，其中6处为海滨海岛型，占据全国海滨海岛型国家级旅游度假区半壁江山；山东拥有国家地质公园13处，数量高居全国第一……

城市建设方面，在2024年全球化与世界城市研究网络（GaWC）排名中，济南、青岛均为世界二线城市，烟台属世界三线城市，山东现有青岛、济南、烟台三座“万亿俱乐部”城市，数量居全国第三。综合立体交通领域，山东高速已成为全国高速标杆，山东高铁通车里程保持全国第一；山东现有5处国际机场，数量居全国第二，北方第一。海港口岸领域，山东提出“推动青岛港和日照港、烟台港等加快建设世界一流海港”。乡村振兴领域，山东共有11个区县入选国家乡村振兴示范县（市、区）创建名单，数量居全国第一。体育领域，2020年东京奥运会（因疫情于2021年举办），山东健儿为中国代表团夺得7金，金牌数量居全国第一；2021年陕西第十四届全国运动会，山东代表团实现金牌数与奖牌数的全国“四连冠”；2023年杭州亚运会，山东健儿为中国代表团夺得38金；2024年巴黎奥运会，山东健儿为国再夺5金4银6铜，创下山东省参加奥运会的最好奖牌成绩。

本书写作特点有五。

第一，真实、准确。本书提及的每个事件、数字均有据可查；采用国务院批准的山东16个地级市、136个县级行政区作为写作维度，尽量不用功能区。

第二，从城市、乡村振兴、文化、交通、旅游、体育、节庆七大维度剖析文旅强省山东现状，以铁路、公路、航空、水港为切入点，剖析综合立体交通在山东城市兴衰沉浮历程中所起到的决定性作用。

第三，全方位综合立体展示山东“城、农、文、交、旅、体、会”高质量发展成果，除美食、民宿部分采用省级荣誉外，原则上尽量采用国家级荣誉，堪称文旅强省山东文化、旅游、乡村振兴领域的一次“国字号”大巡礼。

第四，坚持高举“引客入鲁”大旗，16位来自中国和世界各个历史时期的“超巨”，共同为山东16地市城市文旅推介。除马可·波罗外，他们来自中国各个朝代、各个行业，他们的很多作品时至今日都是中华民族的瑰宝。更重要的是，他们中的很多人来自江苏、河北、河南、浙江等山东主要的客源省份。齐鲁文化已深深地融浸在了山东人民的血液中，而这些“引客入鲁”大业的先行者，也在潜移默化中被齐鲁文化深深影响。汉高祖刘邦首开历代帝王祭孔之先河，汉武帝晚年更是感慨“生子当置齐鲁礼义之乡”。

第五，配有大量精美图片。在全省16地市文化和旅游局、众多头部景区以及摄影“大咖”们的大力支持下，笔者变身“照片选品达人”，争取呈现在广大读者面前的每一张照片都是艺术般的存在，在此一并向他们表达深深的谢意。

在本书行文过程中，笔者总体把握两个原则：一是选取的“城市文旅推介人”对“代言”城市的热爱发自肺腑；二是全省16地市文化旅游高质量推介须达到整体利益最大化。尽管怀揣一颗热爱家乡的赤诚之心，但受水平所限，拙作难免多有纰漏，敬请读者朋友们多多批评指正。

为山东“打call”，当为每一位齐鲁文旅人的分内之事。唯愿读完本书之后，山东父老、乡贤、学子更加了解家乡，国人更加了解山东、更加了解齐鲁文化。对于齐鲁大地，真的只有0次和无数次，很多时候，你与山东的距离只是一张高铁票、一张机票、一脚油门……一次山东游，一生山东情。

好客山东，好品山东，山东与世界共享齐鲁美好。

行动力强的人率先享受齐鲁大地非凡世界。

何以山东？只此山东。

谨以此书献给所有正在奋斗的“80后”以及“80后”的下一代们。

是为序。

王小刚

甲辰年蒲月于历山下

目　录

齐鲁文化旅游高质量发展巡礼

农文旅强国山东先行 外省名士带你游齐鲁

秋染世界，世界自然与文化遗产泰山的重要组成部分——灵岩寺。摄影：官庆国

齐鲁文化旅游
高质量发展
巡礼

引 言

山东的故事还得从春秋时期的一场大战开始说起。

《左传·襄公十年》记载："十年春（公元前 563 年），（鲁襄）公会晋侯、宋公、卫侯、曹伯、莒子、邾子、滕子、薛伯、杞伯、小邾子、齐世子光会吴于柤。夏五月甲午，遂灭偪阳。"晋文公的玄孙晋悼公为打通与吴国的陆路交通线，纠集齐、鲁、莒、曹、宋等十三个国家的部队杀奔弹丸之地偪阳国（今枣庄市台儿庄区张山子镇）。

偪阳国国君偪阳子妘豹向来采取不结盟、不站队策略，既不亲楚亦不亲晋，且拒绝做鲁国、宋国的附庸国。很显然，晋悼公不允许如此有个性的子爵小国存在。剩下的问题就简单了，单挑还是群殴？

春秋时期的通用游戏规则是能动嘴就尽量不动手，喜欢搞会盟、"不战而屈人之兵"这一套；非得要动手的话，能群殴就不要单挑，打仗除了打的是综合国力，更重要的是面子，比拼的就是看谁的小弟多。这让渴望成为"永久中立国"的偪阳国君内心很痛苦：结盟吧，背离了自己的初心；打吧，又实在是打不过；投降吧，意味着就此沦为亡国奴，九泉之下都不好跟自己的老祖宗们汇报工作。更令他气愤的是，联军将攻击时间定在了农历四月初九，肥沃的黄淮冲积平原养育了一代代的偪阳国民，眼看马上就该割麦了，此举简直是毫无武德可言。

十三个国家（不乏大国晋、齐）征伐一个弹丸小国，这放到任何时代，都相当炸裂，更何况这个小国啥都没错，错的就只是"没在正确的位置上"。可惜，在那个成王败寇的年代里，没人会跟你讲感情。《礼记·檀弓下》载"师必有名"，晋悼公表示自己没看过，在他眼里，"菜"就是原罪。晋国大将荀偃、士匄率十三国军队十面围城、兵临城下，周天子说话早已失去作用，假装不知道，楚共王爱莫能助，偪阳国孤立无援。

奇迹之所以是奇迹，是因为它很少发生。喋血孤城偪阳并没有发生奇迹。央视中文国际频道《国宝档案》栏目曾解读过这场战役《古国探秘——偪阳大战》，十三个国家的军队围攻偪阳城长达 29 天，偪阳国惨遭灭国，联军惨胜。这要让一代霸主晋文公知道自己的玄孙把仗打成这样，非给踹到一边不可，还嚷嚷什么“中兴”“争霸”啊，都丢不起这个人。令人唏嘘的是，五年后，晋悼公驾鹤西去，年仅 29 岁，又一个“29”，所谓“天下不能与之争衡”的一代雄主就此陨灭。

偪阳大战中，鲁国军队打得极为狼狈，但并非完全没有亮点，鲁国将领叔梁纥便凭借神武表现一战封神。《孔子家语 · 本姓解》载：“（叔梁纥）身长十尺，武力绝伦。”试想，倘若没有“以勇力闻于诸侯”的叔梁纥双手奋力托起千斤城门，瓮城中伏的鲁军死伤将会是几何级的增长。偪阳军队本可万箭齐发，叔梁纥的命运不一定会比《杨家将传奇》中杨七郎延嗣的结局好到哪儿去，可那天怒目圆睁的叔梁纥犹如天人下凡，气势完全盖过了另外两员鲁将秦堇父、狄虒弥，犹胜日后长坂坡张翼德之雄风，偪阳军队竟然被唬住了，甚至都忘了弯弓搭箭，等到反应过来时，叔梁纥已全身而退。你敢想吗，叔梁纥当时已是 60 岁的花甲老人。

七年后，67 岁的叔梁纥率三百甲士夜袭齐军，迫使齐国退兵。又五年后，72 岁的叔梁纥与 18 岁的鲁国姑娘颜徵在诞下一子，他就是孔丘，字仲尼，后来人们尊称他为“孔子”。叔梁纥的正室生 9 女，无子；妾生一子孟皮，字伯尼，有足疾。对于孔家来说，拥有一个健康的儿子来继承家业比什么都重要，哪怕叔梁纥留的这个家业仅仅是最低一级贵族“士”的身份。《史记 · 孔子世家》载：“颜氏女……祷于尼丘得孔子。”尼丘就是今天的曲阜尼山，现附近建有入选第一批国家级夜间文化和旅游消费集聚区、大手笔打造的尼山圣境。

孔子

天不生仲尼，万古如长夜。

一　名士篇
——自古齐鲁名士多，谁说山东没出过皇帝

孔圣人登场，我们开始山东的名人篇。在孔子诞生之前，山东这块神奇土地上，最出名的当属“三皇五帝”。与山东基因最近的“三皇五帝”成员，是上古时期“五帝”之一的少昊玄嚣。相传，黄帝的长子少昊（也被称为“穷桑氏”），迁都曲阜后以凤鸟立制。今天的曲阜少昊陵遗址，有“中国金字塔”之称，入选第八批全国重点文物保护单位，这也是全国唯一一处少昊陵庙。

从少昊陵出发，南下 70 多千米，便是入选第七批全国重点文物保护单位的济宁市微山县伏羲庙。据《中国历史大辞典》记载，伏羲，即太昊，神话中人类的始祖，东夷人的部落首领，他的另一重身份是黄帝的爷爷、少昊的曾祖父。相传伏羲的母亲华胥氏在雷泽（今菏泽市牡丹区）踩了巨大的脚印后有孕，生下了一双儿女伏羲和女娲，从此，东夷族命运的齿轮开始转动。

从伏羲庙西行 130 多千米，便是少昊的曾孙、司马迁眼中“最理想的君主”尧的封地陶（今菏泽市定陶区）。在将部落联盟首领之位“禅让”给舜后，尧帝逝于菏泽，葬于谷林（今菏泽市鄄城县境内）。2011 年，由菏泽市牡丹区文化馆提报的《尧的传说》入选第三批国家级非物质文化遗产扩展项目。

《史记·五帝本纪》载：“舜耕历山，历山之人皆让畔；渔雷泽，雷泽上人皆让居；陶河滨，河滨器皆不苦窳。”古雷泽在今菏泽市牡丹区境内，历山古遗址位于鄄城县阎什镇历山庙村西，毗邻舜庙建筑群，这里被很多人认为是舜帝躬耕之地。相传，大禹治水有功，划定九州，接受舜的禅让，成为部落联盟首领，国号为夏。禹是黄帝的玄孙、鲧的儿子，母为有莘氏（故地在今菏泽市曹县莘冢集一带）之女修己，也就是说，禹的外婆是曹县人。菏泽市是伏羲、尧、舜、禹的发祥地，为叫响祖源文化品牌，牡丹区胡集镇已连续举办了 15 届恭祭伏羲尧舜禹大典。

千佛山古称历山，是国家级风景名胜区、国家 4A 级旅游景区。摄影：邵凯

相较于尧和禹来说，在齐鲁大地，舜的影响力可谓独一档的存在。在潍坊诸城和省会济南等地，流传着舜的很多传说。诸城是舜文化的发祥地，获誉“舜帝之都”，诸城就是“因传说舜帝出生于城北的诸冯村”而得名。诸城市文化馆提交的《舜的传说》，已成功入选第三批国家级非物质文化遗产名录，这是全国入选批次最靠前的关于舜的民间文学作品。不过，在省城济南市民看来，舜躬耕的这个历山，当然就是千佛山。早在明清时期，济南城内便有舜祠等名胜，老济南内城的南门叫舜田门。从今天位于千佛山西的主干道舜耕路上的四星级旅游饭店舜耕山庄出发，北上 3.6 千米便是舜井街。

在周朝之前，还有两位山东国士，在这里不得不提。一位是尧舜禹时代少昊之墟（今济宁曲阜）人皋陶，后世尊为“中国司法始祖”“法圣”。另一位是夏末商初有莘人伊尹。商部落首领汤多次前往曹县游说伊尹“加盟”，后授以国政，灭夏建商。伊尹前后辅弼五代商王，堪称中国历史上的第一位名相。殊为难得的是，伊尹还是一位“厨神”，他创立了“五味调和说”与“火候论”，享有“中华厨祖”盛名。

南宋官员赵彦卫在笔记集《云麓漫钞》中第一次提到“三教九流”的概念。“三教”为儒、释（佛）、道，“九流”指的是九大学术流派，即儒家、道家、法家、墨家、农家、名家、纵横家、阴阳家、杂家。

孟子

颜回

曾子

子思

儒家学派创始人为“至圣”孔子（济宁曲阜人），代表人物是“亚圣”孟子（济宁邹城人）、“复圣”颜回（济宁曲阜人）、“宗圣”曾子（济宁嘉祥人）、“述圣”子思（济宁曲阜人），均为山东人氏。道家学派代表人物之一庄子是菏泽东明人；全真教创始人王重阳的七位嫡系弟子，即全真七子，其中有六位是今烟台人，一位是今威海人。法家学派代表人物管仲是辅佐齐桓公称霸春秋的名相；李斯和韩非曾在齐国稷下学宫访学。墨家学派创始人“科圣”墨翟是枣庄滕州人，“兼爱”一说被天下游侠视为行为准则；齐人身上多有英雄崇拜情结，战国时期著名游侠荆轲的祖先是山东人，《史记·刺客列传》载：“荆轲者，卫人也。其先乃齐人……”农家学派代表人物许行长年在枣庄滕州耕作；《齐民要术》作者、“农圣”贾思勰是潍坊寿光人。纵横家的代表人物苏秦对临淄城的生动描述，“家殷人足，志高气扬”，让世人很早就明白了“城市让生活更美好”。阴阳家的代表人物、五行创始人邹衍是济南章丘人。

除“三教九流”外，齐鲁大地兵家群星闪耀。兵家鼻祖为日照莒人姜子牙（太公望），代表人物有“兵圣”孙武（滨州惠民人，一说东营广饶人）、菏泽定陶人吴起（一说曹县人）、菏泽鄄城人孙膑、齐国军事家司马穰苴。难能可贵的是，五大兵家代表人物均有兵书存世。另外，以火牛阵大破燕军，收复七十余城助齐复国的齐将田单（淄博临淄人）与祖籍聊城的岳飞和生于济宁、祖籍烟台蓬莱的明朝抗倭名将戚继光亦是兵家杰出代表。在唐朝名臣、书法家颜真卿（祖籍临沂费县）看来，战国名将中，田单与赵奢、廉颇、李牧、王翦属同一档。

位于北京市海淀区复兴路上的中华世纪坛，回廊中有40尊青铜铸造的“中华文化名人”肖像雕塑，他们都是在中华民族史上作出过杰出贡献的文化名人，山东籍文化名人有五人：孔子、孙子、王羲之（临沂兰山人）、贾思勰（潍坊寿光人）、李清照（济南章丘人）。此外，管仲、老子、司马光、吴道子、詹天佑、司马迁、屈原、李白、杜甫、徐霞客、李四光、梅兰芳、徐悲鸿、梁思成等14位名人都有在山东工作、游访的经历。需要重点提及的是齐相管仲和易安居士、济南词人李清照，前者在40位文化名人中位列第一，后者是进入“中华文化名人”首批40人榜单的两位女性代表之一。

除了上述名人外，齐鲁大地上还涌现出了众多圣贤。如“圣臣”晏婴（潍坊高密人）、“艺圣”鲁班（枣庄滕州人）、“医圣”扁鹊（济南长清人）、“学圣”荀况（三为齐国稷下学宫祭酒，两任兰陵令）、“智圣”诸葛亮（临沂沂南人）；建安七子山东占其四，即孔融（济宁曲阜人）、王粲（济宁微山人）、徐幹（潍坊寒亭人）、刘桢（泰安宁阳人）；还有前秦文武双全的丞相王猛（潍坊寿光人），《清明上河图》作者、宋代画家张择端（潍坊诸城人），南宋爱国词人辛弃疾（济南历城人），元代散曲家张养浩（济南天桥人）以及清朝文学家蒲松龄（淄博淄川人）……

当然，在山东工作过的文化名人还有很多。比如凭借一己之力想将琅琊带进长三角“包邮区”的越王勾践；出生于江苏徐州丰县的山东女婿刘邦，这位秦帝国维持乡村治安的基层小吏，48 岁时开始创业，选择的创业方向是“聚众造反”，八年后在菏泽定陶称帝，建立西汉王朝；北宋文学家欧阳修，江西吉安永丰人，曾任青州知州；唐宋八大家之一的曾巩，江西抚州南丰人，曾任齐州（济南）知州；两宋之交杰出的政治家、军事家宗泽，浙江金华义乌人，曾任掖县（烟台莱州）县令……

历代大型封建王朝从未选择在山东定都？山东从未出过一个皇帝？这是互联网时代比较热门的话题。前者的答案是肯定的。在中国 2000 多年的封建社会里，只有战国时期的齐国和东晋十六国存国仅 11 年的南燕，分别定都淄博临淄和潍坊青州，但两个国家当时占据的主要都是山东地区，顶多算是地方割据政权。汉高祖刘邦倒是在菏泽定陶称帝，建立西汉王朝，但未选择定陶为都，初定都洛阳，后迁长安。

山东从未出过皇帝？此事有待商榷。且不说唐朝末年于长安含元殿即位、建国号为“大齐”的黄巢是菏泽曹县人，单说汉武帝的孙子、西汉废帝海昏侯刘贺就出生于昌邑国（今菏泽巨野），他可是地地道道的大汉天子，从叔叔汉昭帝刘弗陵手中继承皇位，哪怕这个皇帝在位仅有 27 天。

在中国封建社会里，另有三位皇帝与山东颇有渊源。齐高帝萧道成建立的南朝齐（479—502 年），是南北朝时期南朝的第二个朝代，历七帝。梁武帝萧衍建立的南朝梁（502—557 年），是南朝第三个朝代，传四帝。萧道成和萧衍均属兰陵萧氏，祖籍今临沂市兰陵县。若论籍贯的话，萧道成和萧衍当属山东人无疑。

另，西汉权臣、改革者、新朝皇帝王莽，出生于今邯郸市大名县金滩镇北沙窝庙村，这个村子北边和东边的邻村均属聊城莘县，距离山东地界三千米，其可称得上是半个山东人了。更为传奇的是，汉元帝皇后王政君出自东平陵（今济南章丘）王氏家族，在儿子刘骜即位汉成帝后，她要求儿子在一日内给太后几个同父异母的兄弟封侯，时称“王氏五侯”。王莽正是王政君的侄子，说大一统王朝“新朝”的建立者王莽祖籍为济南章丘当无争议。

好客山东，名士山东。

高质发展

二　地理篇

——东夷与雄鹰，谁是那支射向海洋的箭

究竟是一块怎样的土地，能孕育出如此璀璨的齐鲁文明呢？这一切还要从山东极其特殊的地缘说起。

山东位于中国东部沿海、黄河下游，处于中国最为富庶的华东地区，同时也是中国第二大平原华北平原的重要组成部分，是华北、华东与海洋的交汇点。

从地缘上看，山东是一个怎样的存在？黄渤海围着、泰山镇着、奔涌5000多千米的黄河从这里入海，可谓人杰地灵，那跛山涉水的黄河兴起时没准儿还会邀请大运河一起摇摆。

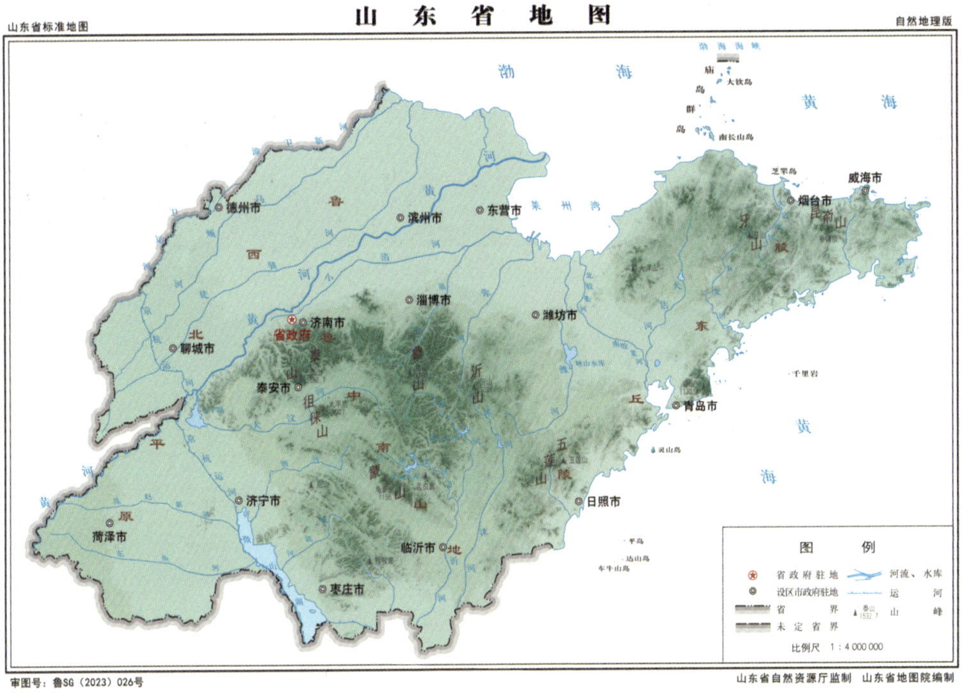

山东省地图 · 自然地理版

临沂沂蒙山银座天蒙旅游区天桥·夏。摄影：高上

山东大概可以分为四大区域，分别是胶东半岛、沂蒙山区、环渤海地区山东区域和鲁西冲积平原。胶东半岛即胶莱运河以东地区，主要包括青岛市、烟台市、威海市和潍坊市的东部，这是山东最为富饶的片区，在这里可以轻松实现海鲜和水果自由。沂蒙山区主要包括临沂市全境，日照市、枣庄市的大部，以及泰安、淄博、济宁、潍坊四市的局部。习近平总书记高度肯定孕育于蒙山沂水间，军民水乳交融、生死与共铸就的沂蒙精神，深刻指出“沂蒙精神与延安精神、井冈山精神、西柏坡精神一样，是党和国家的宝贵精神财富，要不断结合新的时代条件发扬光大”。沂蒙山区是一个不断缔造奇迹的地区，莒南厉家寨人民发扬愚公移山的精

神劈岭造田，曾得到毛主席的亲笔批示："愚公移山，改造中国，厉家寨是一个好例。"环渤海地区山东区域是山东黄河流域生态保护和高质量发展的重点区域，主要包括东营市、滨州市、济南市和淄博、潍坊两市的局部，千乘之国，向海而生，这里是中国北方著名的海盐盐场，冶铁、纺织技术发达，掌控着齐帝国的财富密码。鲁西冲积平原主要包括德州市、聊城市、菏泽市以及济宁市、泰安市的大部，这里是山东的大粮仓、菜篮子，诞生于此的儒家文化是山东人的精神家园，齐鲁文化、黄河文化、运河文化在此和融共生，黄河梦、运河梦、高铁梦，托起了鲁西人民的复兴梦、中国梦。

《禹贡》以山川河流为大致界限划分九州，黄河流域占其六。河南占豫州，河北、山西属冀州。西晋初年极限操作导致八王之乱，地域文明在战乱的推动下迅速融合。今山东境内有青、兖、徐、豫、冀五州的影子：青州、兖州按下不表，徐州（统今枣庄、临沂、日照大部）、豫州（统鲁郡，今曲阜、泗水、滕州等地）、冀州（统平原、乐陵）都体现了不同文化之间的融合交流，织就了灿烂的齐鲁文化。

因地域相近，且省名中都带有"山"或"河"字，这届网友玩梗，将山东、山西、河南、河北合称"山河四省"。只是，与"山河四省"的三个兄弟省份（河南大部位于黄河以南、河北处黄河以北，山西居太行之西）不同，山东的"山"并非单一山脉，山东最初作为一个地理概念，主要指的是崤山、华山或太行山以东的黄河流域广大地区。金大定八年（1168 年），置山东东路、山东西路，"山东"始作为政区名称。明洪武九年（1376 年），设山东承宣布政使司，移治济南，"天选之城"济南就此成为山东省会。清顺治元年（1644 年）始将山东政区的名称定为"山东省"。

山东省陆域面积 15.81 万平方千米，与河北、河南、安徽、江苏四省接壤，鲁皖省界线仅有 18 千米。自北及南，滨州、德州、聊城、泰安、济宁、菏泽、枣庄、临沂、日照，9 个地市的 29 个区县与兄弟省份毗邻。菏泽单县位于鲁、苏、皖、豫四省八县交界处，是山东唯一一个"鸡鸣四省"之地；聊城莘县位于鲁、豫、

冀三省交界处。从山东西端的菏泽东明黄河国家湿地公园出发，自驾到东端威海成山头，行车距离897千米，相当于济南站到西安北站的区间距离。从山东北端的烟台蓬莱北隍城岛到南端的临沂郯城杨集镇李庄村，两地行车距离641千米，超过济南西站到南京南站的区间距离。

山东濒临黄渤海，海域面积约为15.86万平方千米。山东半岛是中国第一大半岛，沿海分布有威海、烟台、青岛、东营、日照、潍坊和滨州七地市，境内大陆海岸线的总长度排名全国省市第三，威海市海岸线长967.57千米，是山东省海岸线最长的城市。位于辽东半岛最南端的辽宁大连旅顺口区老铁山岬角与山东烟台蓬莱区蓬莱岬之间的连线，构成了渤海与黄海的天然分界线，山东和辽宁成为濒临黄渤海两大海域的省份。

山东大陆海岸线北起冀鲁交界处的漳卫新河河口，南至鲁苏交界处的绣针河河口，长度为3504.74千米，约占全国大陆海岸线总长度的1/6。其中，属渤海的大陆海岸线长约1046.84千米，属黄海的大陆海岸线长度约为2457.90千米。各设区市大陆海岸线长度依次为威海市（967.57千米）、烟台市（798.65千米）、青岛市（760.02千米）、东营市（463.51千米）、日照市（226.35千米）、潍坊市（158.36千米）和滨州市（130.28千米）。山东管辖海域中有589个海岛，其中，烟台市境内有230个，威海市有185个，青岛市有120个，日照市有22个，滨州市有21个，东营市有7个，潍坊市有4个，距大陆海岸线最远的有居民的海岛是北隍城岛，与大陆的距离约61千米。

若按传统文化符号划分，山东大致可分为泰山、曲阜、淄潍、崂山昆嵛山四大传统文化传承创新片区。若按地缘符号划分，山东大致可分为胶东、沂蒙、渤海、鲁西四个红色文化片区。按文化轴线体验廊道划分，山东分为沿黄河、沿大运河、沿齐长城、沿黄渤海和沿胶济铁路线“四廊一线”五大主题廊道。寓意“国泰民安”

威海荣成成山头日出。威海市文化和旅游局供图

的泰安坐镇山东中部，境内有黄河、大运河、齐长城穿过，县级市新泰市属沂蒙老区，有多达四处文化符号。

若按沿海城市与非沿海城市划分，济南市、淄博市、枣庄市、济宁市、泰安市、临沂市、德州市、聊城市、菏泽市九地市为非沿海城市，其他七个地市为沿海城市。若按春秋战国时期齐鲁两国划分，齐国疆域大体涵盖今济南市、青岛市、淄博市、东营市、烟台市、潍坊市、威海市、日照市、临沂市、德州市、聊城市、滨州市；鲁国疆域大体涵盖今枣庄市、济宁市、泰安市、菏泽市。若按沿黄城市与非沿黄城市划分，济南市、淄博市、东营市、济宁市、泰安市、德州市、聊城市、滨州市、菏泽市九地市为沿黄城市，其他七个地市为非沿黄城市。若按是否为齐长城沿线

昆嵛山国家级自然保护区。威海市文化和旅游局供图

城市划分，济南市、青岛市、淄博市、潍坊市、泰安市、日照市、临沂市七地市为齐长城沿线城市，其他九个地市为非齐长城沿线城市。若按是否为大运河沿线城市划分，枣庄市、济宁市、泰安市、德州市、聊城市为大运河沿线城市，其余十一地市为非大运河沿线城市。

山东境内地貌分为平原、台地、丘陵、山地等类型，按地貌可分为鲁中南山区、胶东丘陵区、鲁西黄河冲积平原、黄河三角洲和渤海盆地。全省拥有 6 座海拔超过 1000 米的大山：（1）泰安泰山，主峰玉皇顶海拔 1532.7 米，为山东省最高点；（2）临沂蒙山，主峰龟蒙顶海拔 1156 米，为山东第二高峰，有“亚岱”之称；（3）淄博鲁山，主峰观云峰海拔 1108.3 米，为鲁中最高峰；（4）潍坊沂山，主峰玉皇顶海拔 1032 米，有“五镇之首”的盛名；（5）泰安徂徕山，主峰太平顶海拔 1027 米，处于鲁中南山区；（6）青岛崂山，主峰巨峰海拔 1132.7 米，耸立于胶东丘陵区，是中国大陆海岸线上最高的山峰，获誉“海上第一名山”。

主要河流方面，黄河山东段贯穿齐鲁九地市，京杭大运河山东段由北向南纵贯五地市。山东的主要河流大体可分为四支，大汶河、小清河属于黄河流域，沂河、沭河、泗河属淮河流域，徒骇河、马颊河、漳卫河属海河流域，潍河、大沽河属半岛独流入海水系。在淡水湖领域，济宁南四湖是山东最大的淡水湖泊，知名度较高的湖泊还有泰安东平湖、淄博马踏湖、临沂云蒙湖、济南雪野湖和大明湖，

齐长城锦阳关。摄影：邵凯

潍坊峡山水库、临沂跋山水库是山东境内大型水库的代表。

800 毫米等降水量线，是中国南方和北方的地理分界线，同时也是水田和旱地分布分界线、水稻和小麦种植分界线。从地理上说，山东毫无疑问属于北方，但鲁南地区距离 800 毫米等降水量线并不遥远。从临沂郯城红花镇红花埠村出发，到处于南北分界线上的城市淮安市中心仅有 130 千米。入夏，来自太平洋上的东南季风以及每年几次的台风“北伐”，给山东沿海城市带来大量降水，近年来，甚至影响到了鲁中地区。山东省多年平均降水量为 680.5 毫米，2022 年全省平均年降水量更是达到了 861.5 毫米，为 1951 年以来降水量第 5 多的年份。日照、枣庄等地素有“北方的南方、南方的北方”之称。在南茶北引 60 多年后的今天，山东已成为江北最大的茶叶产区，山东十六地市也都有水稻种植的地区。

无论是看人口数量还是论面积，山东最大的城市当属临沂。临沂和青岛的常住人口均突破 1000 万，临沂和潍坊两地市的管辖面积均超过 1.5 万平方千米。传统意义上的沂蒙老区更是横跨六地市包括今天的临沂市全部、日照市五莲县及莒县、淄博市沂源县、潍坊市临朐县、济宁市泗水县、泰安新泰市。山东省人口最少的地市是东营，2023 年末常住人口为 221 万人；面积最小的地市是枣庄，仅有 4564 平方千米。省会济南人口数量排名全省第四、面积排名全省第八，十六地市常住人口密度居第一位。

泰岱极顶玉皇顶引得众多帝王前来封禅。摄影：朱锐 @ 摄影师么么锐

三水源位于齐、鲁、莒三国交界处。淄水、沂水、汶水“三水跨境，淄水中源”。山东三水源生态旅游度假区供图

山东省邻居最多的地市有淄博市（邻济南、滨州、东营、潍坊、临沂、泰安）、潍坊市（邻淄博、东营、烟台、青岛、日照、临沂）、临沂市（邻济宁、泰安、淄博、潍坊、日照、枣庄），分别与六个地市相接。威海市的北、东、南三面濒临黄海，因历史上长期归烟台代管，威海陆地仅跟烟台市交界，是山东邻居最少、最为“孤独”的城市。如果把山东的地图视为一只展翅欲飞的雄鹰，那威海便是鹰头无疑，因城市与朝鲜半岛隔海相望，威海市索性一头就伸向了西太平洋的“一带一路”，打造中国面向日韩对外经贸新高地。

泰山东西绵延约200千米，一头挑着黄河、一头挑着黄海，堪称山东之秦岭、齐鲁之脊梁，泰山连同齐长城一起，将山之南北分割成截然不同的齐鲁文化单元。东夷人尤擅射箭，至今留有“后羿射日”的典故。倘若我们把黄渤海比作弓臂，把黄河、大运河山东段视为弓弦，那串联黄河、泰山与黄海，贯通济南、临沂、青岛等七地市的齐长城，就是那支射向海洋的箭。

公元前4世纪，齐宣王执政时期，千里钜防齐长城终于完工。一个世纪后，有位出生于邯郸的关中大汉风尘仆仆来到黄海海滨，在海滨度假期间手痒难耐的他亲手射杀一尾大鱼，他就是千古一帝秦始皇。

好客山东，海上山东。

高质发展

三　文化篇（上）
——从泰沂山区走出来的山东人始祖

山东是中华文明的重要发祥地之一，早在60多万年前，山东人的先祖就在泰沂山区活动。1981年9月18日，在淄博市沂源县南鲁山镇骑子鞍山东侧崖下发现旧石器时代的重要文化遗存——沂源猿人遗址，出土猿人头盖骨化石一块，眉骨两块，肱骨、肋骨各一块，牙齿化石七颗。据汕头大学海洋地质学团队赖忠平教授和涂华博士领衔做的研究成果，沂源猿人生活在距今60多万年前，是迄今为止发现的最早的山东猿人。2006年6月8日，沂源猿人遗址入选第六批全国重点文物保护单位。距此十余千米便是淄博三水源，山东三大文化母体（齐文化、鲁文化、莒文化）中，各有一条代表性河流（淄水、沂水、汶水）发源于此。

在整个新石器时代，山东地区的灿烂文明都堪称是那个时代中华远古文明的“顶流”。在环鲁中南山地（泰沂山区）周围，发现了距今七八千年的新石器时代早期遗存，比长江流域下游的河姆渡文化还要早约400年，比处于黄河中游属仰韶文化分支的西安半坡文化要早约600年。在山东境内发现且较为典型的新石器时代遗存先后有后李文化、北辛文化、大汶口文化、龙山文化、岳石文化和珍珠门文化，谱系完整。

后李文化（约8500—7500年前），重要遗存临淄后李遗址，是山东地区目前已知最早的新石器时代文化遗址。北辛文化（约7400—6400年前），主要遗存为枣庄滕州市官桥镇北辛遗址。北辛文化发展为泰安大汶口文化（约6100—4600年前），比长江下游环太湖流域的杭州良渚文化早约800年。大汶口文化后来演变为龙山文化（约4500—4000年前），发现于今济南市章丘区龙山街道的城子崖遗址，属铜石并用时代，以精美的磨光黑陶为主要特征，大汶口文化与城子崖遗址双双入选国家文物局“百年百大考古发现”名单。邹平丁公遗址（约4300—4100年前）是龙山文化重要的遗存之一，被列为1991年全国十大考古新发现之首。

明水古城所在的济南市章丘区诞生了璀璨的龙山文化。摄影：焦子强

随着商文化重心东移，为了获得更好的生存空间，东夷中的重要势力嵎夷和莱夷的重心也随之东移。平度岳石文化（约 3900—3600 年前），是继龙山文化后分布于海岱地区的又一支考古学文化。珍珠门文化（约 3300—2700 年前）主要遗存发现于烟台长岛九丈崖。

山东人的先祖依山而生、逐水而居，他们从泰沂山区出发，历经后李文化、北辛文化、大汶口文化、龙山文化、岳石文化、珍珠门文化，共同撑起了华夏文明的脊梁。曾经，他们都属东夷，后来分属齐、鲁，今天他们合称“山东人”。孕育了齐、鲁、莒文化的淄博三水源，早已成为东夷文明的一处精神高地。

远古时代，中原民族对四夷（东夷、南蛮、西戎、北狄）总有一种优越感，

即便如此，我们还是坚持认为，河洛集团对东夷集团还是有所偏爱的，从“东夷”这个名字中即可得此结论。

西戎，是上古时期西部一个以犬为图腾的部落。《说文解字》对“戎”的解释是：“兵也。从戈从甲。”戎有七种，犬戎实力最强，以白犬为图腾。周幽王“烽火戏诸侯”，公元前771年，废后申后的父亲申侯联合犬戎在骊山下攻杀周幽王姬宫涅。西周灭亡，平王东迁，史称东周。南蛮，是上古时期的南方部落。《说文解字》对“蛮”的解释是：“南蛮，蛇种，从虫，䜌声。”南蛮以盘瓠、廪君、板楯三者最大，盘瓠蛮因以神犬盘瓠为图腾而得名。北狄，是上古时期北方地区以犬为图腾的部落。《说文解字》对“狄”的解释是：“本犬种。”东夷，是活跃在东方的一支以凤鸟为图腾的原始部落，凤鸟在古代是太阳的象征，太阳鸟便是远古传说中的凤凰神鸟。《说文解字》对“夷”的解释是：“平也。从大从弓。东方之人也。”夷人擅使用弓箭。相传，少昊迁都曲阜后，以凤鸟立制，形成24个氏族，建立起了一个完整的以凤鸟为图腾崇拜的氏族部落社会。在龙山文化时期的骨刻文字中，已经出现“东”和“夷”字。从遣词立意上说，东夷显然是被“区别对待”的那一个。狄，反犬旁；蛮，字从虫；戎，戈甲上身，兵戎相见。南蛮、西戎最大的一支势力皆以“犬”为图腾；唯有夷，“被偏爱的有恃无恐”，在茹毛饮血的原始渔猎时代，擅用弓当然不是什么坏事，更何况，“夷”还有“平安”的意思，如“化险为夷”。大山（泰山）崇拜、海洋崇拜、太阳崇拜、凤鸟图腾，从泰沂山区走出来的古东夷人，很早的时候便开始了对于“山”“海”“天”的探索。

历史的洪流滚滚向前，优秀传统文化的力量究竟有多可怕：即便有一天你可以消灭我的肉体，却始终无法征服我的灵魂。千百年来，“野蛮其体魄”，山东的征服者看似众多，却全都难逃最终被齐鲁文化征服的命运。在这片红、白、黑土壤交相辉映的神奇土地上，秦皇汉武、光武唐玄、康熙乾隆等君主或封禅泰山或曲阜祭孔。在齐鲁大地上被“文明其精神”的典型人物当属汉高祖刘邦。这位出身为秦帝国基层公务员的“流氓皇帝”，“谓读书无益”，但在生命最后时刻，还是认识到了儒学对于“长治久安”不可估量的价值，汉高祖抱病以太牢之礼祭孔，开创中国帝王亲临孔庙祭孔的先例，也为汉武帝“罢黜百家，独尊儒术”奠定了基础，儒学在汉代成为华夏正统显学。

两千多年来，儒家孝德文化深刻影响着齐鲁大地，“仁”的核心便是“孝”。元朝郭居敬编撰的《二十四孝》中，有多达 10 个故事的主人公被认为是山东人：孝感动天、鹿乳奉亲、百里负米、啮指痛心、芦衣顺母、埋儿奉母、卖身葬父、行佣供母、闻雷泣墓、卧冰求鲤。其中，有三位还是孔子的学生——曾子、闵子骞和仲由（子路）；另有一位郯子，是孔子高度认可的贤人。建于东汉初年的孝堂山郭氏墓石祠有“孝子堂”之称，被列入第一批全国重点文物保护单位。

中国古代四大爱情传奇——《孟姜女哭长城》《牛郎织女》《梁山伯与祝英台》《白蛇传》，前三个均与山东有关系，并有国家级非物质文化遗产佐证：济南市莱芜区、淄博市淄川区、日照市莒县三地的孟姜女（哭长城）传说，淄博市沂源县牛郎织女传说，济宁市微山县梁祝（梁山伯与祝英台）传说。此外，滨州市博兴县董永（与七仙女）传说同样是国家级非遗中的爱情传说。

山东十六地市的国家级非物质文化遗产传说还有青岛市黄岛区徐福传说，枣庄滕州市鲁班传说，烟台市蓬莱区八仙传说，潍坊诸城市舜的传说，济宁市嘉祥县麒麟传说，泰安市泰山传说，威海市、青岛市、潍坊市、日照市四地的兔尾巴老李的传说，菏泽市陶朱公传说、尧的传说、庄子传说、巨野县麒麟传说……

甚至，山东的先人为华夏至少贡献了 13 个姓氏。史籍载，春秋时期山东地区古诸侯国有 55 国之多，仅鲁南地区三地市（济宁 12 个、临沂 12 个、菏泽 10 个）就占据六成以上。据不完全统计，这些诸侯国至少为华夏贡献了 13 个姓氏。

嬴国，故城遗址位于今济南市莱芜区羊里街道城子县村，莱芜确认为“嬴秦祖里”，秦始皇的先祖就在这里。纪国，国都位于今潍坊寿光市纪台镇南。亡国后，王室后代迁往沂蒙山七十二崮中面积最大的纪王崮，以纪为姓来怀念祖国。国之大事，在祀与戎。在西汉官员、经学家戴圣看来，贯国所铸贯鼎是“天子之器也”。贯国居今菏泽市曹县西南部，后代以国名为姓氏。郜国，居今菏泽市成武县东南，亡国后，其后裔以国名为姓氏。赵雷乐队中的小号演奏家，在演绎《我们的时光》一歌时靠一波“嗒嗒嗒……”在演唱会上“杀疯了”的部一霏，就是部家00后的代表。

曹国大致辖今菏泽一带，亡国后，其后裔以国名为姓氏。阳国，国都在今临沂市沂南县砖埠镇黄疃村，亡国后，其君主子孙以国名为姓。茅国，位于今济宁市金乡县西南，亡国后，公族子孙以国名为姓氏，是今天茅氏、茆氏的最早起源。莱国，又称莱子国，齐伐莱，莱国迁都今龙口市，史称东莱。东莱为齐所灭，民以国为姓，去草为来，是为来姓起源。邿国，又名诗国，位于今济南市长清区一带。邿姓为邿国之后，因以为氏。障国，又称鄣国，位于今泰安市东平县接山镇鄣城村一带，后代子孙以国名为姓，改为章姓。狄国，位于今淄博市高青县南，亡国后，国人以国为姓。卢国，位于今济南市长清区一带，其后人以卢为姓。州国，位于今潍坊安丘市东北，被杞所灭。后复国，名淳于国。淳于国亡国后，其族人以国名为姓，称淳于氏。写出中国医学史上第一部医案——《诊籍》的西汉名医淳于意，太史公司马迁在《史记》中把他与扁鹊合并立传，淳于意曾任齐太仓令，在今淄博三水源有仓公谷，繁花似锦，流水潺潺。

时至今日，“四书五经”中的中华优秀传统文化仍在积极地影响着国人。新时代的山东人，正沿着“修身、齐家、治国、平天下”的人生道路，为实现中华民族的伟大复兴贡献山东力量。

高质发展

四　文化篇（下）
——齐鲁文化的巨大差异与相互融合

太史公司马迁在《史记·货殖列传》中道出了齐鲁两国之间的差异："故泰山之阳则鲁，其阴则齐。齐带山海，膏壤千里，宜桑麻，人民多文彩布帛鱼盐。……其俗宽缓阔达，而足智，好议论，地重，难动摇，怯于众斗，勇于持刺，故多劫人者，大国之风也。……而邹、鲁滨洙、泗，犹有周公遗风，俗好儒，备于礼，故其民龊龊。颇有桑麻之业，无林泽之饶。地小人众，俭啬，畏罪远邪。"

按地理坐标来看，泰山北为齐国，南为鲁国。齐国居海岱间，沃野千里；鲁国只临洙水、泗水，缺少丰富的森林水泽资源，地少人多。齐人种桑、养蚕、绩麻、捕鱼、煮盐；鲁人多种桑绩麻。齐人偏爱穿颜色亮丽的服饰；鲁人低调、尚俭。齐人开放旷达、从容宽厚、足智多谋，惯于点评，乡土情结较重，不喜欢打群架，但好勇好斗尚武，偏爱单挑，因此时常上演个人英雄主义的"劫掠"；鲁人身上（周）礼味儿、儒（学）味儿很浓，百姓平日里小心谨慎，害怕犯法，远离奸邪。

司马迁算是把齐鲁两国的民风看透了，这一切还得拜周天子所赐。周灭商后，周武王封牧野之战首功之臣"师尚父"、岳父大人太公望（姜子牙）于临淄；周成王时，封周公旦于曲阜。原因应该有以下几点：一是当时山东为东夷集团势力范围，距周朝政治中心较远，难以控制，须安排能力特别强、特别信得过的人替自己看好这片疆土；二是东夷集团中的薄姑国和奄国是商王朝的"铁杆小弟"，且海岱距离商王朝的政治中心较近，周天子不放心，必须严加看管，以防死灰复燃；三是把太公望和周公旦两位最重要的外戚和宗室分封在外，有利于周天子稳定中央统治。

东夷人居海岱之间，崇拜风鸟，以渔猎、煮盐为生，颇具想象力，基因中崇尚自由。从沂源猿人遗址中出土的还有肿骨鹿、李氏野猪、梅氏犀牛、马、熊、鬣狗、虎、巨河狸等动物的化石，若不是古东夷人智勇双全、勇猛好斗，恐怕早就沦为这些动物的美味佳肴了。太公望在齐因地制宜，因俗简（周）礼，而伯禽（周公旦长子）在鲁，“变其俗、革其礼”，难度可想而知，东夷人民的想象力也随着改没了。齐国因材施教、以法治国、尊贤尚能、兼收并蓄、农工商并举，农业“相地衰征”，商业“关市不征”，务实、开放、包容，大国范儿十足；鲁国因礼施教、以德治国、重德重礼、重教重义、重农抑商，“周礼尽在鲁矣”，即便是强大自信如齐，在礼仪方面对鲁也是多少有些崇拜的。

《淮南子·齐俗训》记载了一段太公望与周公旦的对话：“昔太公望、周公旦受封而相见，太公问周公曰：‘何以治鲁？’周公曰：‘尊尊亲亲。’太公曰：‘鲁从此弱矣！’周公问太公曰：‘何以治齐？’太公曰：‘举贤而上功。’周公曰：‘后世必有劫杀之君！’”

两位周王朝的股肱之臣说的话后来全部应验。崇尚“尊尊亲亲”的鲁国，在整个春秋战国时期存在感都不算强，除了“周礼”和“儒学氛围”外乏善可陈，几乎可以定义为那个时代的二流国家。鲁国国祚 795 年，虽国力不济，但并未亡于内部，而是传 36 世亡于楚。天天全民洗脑式的“君君臣臣”，让强如“三桓”的权臣们实在是想不出亲自上位当鲁君的合法理由。齐国国祚 825 年，“姜齐”治 32 世 660 年，“田齐”治 8 世 165 年，“田齐”威宣治下，齐国国力空前强大。

田齐的祖先田完，原本是陈国（今河南周口地区）一公族，陈国内乱逃难至齐国，受到齐桓公重用为“卿”（最高军事指挥官），从这天算起，田氏用了 286 年便完成了“代（姜）齐”的“历史使命”，姜齐“一代英主”齐桓公遇到了现实版的“农夫和蛇”。不过，在齐国百姓看来，“田氏代齐”根本就不算是什么事儿，毕竟，太公望当时定下的规矩就是“举贤上功”，就差没逼着老百姓每天都喊一次“王侯将相宁有种乎”了。

齐鲁之间有过战争。齐桓公元年（公元前 685 年），齐鲁乾时之战，齐桓公小白令鲍叔牙率军在今淄博市桓台县境内大破鲁军，并一路追至鲁地，迫使鲁庄公杀掉跟自己争夺王位的公子纠，并交出了管仲。几个月后，齐桓公发动长勺之战，在今济南市莱芜区境内，30 万齐军竟不敌曹刿率领的 3 万鲁军，鲁军在这场卫国战争中战斗力爆棚。33 年后，齐桓公发起九合诸侯、一霸天下的葵丘会盟，鲁僖公治下的鲁国正处于历史最强时期，但他仍甘为齐桓公做绿叶，亲自参加这场会盟，可见你要想让鲁国站队，就得用鲁君能接受的方式。

国之争，在于人才。齐桓公成为春秋首霸的背后，是齐国不拘一格降人才的国策。《吕氏春秋·下贤》记载了齐桓公五顾茅庐的故事：齐桓公听闻有位贤士名作“小臣稷”，亲自登门拜访，一天去了三次也没见到，仍然坚持求见，认为王者不应轻慢贤士。管仲与齐桓公有“一箭之仇”，却获重用；卫人宁戚怀才不遇，击牛角歌撼齐桓；晏婴身高约1.38米且其貌不扬，仕齐三朝辅政半个世纪。我们还不能忘记齐威王，这位“田氏代齐”后“田齐桓公”的儿子，是战国时期第一位称王的齐君，他任用邹忌变法，使齐国国力强盛；重用被砍双足的孙膑为军师，桂陵之战围魏救赵，马陵之战更是让魏太子申被俘、魏主将庞涓自杀，齐国盛极一时。齐威王更为重要的贡献还在于设立了稷下学宫，广聚天下贤士英才，从此，临淄城成为战国时期的文化高地。

待到齐威王的儿子齐宣王继位后，任孟尝君之父田婴为相，齐国国力再度提升，稷下学宫“臻于极盛”，齐国猛人如林。尽管齐宣王年长楚使屈原十岁，但二人之间的“友谊”也传为一段佳话。太史公司马迁说：“是以齐富强至于威、宣也。”威、宣二王长达56年的接力，让继任者齐湣王灭宋败楚后忘乎所以，自称“东帝”“天子”，直至招来五国伐齐的横祸。

齐国在不遗余力网罗人才的同时，鲁国仍然是以不变应万变，坚持搞“亲亲尊尊”这一套，其实质是在维护森严的等级制度。终于有人看不下去了，“至圣”孔子最为可贵之处在于他的“共情心”，首创私人讲学，最伟大之处在于办学“平民化”，孔子给了本没机会读书的平民子弟读书的机会，这应该是他对那个“尊尊亲亲”时代无声的抗议。

鲁国居鲁中南山区，是典型的内陆国家，而齐国是海王之国，是春秋战国时期一等一的海洋大国。《韩非子》载：“齐景公游少海。”公元前485年，一代枭雄吴王夫差趁齐国宫廷政变之际，发动中国历史上第一场大规模的海战——齐吴琅琊海战，却被刚继位的齐简公一举击溃，齐一战奠定了“海王之国”的海上霸主地位。

齐开放务实，鲁封闭自保，齐鲁两国间交织着斗争与合作，彼此较量的同时亦在相互影响、融合。但历史的吊诡之处就在于，“齐”学会了“鲁”的封闭自保，“鲁”学会了“齐”的开放务实，遗憾的是都没能坚持到最后。

鲁君终于意识到如果一味“尊尊亲亲”，没有政坛新势力进来，那么权力就会被“三桓”架空，无法实现中央集权，国家也注定无法真正强大。于是，尝试在用人上打破“尊尊亲亲”。作为没落贵族的后裔，自谓“五十而知天命”的孔子就此开启仕途，51 岁出仕任中都宰，一年后官至大司寇并代理鲁国国相，“夹谷会盟”外事活动中的高光表现，更是其政治生涯中的巅峰时刻，可惜好景不长，孔子因与鲁定公及季桓子等人政见不和而离开鲁国，开始与弟子周游列国，孔子一行成为中国第一个开启“文化苦旅”的团队。孔子周游列国 14 年，去到最远的地方是楚国负函（今河南信阳），距离曲阜约 600 千米，今天坐高铁也就两个小时。据《史记》载，孔子身高九尺六寸，按周尺计算，约 1.9 米，但“长人”孔子还是在匡城被围困五天五夜。果然，外面的世界很精彩，外面的世界也很无奈。

后来鲁穆公终于从“三桓”手中收回政权，废除世卿世禄制，主动向孔子嫡孙孔伋（子思）问政，重用子思推荐的才学优异的公仪休为相，外交上开放务实，主动与晋、楚结交，但时不我待，鲁国最终被在强秦的挤压下统治中心被迫东移的楚所灭。

公元前 261 年至前 256 年，楚国春申君黄歇发动灭鲁之战，鲁人拒不投降，在“弱肉强食”的战国时代，鲁国这个从来就没被列入过七雄的“二流国家”，在外无援兵的情况下，只身面对与秦争霸多年的强楚，硬是顽强坚守了六年之久。项羽曾被封为鲁公，楚汉争霸项羽战败，鲁人为“主”守“死节”，冒死抵抗。刘邦大怒，下令屠城，但此刻从曲阜的空中飘来了礼乐声和读书声，刘邦大受感动，急令停止进攻，鲁国军民在看到项羽首级后才降。刘邦随后亲自主持了项羽的祭礼，借以收买鲁地的民心。

一个人、一个小国可以接受被征服的命运，但绝不可屈服。当年偪阳国是这样做的，307 年后，鲁人亦如此，铮铮“傲骨”支撑住了他们的信念，因为内心的“骄傲”，所以宁死不降，这比法国作家都德写的《最后一课》中的韩麦尔先生还要强硬。这就是文化的力量，或许也就是在这一刻，汉高祖刘邦的内心终被“攻陷”，不仅首开历代帝王祭孔之先河，还明令地方长官上任前先谒孔庙。再来对比一下秦灭齐之战中东方大国齐国的表现，齐王建和其母君王后近乎“自杀式”的自保，等到的结果是秦对齐的“和平接收”。我们站在时代的高度，当然可以说这是“识时务者为俊杰”，但也不得不承认“总有一种力量让人肃然起敬”。

都说齐人好功利，鲁人好道义，但齐人中“义薄云天”者亦有之。秦末田横在今淄博境内举事反秦，复辟齐国。刘邦称帝后，召田横入朝，田横在洛阳附近驿站遥拜齐国后横刀自刎，随从二人及五百门客悉数自杀，好一个大义载天。太史公司马迁拍案怒赞：“田横之高节，宾客慕义而从横死，岂非至贤！”

齐长城是山东境内的“南北分界线”，齐国的历代国君发挥天才般的想象力，创造性地将黄河、泰山、沂蒙山、黄海用齐长城串联在一起。几千年来，齐长城就矗立在那里，无声地影响着世世代代的山东人，在历史的长河里，撑起华夏文明的脊梁。今天您若跟山东人喝酒，主陪、副陪敬酒后，外省远道而来的主宾抑制不住激动的心情站出来敬酒，一定会被主陪拉住。一整套酒场组合拳下来，把远方的客人整得都不会喝酒了。如何快速甄别东道主是齐人还是鲁人，一个便捷的方式是看他跟您喝酒的个数，齐人可接受一心一意，鲁人绝不允许单数出现，必须好事成双，哪怕喝的是茶也得碰两个，这就是祖宗的规矩，“周礼尽在鲁”。

潭溪山齐长城清川上穆野餐厅露台。摄影：潘绍清

但要看齐、鲁两国在中国历史长河中的影响力“上限”，那还得是齐文化。周朝姜太公的姜齐、战国时期田和建立的田齐、东晋十六国时期段部鲜卑首领段龛在青州建立的段齐、南北朝时期南朝山东人的后裔萧道成建立的南齐、南北朝时期北魏葛荣建立的大齐、南北朝时期东魏权臣高洋建立的北齐、晚唐黄巢建立的大齐、晚唐秦宗权沿用黄巢的大齐国号、五代十国时期徐知诰建国“齐”、宋金时期金国帮助刘豫建立的伪齐政权，华夏大地上，竟然先后出现过多达 10 个

以“齐”为号的政权，这在中国历史上都是极为罕见的现象。从这个角度上讲，齐文化给世人尤其是政治家留下的印象实在是太好，齐文化所企及的文明高度令世人向往。

好客山东，文化山东。

高质发展

五　旅游篇

——一山一水一圣人　见山见水见自己

以文塑旅，以旅彰文。熠熠生辉的齐鲁文化，让文化大省山东顺理成章地成了中国旅游大省。

周天子偏爱食用黄河鲤鱼制作的生鱼片和一种蟹酱，《周礼・庖人》便提及周天子食用的这种蟹酱出自山东半岛，“青州之蟹胥”，这是中国最早的关于吃蟹的记载；齐都临淄稷下学宫成为全天下名家都要“打卡”的地方，仿佛不来这儿“打个卡”，发个抖音、朋友圈，此生枉为名士；秦皇汉武喜欢到山东的海滨度假，顺便还能跟方士们聊聊长生不老炼丹的大事儿；李白、杜甫畅游齐鲁寄情山水间；苏轼、曾巩赋词超然楼、筑堤大明湖，把酒问青天；李清照、辛弃疾在此看海棠依旧，绿肥红瘦，醉里挑灯看剑；徐霞客将人生首次跨省游的目的地锁定在了山东，王阳明在泰山完成“心学”启蒙；康熙、乾隆“南巡”，济南赏泉、泰山拜山、曲阜祭孔，忙得不亦乐乎，祖孙俩祭拜泰山和孔子的次数之和，几乎要上到两位数。

中国首款3A游戏《黑神话：悟空》上线后爆火，济南灵岩寺墓塔林和中国现存唯一的隋代石塔、“华夏第一石塔”、第一批全国重点文物保护单位四门塔成为游戏的选景地。游戏中的角色“石敢当”，来自山东“泰山石敢当”文化，泰山风景区“泰山石敢当”习俗入选第一批国家级非物质文化遗产名录。

山东目前拥有5处世界遗产，泰山是世界文化与自然双重遗产，是中国四处世界双遗产之一；齐长城、曲阜三孔、大运河山东段是世界文化遗产；东营黄河口候鸟栖息地是新晋世界自然遗产，也是中国14处世界自然遗产之一。1987年12月11日，长城、泰山、故宫、敦煌莫高窟、秦始皇陵及兵马俑坑、周口店北京人遗址，共6处遗产被列入《世界遗产名录》，山东占1/3，仅次于北京。

山东共有32家国家一级博物馆，数量居全国第一；133家国家一级文化馆，

济南大明湖超然楼亮灯，仪式感十足。摄影：王啸

128 家国家一级图书馆，领跑全国；全省共有 10 座国家历史文化名城、186 项国家级非物质文化遗产项目，数量均居全国第二；共有 226 处全国重点文物保护单位，6 项考古发现入选全国“百年百大考古发现”，入选数量居全国第三。

山东共有 A 级旅游景区 1228 家，居全国第一；其中国家 5A 级旅游景区 16 家，4A 级旅游景区 247 家。2007 年首批国家 5A 级旅游景区公布，泰山、三孔、蓬莱阁入选，山东入选数量居全国第三。孔庙始建于鲁哀公十七年（前 478 年），中国四大名楼之一的蓬莱阁建于北宋仁宗嘉祐六年（1061 年）。山东拥有 7 处国家级旅游度假区，数量位居全国第三，其中，海滨海岛型国家级旅游度假区 6 处，占到全国一半；全省拥有 47 家五星级旅游饭店，数量居北方第二，仅次于北京；截至 2022 年 2 月，全省拥有 66 处国家湿地公园，数量位居全国第二；截至 2019 年 2 月，全省拥有 49 处国家森林公园，数量位居全国第四。

山东共有 12 个地市拥有五星级旅游饭店，其中，青岛 14 家居首。国家一级博物馆，青岛市 7 家居首；国家一级图书馆，济南市 14 家居首；国家一级文化馆，临沂市 13 家领跑；临沂市拥有 170 家 A 级旅游景区，其中有 29 家 4A 级及以上

高青黄河生态慢城美景。摄影：张晓光

旅游景区，数量均居全省第一；烟台市拥有 3 家国家级旅游度假区和 7 家国家森林公园，领跑全省；菏泽市拥有 32 项国家级非物质文化遗产，全省第一。据《2022 山东旅游统计便览》，2021 年国内游客人数方面，青岛市、济南市独一档领跑，烟台市、潍坊市、泰安市、临沂市、济宁市、淄博市、威海市、日照市处于第二方阵，德州市、聊城市、菏泽市、枣庄市、东营市、滨州市位于第三方阵。

189 年前，即清道光十六年（1836 年），九江知府岳镇南与某位江南同僚于中秋佳节一起赏月，把酒当歌，同僚有意“难为”这位新上任的知府大人，给出上联“千山千水千才子”，岳镇南微微一笑：“一山一水一圣人。”

这大抵就是今天我们耳熟能详的“一山一水一圣人”的原始出处。岳镇南以为官清正廉洁而出名，是清朝廉吏，今东营市利津县盐窝镇北岭村人，道光二年（1822 年），38 岁的岳镇南中进士，道光二十一年（1841 年）调云南布政使。人们对其中的“山”和“圣人”并无争议，但对于“水”却有不同的解读。灵岩寺现存一块明嘉靖二十六年（1547 年）的碑刻，石碑上刻“尝谓天下之山而泰岳其宗，天下之水而东海其会，天下之人而孔子其圣，山东则兼有之”，民间对水的理解往往是黄海、渤海。而由于清代康熙、乾隆皇帝祖孙二人南巡至山东，对

济南泉水情有独钟，后世亦有“水”指的是趵突泉的说法。那么，岳镇南口中的“水”到底指的是什么？

黄河！这是唯一的标准答案。金明昌四年（1193年），利津设县，因境内“永利镇”“东津渡”码头两地而得名“利津”。黄河，是利津境内唯一的自然河流。王莽新朝三年（公元11年），黄河在中游改道东流，首次从利津入海。利津因河海而兴，“利津内控黄河，外锁海运要津”，“府海饶鱼盐，繁华谁与比”，利津永阜镇历元明清三朝，为山东八大盐场之冠。盐窝镇，顾名思义，“东方膏腴之地也”。尽管岳镇南出生时，黄河已改道徐淮古道入黄海，但岳镇南无法忘记黄河曾给予家乡的无限荣光，王之涣的“白日依山尽，黄河入海流”，李太白的“君不见，黄河之水天上来，奔流到海不复回”，都让岳镇南自豪感满满。黄河文化、制盐文化、渡口文化、商业文化，这是家乡带给岳镇南的回忆。就在岳镇南病逝12年后，黄河第六次大改道再次由利津入海。山东旅游推广语为“孔子在这里诞生，泰山在这里崛起，黄河在这里入海”，“一山一水一圣人”就此官方定调。沿着黄河遇见海，山东是黄河流域唯一沿海省份，是上天对齐鲁大地的眷顾。

套用演员林更新在《玫瑰的故事》中那句火出圈的台词句式：“那你偏要去山东什么意思，山东到底有谁在啊？”该剧女主刘亦菲大可回答：“因为山东有‘一山一水一圣人’啊，我到齐鲁大地，见山见水见自己。”事实上，山东每个地市都有专属的“一山一水一圣人”：

在济南，它们是千佛山—趵突泉—府学文庙
在青岛，它们是崂山—金沙滩—南园孔子纪念馆
在淄博，它们是潭溪山—三水源—临淄孔子闻韶处
在枣庄，它们是抱犊崮—大运河—孔子齐鲁夹谷会盟地
在东营，它们是兵圣山—黄河入海口—孔子学堂
在烟台，它们是烟台山—八仙过海—莱州孔庙
在潍坊，它们是沂山—白浪河—潍坊文庙
在济宁，它们是尼山—微山湖—曲阜三孔
在泰安，它们是泰山—东平湖—宁阳文庙

淄博心蔓谷大型雕塑心之蔓。山东三水源生态旅游度假区供图

东营黄河入海口“黄蓝交汇”奇观。摄影：李强

在威海，它们是昆嵛山—成山头海岸—威海孔庙
在日照，它们是五莲山—日照港—城关文庙
在临沂，它们是蒙山—沂河—临沂文庙
在德州，它们是方山—黄河故道—乐陵文庙
在聊城，它们是鱼山—东昌湖—阳谷文庙
在滨州，它们是碣石山—蒲湖—无棣文庙
在菏泽，它们是玕山—浮龙湖—巨野文庙

好客山东，美景山东。

高质发展

六　城市篇

——山东四小龙和齐鲁双核是谁　十六城性价比之王怎么选？

一座城市的进化史往往是一部伟大的文明史。在历史的长河中，在齐鲁大地这片热土上，有太多的城市先后登场，沉浮俯仰，但真正涌现出来的现象级城市只有四个，我们称之为“山东四小龙”。他们的共同点是“沿水”而建，充分享受到了时代的红利，在商业文明的道路上纵情狂奔，繁华如斯，真的好“city”。

第一个登上历史舞台的山东城市是“天选之地”定陶。这得益于定陶处于济

山　东　省　地　图

区域类地图

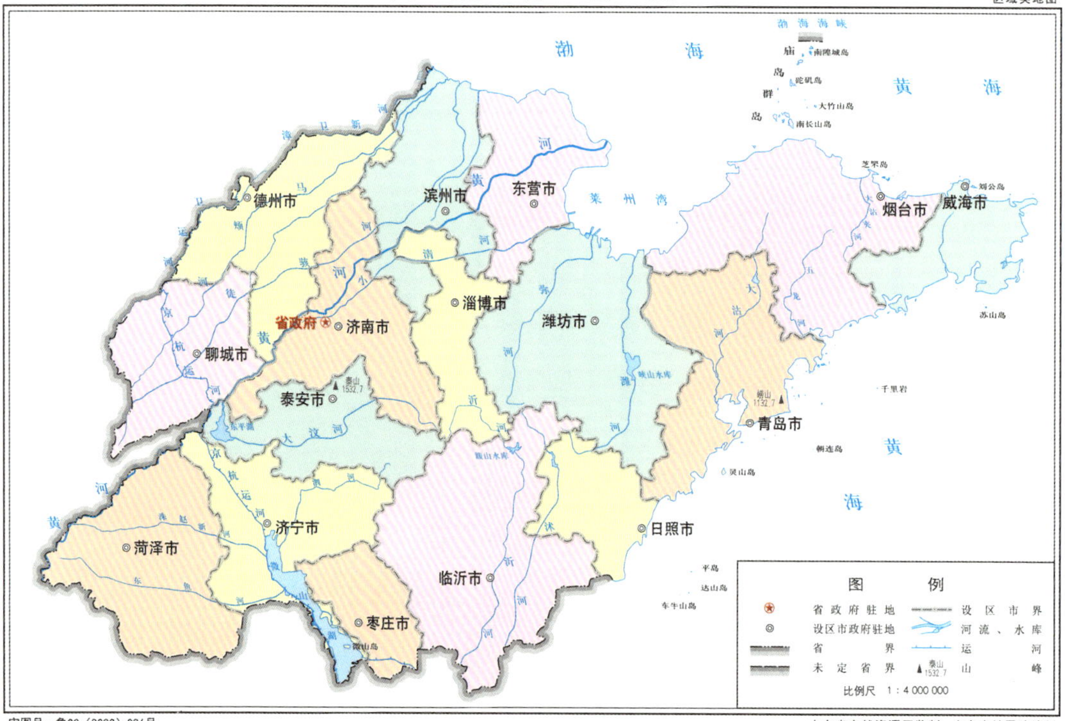

审图号：鲁SG（2023）026号

山东省自然资源厅监制　山东省地图院编制

山东省地图 · 行政区划

水和菏水的交汇处，水路运输可东至齐鲁、西达秦晋、南通吴楚，陆路位于今天的鲁、苏、豫、皖四省交界之地，交通便捷。自春秋至西汉 800 多年间，定陶一直都是中国的水陆交通中心和商业大都会，享有“天下之中”盛誉。太史公司马迁在《史记·货殖列传》中载：“（陶）朱公以为陶天下之中，诸侯四通，货物所交易也。”春秋末年，陶朱公范蠡居陶经商“十九年间，三致千金”，被尊为商祖；秦相魏冉不惜发动五国联军伐齐，也要把陶地收入秦国版图作为自己的封邑，哪怕于秦来说这是一块飞地；汉高祖刘邦更是选择在定陶登基称帝，可见陶地是一块风水宝地。

第二个出圈的山东城市是齐都临淄。与春秋战国时期各国普遍采用的重农抑商的政策不同，齐国一直奉行农工商并举的国策，太公望（姜子牙）这是要把齐国打造成周王朝的一处经济特区，而临淄城就是经济特区的中心城市。太史公司马迁在《史记·苏秦列传》载：“临淄甚富而实，其民无不吹竽鼓瑟，弹琴击筑，斗鸡走狗，六博蹋鞠者。临淄之涂，车毂击，人肩摩，连衽成帷，举袂成幕，挥汗成雨，家殷人足，志高气扬。”《战国策·苏秦为赵合纵说齐宣王》载：“临淄之中七万户，臣窃度之，下户三男子，三七二十一万。”这就是“不管三七二十一”的历史出处，通过战国时期的社交天花板苏秦与齐宣王的对话，我们了解到当时的临淄城仅男丁就有 21 万，保守估算城市人口也有 35 万人，是当时全球人口最多的城市之一。35 万人是个什么概念？可供参考的一个数据是，民国时期，济南市民共计 40 余万。而据英国著名的希腊史专家哈蒙德在《希腊史》一书中估计，公元前 431 年雅典全部人口约为 40 万人。临淄城的老百姓不仅生活富裕且精气神倍儿棒，文体活动丰富得很，斗鸡、赛狗、六博棋……且已出现了现代足球运动的雏形——蹴鞠。2004 年 7 月，国际足联主席布拉特在北京宣布，足球起源于中国一个叫临淄的城市。

作为春秋战国时期东方大国齐国的国都、古九州东方第一州、“海岱惟青州”的治所，临淄的繁华一方面得益于管仲担任齐相时打下的坚实家底；另一方面，有便利交通条件的加持：淄水、济水和用来运送粮食的人工水道“运粮河”等构成临淄发达的水路运输体系，再有从临淄到鲁国都城曲阜和莒国都城莒的陆路交通。临淄由此坐上了战国时期中国城市一哥的宝座。西汉在淄水和济水间开通运河，临淄的经济地位愈发稳固。当时，临淄强于汉帝国首都长安，是“中华第一城”的存在，主父偃给汉武帝上书时称：“齐临淄十万户，市租千金，人众殷富，巨于长安。”历东周、秦、汉三朝，临淄都是全国最大的工商业大都市、帝国的经济中心。

多年后，自临淄城西去259千米，一座叫临清的小城借助明初京杭大运河发达的漕运果断“上线”，强势登上了历史的大舞台。临清，因临近清河而得名，这里的清河，就是战国时期齐、赵两国的界河。因临清地处古运河、漳卫河交汇处，“北控燕赵，东接齐鲁，南界魏博，河运直抗京师”“扼九省之咽喉”，又有便利的陆路交通的加持，小城命运的齿轮开始转动，临清一度成为中国城市“绝绝子”般的存在，“繁华压两京”“南有苏杭，北有临张”。临清钞关居运河八大钞关之首。明万历二十四年（1596年），临清钞关实际征收税银是同期山东全省征收税银的十多倍。曾被乾隆皇帝实名怒赞：“富庶甲齐郡。”极盛之时，临清城区人口数十万户，是名副其实的商业大都会。今天，中国的直辖市天津市，在明朝时无论是人口基数、商业发展乃至税收，都与临清差距巨大，若那时候称天津为“小临清”，明朝的天津人完全不跌面儿。

明万历二十八年(1600年)，意大利传教士利玛窦走水路来到临清，在他的《利玛窦中国札记》里，这位马可·波罗的老乡写道：“临清是一个大城市，很少有

运河四大名塔之一的临清舍利宝塔，坐落在世界文化遗产京杭大运河畔。摄影：徐延林

别的城市在商业上超过它。不仅本省的货物，而且还有大量来自全国的货物都在这里买卖。”临清城的辉煌直至20世纪初运河淤塞、漕运停止，前后繁荣达500年之久。这座城市因（清）河而生，应（运）河而盛，因（运）河而衰，但历史并不曾剥夺临清城曾经的荣光，国学大师、临清人季羡林先生在为《临清市志》作序时便写道：“我们临清，南通苏杭，北连皇都；会八方之风雨，通百邑之有无，地位又何等重要！”

当漕运被铁路和海运无情取代，历史的机遇便来到了胶东，拥有胶济铁路零起点和黄海、胶州湾巨大海运优势的青岛当仁不让，迅速崛起成为山东的经济中心之一，苏秦口中“齐东有琅琊”中的琅琊台所处的黄岛区脱颖而出。

自临淄东行260千米，便是世界第五大港青岛港的董家口港区，算上黄岛油港区、前湾港区，青岛港五大港区中有三大港区都建在了黄岛区。位于黄岛区的青盐铁路青岛西站，可通过青岛北站这一重要枢纽联络胶济客专、济青高铁。黄岛区距离山东省唯一的4F级国际机场——青岛胶东国际机场约60千米。越富裕养活人口越多的定律仍在延续：2023年，黄岛区在山东136个区县中GDP排名第一位，截至2022年末，黄岛区常住人口多达199.35万人，成为山东经济最发达、人口最多的区县。据青岛市官方数据，2023年黄岛区的GDP达到5003.38亿元，成为山东省第一个GDP达到5000亿的区县，仅略少于两大网红旅游城市黑龙江省会哈尔滨和十三朝古都洛阳，以一区县之力“硬刚”一副省级城市，黄岛区当为山东城市第四只“小龙”。

从地级市的维度看，山东十六地市国际范儿十足。泉城济南是GaWC世界二线城市，境内有灵岩寺、齐长城两处世界遗产，是2022年“东亚文化之都”；青岛同样是GaWC世界二线城市，有齐长城一处世界遗产，是上合组织旅游和文化之都；淄博、枣庄分别有世界文化遗产齐长城、大运河；首批国际湿地城市东营，境内有黄河口候鸟栖息地这样一处世界自然遗产；烟台是GaWC世界三线城市，获得联合国人居奖；威海也曾获联合国人居奖，并荣获“中国海鲜之都”等多项国家级荣誉；同样获得联合国人居奖的潍坊市，境内有世界文化遗产齐长城，还是2024年的“东亚文化之都”；国际湿地城市济宁市，境内有三孔、大运河两处世界文化遗产；泰安市境内有泰山、大运河、齐长城三处世界遗产和一处世界地质公园，堪称世遗名城；获得联合国人居奖的日照市，境内有世界文化遗产齐长城；滨州市和菏泽市分别有入选联合国教科文组织“人类非物质文化遗产代表

拥有 120 年历史的胶济铁路博物馆。摄影：赵欣

作名录”的滨州剪纸、定陶皮影戏；临沂市境内有沂蒙山世界地质公园，还是联合国教科文组织认定的最能代表中国的两首民歌之一《沂蒙山小调》诞生地；德州、聊城都拥有大运河这一世界文化遗产。

重点说说齐鲁双核。英国作家狄更斯在其《双城记》一书中比较了巴黎、伦敦两座历史名城。如果我们把巴黎视为兼具浪漫、时尚、幸福力的 e 人（社牛）的话，那伦敦就是兼具优雅、淡然、松弛力的 i 人（社恐）。以此类比，时尚、浪漫、活力、丰饶的青岛更像是 e 人，城市美学气质上更像是巴黎；温儒、传统、包容的济南

更像是i人，主打一个松弛感。尽管在历史上同属于齐地，且同处于胶济铁路沿线，但济南、青岛的气质完全不同。萝卜、白菜各有所爱，萝卜还是白菜？在山东，这是一个严肃的问题，因为它意味着你要投票给哪座城市。选济南还是青岛，很多时候，爱吃（平阴）玫瑰鲜花饼的人，与爱吃“泊里西施舌”的人原本就是同一人群，既然都很“city”，何不共享齐鲁双核的繁华？

事实上，除济南和青岛外，山东十六地市每一个单独拎出来都颇具竞争力。从城市的GDP来看，2023年，排在十六地市上半区的八个城市依次是青岛、济南、烟台、潍坊、临沂、济宁、淄博、菏泽，前三个城市均为“万亿俱乐部”成员。山东手握三个“万亿之城”，数量在全国省市中排名第三，仅次于江苏和广东。山东一直采取“均势发展”的策略，并未采用强省会战略，这就决定了山东在全国范围内缺少特别拔尖的超级城市（未有城市进入全国GDP TOP10），但胶东、省会、鲁南三大城市群集群化发展，后劲十足。以采取强省会战略省份的现状来看，成都市的GDP是排名次席的绵阳市的五倍有余，长春市是排名次席的吉林市的四倍有余，武汉市、长沙市分别是排名次席的襄阳市、岳阳市的三倍有余，郑州市、合肥市分别是排名次席的洛阳市、芜湖市的两倍有余，西安市、哈尔滨市分别是排名次席的榆林市、大庆市的接近两倍，而山东排名第一的青岛市的GDP是排名次席的省会济南的1.235倍，两者差距并不算大。

从一个城市的人口来看，济南、青岛均为特大城市（城区常住人口500万—

1000万），临沂、淄博、烟台、潍坊、济宁五地市为Ⅱ型大城市（城区常住人口100万—300万），近年来，济南、青岛、东营、威海四地市人口持续流入。与全国人口数量最多的七个直辖市/省会中有六个的GDP都能跻身全国前七相似（武汉人口第七，GDP第九），山东常住人口最多的七个地市，有六个地市的GDP排名全省前七，只有人口数量第五的菏泽，GDP暂时排名第八（2023年数据）。

2024年7月30日，华顿经济研究院（前身上海经济发展研究所）连续第十年发布年度“中国百强城市排行榜”，从中国大陆297个地级以上城市中遴选出上年度GDP排名全国前115位的地级以上城市，再按照硬经济指标（GDP、储蓄和财政）和软经济指标（环境、科教、文化和卫生）七大维度进行综合排序。

山东十六地市中，共有13个地市顺利入围“中国百强城市排行榜”，上榜城市数量与江苏并列全国第一。青岛市高居全国榜单第12位（参照重庆第10位、宁波第13位）、济南第15位（参照无锡第14位、郑州第19位、西安第20位）、烟台第30位（参照大连第25位、温州第34位）、潍坊第44位（参照昆明第38位、镇江第46位）、东营第52位（参照金华第47位、芜湖第53位）、淄博第55位（参照宜昌第54位、哈尔滨第56位）、威海第60位（参照洛阳第59位、淮安第62位）、济宁第65位（参照南宁第63位、兰州第66位）、临沂第70位（参照襄阳第69位、九江第74位）、滨州第84位（参照岳阳第82位、邯郸第88位）、泰安第90位（参照遵义第89位、宜宾第91位）、德州第93位（参照衡阳第92位、柳州第95位）、菏泽第99位（参照三明第97位、许昌第100位）。

我们试着从其他多个维度剖析，顺着山东十六地市每一座城市的机理脉络，找出山东地表最具性价比之城。人才是城市发展的第一生产力。从在校大学生的数量来看，据公开数据，济南在校大学生超70万人，独一档；青岛在校大学生49.36万人，稳居第二；潍坊（30.62万）、烟台（26.79万）、济宁（25万）分列三至五位；泰安（14.68万）、威海（14.35万）、淄博（13.29万）分列六至八位。从城市经济可持续发展的角度看，小学在校生排名前八的地市分别是临沂（106.91万人）、菏泽（102万人）、青岛（73.88万人）、潍坊（72.3万人）、济南（70.6万人）、济宁（68.26万人）、聊城（60.50万人）和德州（45.74万人）。

从环境分项来看，十六地市威海市高居第一，其次是青岛市和烟台市。从城市三级综合医院的数量来看，济南（18所）、青岛（17所）遥遥领先，淄博、烟台均为9所，潍坊、泰安各7所，东营、济宁、临沂、聊城四地市各6所。省会济南在科教、文化、卫生领域遥遥领跑全省地市，在文化和卫生分项上分别居全国百强榜第 9 位和第 11 位。从房价维度来看，据 2024 年一季度山东省 16 个监测城市地价水平，济南、青岛稳居前二，GDP 排名第 4 的潍坊城市地价综合水平排名第 11 位，GDP 第 6 的济宁、第 9 的东营分列第 13 位、第 16 位。

截至 2024 年 6 月，山东已有六个区县被中国老年学学会命名为“中国长寿之乡”，潍坊市和威海市共同成为入选数量最多的山东地市。我们把山东入选的胶东半岛五区县，即莱州市、文登区、乳山市、高密市、青州市，在地图上首尾相连后就会发现，潍坊市主城区恰好处于中国纬度最高的国家级长寿带“胶东半岛长寿带”以内。潍坊市在科教、文化、卫生三项上均位列全省第三，在全国百强榜软经济指标排名中居第 27 位，房价偏低且处于胶东半岛长寿带上，堪称全省地级城市的“性价比之王”。

当然，对于每一位热爱生活的国人来说，山东十六地市每一个都值得去，或“打卡”或驻留或定居，在这片齐鲁大地上被感动、被影响、被疗愈。不管是倾心诗意灵秀、名士至爱之城济南，还是钟爱海洋之都极致 city 风的青岛；不管是倾心齐人那深入骨髓的厚道、到处都是人间烟火气的淄博，还是钟爱已插上京沪高铁翅膀、山东嗜辣城市枣庄；不管是倾心豪情、多元、治愈的东营，还是钟爱黄渤海交汇于此、鲜美品重的仙境烟台；不管是倾心理想栖身之所、国际范儿十足的潍坊，还是钟爱优雅永不过时的儒学圣地济宁；不管是倾心泰安的厚重人文，还是钟爱华东雪国威海的那份精致；不管是倾心幸福之城日照的文艺范儿，还是钟爱时尚临沂的英雄气概；不管是倾心活力德州的双向奔赴，还是钟爱安逸慵懒的“东方威尼斯”聊城；不管是倾心黄河三角洲宜居之城、生态滨州，还是钟爱浪漫菏泽的温婉依旧……在这里都能找到心灵的归属。

好客山东，CITY 山东。

高质发展

七　交通篇

——交通强国山东先行　齐鲁轻舟已过万重山

交通强国，山东先行。山东是全国首个部省共建交通强国省域示范区，由交通运输部与山东省人民政府共同建设。山东在国家高速公路、国家高速铁路、国际机场建设和港口建设等方面，坚持以新质生产力推动交通事业高质量发展，为加速建设交通强国不断贡献山东力量。

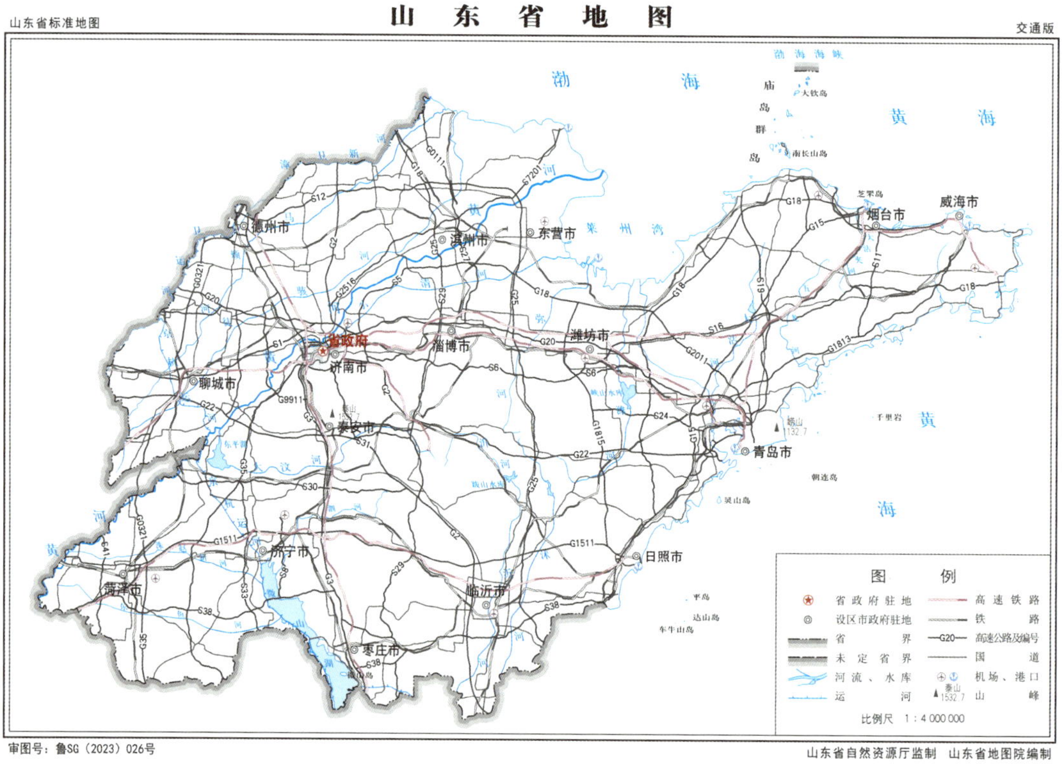

山东省地图 · 交通

中国深受欢迎的十大自驾路线之一——潍坊齐鲁天路青州段。摄影：刘永明 @ 北寒

国家高速公路建设方面，“山东的路”已成中国公路顶流品牌。中国“七射、十一纵、十八横”国家高速公路网，有 10 条主线经过山东，北达长春、沈阳，南至广州、海口，西联银川、兰州、乌海，包括 G2 京沪高速、G3 京台高速 2 条首都放射线；G15 沈海高速、G25 长深高速、G35 济广高速 3 条北南纵线；G18 荣乌高速、G20 青银高速、G22 青兰高速 3 条东西横线；山东省的国家高速公路还包括 G9911 济南都市圈环线、G2001 济南市绕城高速 2 条城市绕城环线。另外，山东境内还有 G0321 德上高速、G0322 京德高速、G0323 济合高速 3 条国家高速公路并行线，以及 G0311 济聊高速、G1511 日兰高速、G2516 东吕高速、G3511 菏宝高速、G1813 威青高速、G1815 潍日高速、G1818 滨德高速、G2011 青新高速 8 条国家高速公路联络线。

国家高速铁路建设方面，截至 2024 年 10 月，潍烟高铁建成通车，山东高铁运营里程突破 3000 千米，稳居全国第 1 位。我国“八横八纵”高速铁路中的三条纵向主通道——京沪通道、沿海通道、京港（台）通道贯穿山东；八条横向铁路之一的青银通道横贯齐鲁大地，京沪高铁、青荣城际、青盐铁路、济青高铁、胶济客专、石济客专、潍烟高铁已通车运营，京沪高铁二通道津潍高铁、潍宿高铁正在建设。山东高铁动车能够直接通达全国27个省会、自治区首府、直辖市，北达呼和浩特，南至广州、福州、南宁，西联昆明、成都、兰州，东接哈尔滨、长春。中国铁路济南局集团有限公司山东中铁文旅发展集团有限公司在济南西站、青岛北站、曲阜东站、泰安站、临沂北站、聊城西站等15个高铁站建立了商旅通道和商旅接待中心，致力于打造全国最大的商旅出行服务矩阵。

民用航空建设方面，山东目前有五处国际机场及国家一类开放航空口岸，数量居全国第二、北方第一。五处国际机场分别是：青岛胶东国际机场（4F级）、济南遥墙国际机场（4E级）、烟台蓬莱国际机场（4E级）、威海大水泊国际机场（4D级）及临沂启阳国际机场（4D级）。济南遥墙国际机场二期工程结束后，将升级为山东省第二座4F级国际机场。此外，山东还有五个地市拥有民用机场：东营胜利机场和潍坊南苑机场，均为4D级国内支线机场；济宁大安机场、日照山字河机场、菏泽牡丹机场均为4C级民用支线机场。

港口建设方面，山东省正加快建设世界级港口群，目标是到2025年沿海港口货物吞吐量突破20亿吨。青岛港、威海港、乳山港、烟台港、潍坊港、东营港六处水港是中国一类口岸。青岛港是国际枢纽海港、世界一流海洋港口，日照港、烟台港为国家主要港口，正在加快建设世界一流海洋港口。山东最大的内河港口济宁港，是京杭大运河六个重点建设港口之一。2023年11月，交通运输部公布了第一批14个港口功能优化提升交通强国专项试点项目，青岛港、烟台港、济宁港和枣庄港入选，山东省入选数量相当于江、浙、粤三省之和。

中欧班列方面，自2018年10月首发以来，山东中欧班列“齐鲁号”已累计

济南泺口黄河铁路大桥，九曲黄河上唯一一座仍在通车的百年老桥。摄影：邵凯

开行突破 11000 列，推动“一带一路”高质量发展。全省确定了济南、青岛、临沂三个中欧班列集结中心。2023 年，济南成为山东首个年度开行突破 1000 列（1006 列）的城市，开行量连续 4 年居全省首位。接下来，济南市将申建全国中欧班列集结中心。山东中欧班列国际运营线路已可直达 27 个国家 59 个城市，“齐鲁号”国际物流通道“东接日韩亚太、西连中亚欧洲、南通东盟南亚、北达蒙俄大陆”。

在交通运输与文化、旅游融合发展方面，山东亦有不俗的表现。2023 年 10 月，威海市“千里山海”自驾旅游公路入选第一批交通运输与旅游融合发展全国十佳

济南莱芜航空科技体育公园飞机即将起飞。摄影：邵凯

案例并位居榜首，中国铁路济南局集团有限公司“行走百年胶济、高铁环游齐鲁”铁路旅游产品，入选文化和旅游部等六部门共同评出的交通运输与旅游融合发展全国典型案例。

好客山东，交通山东。

高质发展

八　乡村振兴篇
——136 区县齐鲁样板的山东答卷

山东是一个农业大省。受益于山东半岛特殊的地理位置和暖温带半湿润季风气候，山东极为适宜农作物的种植。

据公开资料，山东以占 6% 的耕地和 1% 的淡水资源，贡献了全国 8% 的粮食（全国第三）、10% 的肉蛋奶、11% 的蔬菜、12% 的水果和 13% 的水产品。2023 年，山东农林牧渔业总产值达到 1.25 万亿元，稳居全国首位。

鲁西地区是山东最大的粮仓，全省粮食产量按贡献度排名前四的地市分别是菏泽、德州、聊城、济宁。蔬菜总产量排名前四的地市分别是潍坊、菏泽、聊城、临沂，潍坊寿光、聊城莘县、临沂兰陵县、菏泽定陶区都是蔬菜大县（县级市、区）。全省肉类总产量排名前四的地市分别是潍坊、临沂、烟台、菏泽。禽蛋产量排名前四的地市分别是聊城、德州、菏泽、临沂，菏泽巨野县是山东蛋鸡养殖第一大县。奶类总产量排名前四的地市依次是济南、东营、青岛、德州。园林水果总产量，烟台断崖式领先，占全省总产量的 38.8%；临沂居第二位，占全省总产量的 16.4%；威海、淄博分列第三、四位。水产品总产量方面，威海领跑全省，占全省总产量的 30.6%；烟台紧随其后，占全省总产量的 21.1%；青岛、滨州分列第三、四位。

山东拥有 462 个全国农产品地理标志，数量稳居全国第一。十六地市中，青岛市（54 个）、临沂市（41 个）、潍坊市（40 个）、威海市（40 个）、济南市（36 个）位列前五；136 区县排名前八的区县分别是：威海荣成市（22 个）、青岛平度市（19 个）、潍坊寿光市（16 个）、威海文登区（14 个）、临沂沂南县（12 个）、济南章丘区（11 个）、青岛黄岛区（10 个）、烟台莱阳市（10 个）。截至 2024 年 1 月，全省已累计获批国家级地理标志产品保护示范区 6 个，分别是青岛平度、威海乳山牡蛎、烟台苹果、济南平阴玫瑰、济宁鱼台大米、临沂平邑金银花。

从十六地市的农产品品类来说，济南平阴玫瑰、青岛平度大黄埠西瓜、淄博沂源黑山羊、枣庄峄城石榴、东营黄河口大闸蟹、烟台苹果、潍坊寿光浮桥萝卜、济宁鱼台大米、泰安肥城桃、威海乳山牡蛎、日照西施舌、临沂平邑郑城金银花、德州乐陵金丝小枣、聊城东阿黄河鲤鱼、滨州无棣黑牛、菏泽单县青山羊都是各自地市农产品的金字招牌。

寿光菜博会上，400 多斤的超级南瓜矩阵。寿光市蔬菜高科技示范园景区供图

从行政地理分区上讲，山东属于华东，与上海、江苏、浙江一样，居民身份证行政区划代码均以“3”开头，可山东地处华北平原，亦是不争的事实。山东地处秦岭—淮河线以北，属典型的北方省份，但山东跟江苏、安徽接壤，而且还产茶叶，鲁南地区的日照、临沂、枣庄常被称为“北方的南方、南方的北方”。

“茶圣”陆羽所著《茶经》记载，从神农氏开始，茶即一种饮品，茶为人所知，是因为周公姬旦作了文字记载。山东人爱喝茶。《晏子春秋》载齐景公时齐相晏婴爱喝茶：“婴相齐景公时，食脱粟之饭，炙三弋、五卵、茗菜而已。”这个“茗菜”，就是茶。地处黄海之滨的日照是中国北方绿茶之乡、世界三大海岸绿茶城市之一。20 世纪六七十年代的南茶北引工程中，山东有多达 30 个县市种植茶树，鲜为人知的是，山东一半的地市都有自己的茶品类全国农产品地理标志。济南长清茶、青岛胶南绿茶和海青茶、烟台茶、潍坊诸城绿茶、泰山绿茶和泰山红茶、威海荣成绿茶和乳山绿茶、日照绿茶、临沂沂蒙绿茶和沂水绿茶、莒南绿茶，全省竟拥有 13 个茶品类的全国农产品地理标志。2006 年 3 月，国家质检总局（今国家市场监督管理总局）批准对日照绿茶、崂山绿茶和诸城绿茶实施中国国家地理标志产品保护。2023 年 11 月，国家知识产权局批准“海阳绿茶”注册地理标志商标。

山东省目前共有县级行政区 136 个，市辖区 58 个、县级市 26 个、县 52 个。据公开数据，2023 年，山东省共有 26 个 GDP 破千亿的市辖区 / 县 / 县级市，按地市维度分布为：青岛 7 个（黄岛区、胶州市、即墨区、市南区、城阳区、市北区、崂山区），济南 5 个（历下区、市中区、历城区、章丘区、莱芜区），淄博 1 个（张店区），东营 1 个（东营区），烟台 3 个（福山区、龙口市、芝罘区），潍坊 2 个（奎文区、寿光市），济宁 2 个（任城区、邹城市），威海 2 个（环翠区、荣成市），日照 1 个（东港区），临沂 1 个（兰山区），菏泽 1 个（牡丹区）。其中，青岛市黄岛区以 5003.38 亿元的 GDP 领跑全省，是山东省第一个进入 GDP“5000 亿俱乐部”的市辖区。

刨除 58 个市辖区，在纯县域经济领域，山东省境内共有 78 个县 / 县级市，据工业和信息化部中国电子信息产业发展研究院赛迪顾问统计数据，2023 年全国共有 59 个 GDP“千亿县（县级市）”，山东 5 县级市入选，青岛胶州市（1637.5 亿元，第 18 位）、烟台龙口市（1511.4 亿元，第 22 位）、威海荣成市（1049.8 亿元，第 50 位）、潍坊寿光市（1028.7 亿元，第 53 位）处于胶东经济圈，济宁邹城市（1041 亿元，第 51 位）位于鲁南经济圈。枣庄滕州市 GDP 达到 946.08 亿元，有望在接下来成为山东省第 6 个千亿县 / 县级市。

2024 年 5 月，习近平总书记在山东考察时强调，山东在保障国家粮食安全方面责任重大。要全面推进乡村振兴，大力发展现代农业，积极发展乡村特色产业和农产品加工业，延长产业链、提升价值链。山东省正以“千万工程”经验赋能乡村振兴，抓实抓好乡村振兴齐鲁样板提档升级，在建设国家乡村振兴示范县方面，山东再次走在了全国的前面。截至 2024 年 6 月，山东共有 11 个区县入选国家乡村振兴示范县创建名单，数量位居全国第一。

2022 年 10 月 14 日，农业农村部、国家乡村振兴局公布 2022 年国家乡村振兴示范县（市、区）创建名单，青岛莱西市、烟台龙口市、潍坊青州市、济宁曲

雾漫桃源——好一幅淄博乡村振兴画卷（摄影：李玉军）

阜市、临沂兰陵县、德州禹城市入选。（1）青岛莱西市。莱西市文化馆、图书馆是国家一级馆；全国农产品地理标志 9 个，在全省区县中排名第 9。（2）烟台龙口市。GDP 千亿县；龙口市文化馆、图书馆是国家一级馆；有 1 家国家 5A 级旅游景区。（3）潍坊青州市。青州博物馆是国家一级博物馆；青州市文化馆、图书馆是国家一级馆；有 14 家 A 级旅游景区，含 1 家国家 5A 级、2 家 4A 级景区；入选首批国家全域旅游示范区。（4）济宁曲阜市。孔子博物馆是国家一级博物馆；

曲阜市文化馆、图书馆是国家一级馆；有 11 家 A 级旅游景区，含 1 家国家 5A 级、4 家 4A 级景区；首批国家全域旅游示范区。（5）临沂兰陵县。兰陵县文化馆、图书馆是国家一级馆；有 2 家 4A 级旅游景区；全国农产品地理标志 7 个，有“苍山大蒜”等多个金字招牌，享有“天下菜园、品质兰陵”的美誉；2 个全国乡村旅游重点村：苍山街道压油沟村和下庄街道代村。（6）德州禹城市。禹城市文化馆、图书馆是国家一级馆；禹城市梁家镇桂庄村是山东省乡村旅游重点村。

2023 年 9 月 11 日，农业农村部公布 2023 年国家乡村振兴示范县创建名单，济南章丘区、淄博沂源县、潍坊寿光市、威海荣成市、德州乐陵市入选。（1）济南章丘区。GDP 千亿县（市、区）；章丘区博物馆是国家一级博物馆；章丘区文化馆、图书馆是国家一级馆；有 15 家 A 级旅游景区，含 5 家 4A 级景区；入选第二批国家全域旅游示范区；全国农产品地理标志 11 个，在全省区县中排名第 6，在济南排名第 1。（2）淄博沂源县。沂源县文化馆、图书馆是国家一级馆；有 14 家 A 级旅游景区；全国农产品地理标志 6 个，在淄博排名第 1。（3）潍坊寿光市。GDP 千亿县（市、区）；寿光市文化馆、图书馆是国家一级馆；有 4 家 4A 级旅游景区；全国农产品地理标志 16 个，在全省区县中排名第 3，在潍坊排名第 1。（4）威海荣成市。GDP 千亿县（市、区）；荣成市文化馆、图书馆是国家一级馆；有 13 家 A 级旅游景区，含 3 家 4A 级旅游景区；入选第二批国家全域旅游示范区；全国农产品地理标志 22 个，在全省区县中排名第 1。（5）德州乐陵市。乐陵市文化馆、图书馆是国家一级馆；有 10 家 A 级旅游景区，含 2 家 4A 级旅游景区；杨安镇（调味品产业）、朱集镇（红枣产业）、黄夹镇（马铃薯产业）入选全国乡村特色产业十亿元镇。

山东九地市共有 11 个县（市、区）入选国家乡村振兴示范县创建名单，潍坊（青州市、寿光市）和德州（禹城市、乐陵市）分别有两个县（市、区）入选，领跑全省地市。在乡村旅游方面，临沂和济南走在了全省的前面。截至 2024 年 6 月，山东省共有 48 个全国乡村旅游重点村，临沂有 9 个村入选，居全省第一；全省

黄河故道万亩荷塘。曹县黄河故道国家湿地公园供图

共有 6 个全国乡村旅游重点镇（街道），临沂有 2 个镇入选，居全省第一；全省共有 61 个中国乡村旅游模范村，数量位居全国第一，济南、临沂各有 7 个村入选。

在还未有国家乡村振兴示范县（市、区）的地市中，已有很多区县走在了山东省乡村振兴示范县创建前列，包括入选首批山东省乡村振兴示范县（市、区）的泰安新泰市、滨州阳信县、菏泽鄄城县；入选第二批山东省乡村振兴示范县的枣庄滕州市、东营利津县、日照五莲县和聊城莘县。这 18 个县（市、区，11 个国家级、7 个省级）构成了乡村振兴齐鲁样板的山东答卷。

好客山东，振兴山东。

高质发展

九 美食篇

——“碳水超人”省份的花样整活儿

《说文解字》对“齐”字的解释是：“禾麦吐穗，上平也。”“鲁”字，甲骨文从鱼、从口，意为鱼在器皿中。春秋时期，鲁国一边界小城干脆以传说中的一种鱼“高鱼”来命名城邑，居今菏泽市郓城县西北。齐人擅种麦，鲁人爱吃鱼。最终，齐人和鲁人在种麦和吃鱼上达成了难得的默契。平原面积约占山东全省面积的65.56%，这保证了齐鲁两国的粮食安全，很多出生在山东农村的80后，应该都经历过收麦、打场、喝玻璃瓶橘子汽水的童年。

山东是中国粮食大省，山东省粮食总产量连续十年超过1000亿斤，最近这三年稳定在1100亿斤以上，素有“齐鲁粮仓”之称。山东省的小麦播种面积常年保持在6000万亩以上，夏粮播种面积和产量稳居全国第二。地处黄河下游冲积平原和黄淮海平原的鲁西地区，是山东省最重要的小麦种植区。按小麦播种面积和总产量排序，菏泽是当之无愧的山东省第一产粮大市，同样处于鲁西地区的德州、聊城、济宁分列全省二、三、四位。

山东人大多是碳水超人。十六地市皆有代表性面点，济南油旋、青岛鲅鱼饺子、淄博周村烧饼、枣庄菜煎饼、东营利津水煎包、烟台糖酥杠子头、潍坊老潍县肉火烧、济宁馓子、泰安范镇火烧、威海胶东花饽饽、日照文心蒸包、临沂杂粮煎饼、德州平原签子馒头、聊城呱嗒、滨州锅子饼、菏泽吊炉烧饼……

虽说山东的面条看上去在全国范围内没有兰州拉面、重庆小面、河南烩面、安徽板面的名气大，但十六地市皆有代表性面条，他们是老济南打卤面、青岛海鲜大虾面、淄博高青赵家面、枣庄黄花牛肉面、东营巷子面、烟台福山大面、潍坊景芝金丝面、济宁城川味面、泰山豆腐面、威海芸豆蛤汤打卤面、日照涛雒羊肉面、临沂炒鸡手擀面、德州宁津大柳面、聊城临清什香面、滨州牛筋面、菏泽电厂二板面。

还有一些在地方上小有名气的面条，老济南凉面、济南炝锅面、济南豆萁面、蓬莱小面、胶东摔面、烟台芋头面、烟台红薯面、潍坊春面、仁孝文登面、日照海沙子面、夏津银丝面……十六地市中，烟台的知名地方特色面条最多，临沂相对略少。

如果让山东人说一种最常食用的面食，多数人的回答应该是馒头，但倘若说出一种最具辨识度的山东面食，煎饼则当仁不让。无论馒头还是煎饼，小麦都在其中扮演了至关重要的角色。清代美食家袁枚在《随园食单》中对“山东面筋粉”极为推崇。传闻，馒头和煎饼都由山东文化名人诸葛亮发明。南北方对馒头的叫法不一，很多游客跑到上海城隍庙南翔馒头房排队吃小笼包（小笼馒头），这一幕要被山东人看到，会觉得上海人对馒头是不是有什么偏见。在北京鼓楼东大街有一家需要排长队的网红店——山东戗面馒头店，老板就来自鲁西南平原上的菏泽鄄城，据说是专程为拯救北漂山东人的“味觉乡愁”而来。与馒头不同，煎饼才是山东人民的专利，不过，有一些国人认为山东人天天吃“煎饼卷大葱”，却是个美丽的误会。《舌尖上的中国 2》拍摄的山东煎饼，取景地就是临沂蒙阴椿树沟，煎饼是登陆舌尖的第一种山东美食（面食）。作为中国历史上的“第一美食自媒体人”，袁枚在食用山东煎饼后念念不忘：“山东孔藩台家里做的一种薄饼（煎饼），薄如蝉翼，柔和细腻到极点。”

山东十六地市均有水稻种植：济南明水香稻、吴家堡黄河大米、济阳黄河大米，青岛即墨蓝村盐碱地大米，淄博高青蓑衣樊黄河大米，枣庄市台儿庄区邳庄镇“涛沟桥大米”（清朝时曾作为贡品）、“邳庄大米”，东营市垦利区黄河口大米（超过 15 万亩），烟台市福山区田然禾旱稻，潍坊市寒亭区海水稻，济宁市鱼台县王鲁镇 30 万亩水稻，泰安市东平县老湖镇旱稻和商老庄乡旱稻、肥城市老城街道旱稻和岱岳区马庄镇旱稻，威海荣成王连街道旱稻，日照市东港区涛雒镇万亩稻米、岚山区巨峰镇稻米，临沂市郯城县归昌乡“姜湖贡米”，德州市庆云县严务乡黄河水稻、德城区黄河涯镇黄河水稻、禹城市房寺镇黄河稻谷，聊城市东阿县稻米，滨州市滨城区旧镇镇黄河五道口大米，菏泽曹县黄河故道万亩水稻、巨野县盐碱地旱稻。它们中有很多是全国农产品地理标志，有很多村镇是全国一村一品示范村镇、国家农业产业强镇。有些地区的植稻历史甚至可以追溯到汉代，有的曾经是清朝贡品，如今出口日本、韩国等国家。但大米完全无法撼动小麦在山东省饮食中的压倒性统治地位。

鲁地多河流，齐地多海洋，两地人民“吃鱼”有了共同的保障。孔孟皆爱吃鱼，据说孔子儿子出生时，鲁昭公赐大鲤鱼一尾，孔子欣然收下并给独子起名“孔鲤”，字“伯鱼”。孟子将“鱼”与“熊掌”相提并论，“鱼，我所欲也；熊掌，亦我所欲也”。原材料主要是鱼的孔府菜的代表作即有孔府焦熘鱼、糟熘鱼片等。

齐人先吃淡水鱼，后吃海鱼。烟台市素有“福山福地福人聚”的美誉，是“中国鲁菜之都”，鲁菜的拿手绝活是葱烧海参，培训基地就选在了“始皇射鱼”文化符号的所在地芝罘区。周宣王曾用葱或芥末调制的生鱼片“鲤鱼脍”来犒赏凯旋将士，但口感应不如用烟台渔民打捞的金枪鱼制作的生鱼片。

鲁菜是中国八大菜系之首，也是我国北方菜的基本盘。据说，满汉全席宫廷盛宴北方菜 54 道，山东菜就占了 30 道，超过半壁江山。孔子主张“食不厌精，脍不厌细”，老子有云：治大国若烹小鲜。仪式感拉满的孔府菜，在清乾隆时期就已成为官府菜的代名词，更是上海合作组织青岛峰会招待外宾的国宴菜系，代表作是一品豆腐。2011 年，孔府菜烹饪技艺成为（第三批）国家级非物质文化遗产新增项目。鲁菜还有三个分支，分别是福山菜（胶东菜）、博山菜和济南菜，代表菜品分别是葱烧海参、博山豆腐箱和糖醋黄河鲤鱼。

清朝第一美食网红袁枚对食材颇有见解，在他眼中，“鸡、猪、鱼、鸭，豪杰之士也，各有本味，自成一家”。排序第一的就是鸡。鸡在山东人的饭桌上分

鲁菜博山菜四四席。淄博市文化和旅游局供图

量有多重？民间有“无鸡不成宴”之说。在潍坊很多地方，宴席上菜顺序是“一鸡、二鱼、三凉菜”，寓意“大吉大利”“年年有余”。在胶东即墨一带，上菜顺序变成了“一鸡、二鱼、三猪头（肉）”。在泰安一带，则是“一鸡、二鱼、三丸子”。各地有各地的讲究，但鸡是绝对头牌，规矩不能坏。主要原材料含有上乘鸡肉的鲁菜代表作，包括孔府菜国宴用菜“孔府一品锅”、福山菜“芙蓉鸡片”。

山东是我国白羽肉鸡养殖第一大省，比较出名的鸡品种就有汶上芦花鸡、莱芜吉山黑鸡、青岛琅琊鸡、济宁百日鸡、鲁西斗鸡、临沂草公鸡……山东人究竟有多爱吃鸡？且看山东十六地市的花样做法：济南黄焖鸡、莱芜炒鸡；青岛香酥鸡；淄博八宝布袋鸡；枣庄辣子鸡、滕州辣子鸡；东营史口烧鸡；烟台福山烧鸡；潍坊芥末鸡、寿光虎头鸡、诸城烤鸡架；济宁地锅鸡；泰山花椒鸡；威海蛤蜊鸡；日照肚包鸡；临沂炒鸡、蒙阴光棍鸡；德州扒鸡、平原北任扒鸡；聊城魏氏熏鸡；滨州青阳炒鸡；菏泽成武白酥鸡……

据说临沂市一年能售出一亿只鸡，中国饭店协会授予临沂“炒鸡地标美食城市”荣誉，网络上有句充满着战斗欲望的slogan——“没有一只鸡可以活着走出临沂”，这句话现在看来，格局多少有点小了，分明是“没有一只鸡可以活着离开山东”。

山东十六地市靠什么来“治愈”国人的胃？济南奶汤蒲菜（大明湖蒲菜+章丘大葱炒制葱油，登陆《舌尖上的中国2》，济南汤菜之冠）；青岛春虾烧白菜（海捕大对虾+胶州大白菜嫩心）；淄博豆腐箱（博山菜代表）；枣庄辣子鸡；东营大虾疙瘩汤；烟台葱烧海参（福山菜代表，国宴常客）；潍坊朝天锅；济宁甏肉干饭、寿字鸭羹（孔府菜代表）；泰山豆腐宴；威海蜂巢乳山牡蛎；日照汆西施舌；临沂炒鸡、糁汤；德州五香脱骨扒鸡；聊城临清什香面；滨州渤海盐焗大虾；菏泽单县羊肉汤，中华第一汤（鲁西青山羊）。

好客山东，舌尖山东。

高质发展

十　时尚节会篇

——谁是时尚之都　谁掌握了天子服饰密码

中华上下五千年，谁才是历史上的山东第一时尚名城？答案是唯一的，这便是淄博临淄。因为，临淄将审美和时尚给具象化了。倘若你是一位春秋战国时期的名士，即便再有钝感力，也无法拒绝时尚临淄对服饰、颜色、音乐、体育等各大领域“颠覆式生活美学”的全面熏陶。

太史公司马迁在《史记·货殖列传》中载：“齐带山海，膏壤千里，宜桑麻，人民多文彩布帛鱼盐。”在《史记·三王世家》中，司马迁引用汉武帝的话：“古时独临淄中十万户，天下膏腴地莫胜于齐者矣。”“冠带衣履天下”“人民多文彩布帛”，一则说明齐国所产的帽子、腰带、衣服，品质独步天下，引领当时潮流；二则说明齐国纺织业高度发达，所产丝绸量大质优；三则说明齐地生产彩色丝绸，且百姓愿着彩色服装。

春秋战国时期，中国的城市其实一点儿都不卷，因为差距太大，卷也卷不动。临淄城当时有多时尚？答案是：一度引领华夏甚至是日本、朝鲜半岛的审美潮流。以临淄为中心的山东地区是汉代“丝绸之路”的重要源头。据考证，早在春秋时期，齐国即开启了“海上丝绸之路”，把上乘的丝绸销往朝鲜半岛和日本。没办法，内卷不刺激，索性就外卷，毕竟朝鲜半岛和日本跟山东所处的东夷文化圈属同宗。

战国时期，山东的纺织业高度发达，最上等的当属“齐纨鲁缟”，齐地（临淄附近）生产的纨和鲁地（曲阜附近）生产的缟是那个时代最为出名的两种丝织品。齐国的丝织品尤以细绢“齐纨”和细缯“阿锡”最为名贵，前者的主产地是临淄，后者的主产地是聊城东阿。齐地的丝织品工艺处于整个帝国的天花板，汉朝时，中央政府在临淄设三服官，专做天子之服，掌握了大汉天子服饰密码的临淄，可谓是名副其实的时尚之都。北宋神宗时，在山东“和买”绢帛，每年达30万匹左右。

国家级非物质文化遗产鲁锦织造邂逅“鄄城大草原”。鄄城县文化和旅游局供图

如果把这些布匹连在一起，其长度几乎相当于从漠河自驾至三亚的往返距离。

管子曰:“仓廪实而知礼节,衣食足而知荣辱。”让一部分人快速富起来的齐国,很快就在服饰、颜色、音乐、体育、节会等多个领域处于“引领者”的位置。第一位站出来成为时尚圈 KOL（关键意见领袖）的是春秋五霸之首齐桓公。或许是奠基人姜太公太富有人格魅力,姜齐时代,齐人颇有国君崇拜情结,“桓公好紫衣”,搞得满朝文武、一国之民皆自觉向国君看齐，纷纷着紫衣，一时间创造了一个成语“齐桓紫衣”。《韩非子·外储说左上》载：“齐桓公好服紫，一国尽服紫。”因齐国全民尚紫，时人还发明了一个词语“齐紫”，用来比喻上行下效。

紫色是红色和蓝色混合而成的颜色,或许在齐桓公看来,周王朝是火德,尚红,齐居东夷，是海王大国，海水是蓝色的，“红 + 蓝”即“尊崇周天子 + 凸显齐海洋特色”并举，紫气东来，一点毛病都没有。后世不是造了一个叫“大红大紫”的词吗,我(齐桓公)是春秋首霸,为什么就不能有点创新？法国有巴黎“高级灰”,齐国有临淄“齐桓紫”。齐桓公在位 43 年，共召集诸侯会盟 15 次，那会儿还没有视频会议，但即便有视频会议，估计齐桓公也不允许相关国家的国君不到场，会盟的同时捎带着把时尚“齐桓紫”给推了出去，一举两得。

其实，那个时代，紫色是非主流，一是在有些国家看来，紫色颜色不正，非纯色；二是加工起来费工费钱，但齐桓公是什么人呐，从来都是“我走我的路”，时尚潮人一枚，而且，划重点，齐国差过钱吗……结果，鲁国百姓纷纷扔掉锄头开始全民制作紫衣售往齐国，但当齐桓公有一天采纳管仲的建议不穿紫衣后，发现田地已荒芜的鲁国人才悟出了这竟是齐国发动的“贸易战”。齐人不着紫衣后穿什么颜色？答案是五颜六色，随心所欲，想怎么穿就怎么穿，全然不顾南邻鲁国已然满脸惊愕、瞠目结舌的事实。

受影响的绝非仅仅是服饰材质、款式和颜色，还有名字。古人给一地命名有一个通用的原则，即多以山川河流等地标命名。如临淄，临近淄水；胶州，以胶水而得名；潍县，因潍水而得名；高密，因密水而得名；德州，因德水而得名，德水即古黄河别称……但若论为山东贡献地名最多的河流，当属主要流经山东境内的两条河流：沂水和济水。

著名芭蕾舞剧《沂蒙颂》中的“蒙山高，沂水长”，指的就是沂河，也是沂蒙山区名字的来源。与沂水相关的地名主要有淄博沂源县，沂水之源；临沂沂水县，因沂河过境得名；沂南县，因地处沂水县之南得名；临沂市，临近沂河；江苏徐州新沂市，以境内新开的新沂河得名。另一条河是济水。河南省济源市，济水之源；汉朝有郡名济阴郡（今山东省菏泽市附近），济水之南，汉武帝建元三年（前 138 年），改定陶国为济阴郡；济宁市（济水安宁）、济南市（济水之南）、济阳区（济水之北，水北为阳）；临济县，临近济水，东汉安帝永初二年（108 年），狄县更名临济县，即今淄博高青县。

一个小城的名字同样也应该是城市美学的一部分，比如春秋战国时期，让勾践垂涎、令秦皇大乐的琅琊，另外启阳（今临沂城区）、千乘（今淄博高青、滨州博兴一带）、昌邑（今菏泽巨野）等城邑的名字也是诗意满满。今天山东 136 个区县，最好听的名字应该有以下 10 个——兰陵、栖霞、广饶、蓬莱、青州、昌乐、嘉祥、岱岳、文登、庆云，这些名字或诗情画意，或充满祥瑞，或颇具神话色彩，有的以古九州、名山大川为名，如屈原所取“兰陵”便画面感十足。

《史记·苏秦列传》载：“临淄其民无不吹竽鼓瑟，弹琴击筑。”《论语·述而》载：“子在齐闻韶，三月不知肉味。”从春秋战国时期开始，山东人民对于音乐就一直很在线，今天活跃度蛮高的乐队“逃跑计划”即来自青岛。

十六地市现在均已拥有了自己的专属城歌：《济南济南》、《海鸥》（青岛）、《淄博淄博》、《枣庄》、《嗨，东营》、《烟台　烟台》、《线》（潍坊）、《遇见济宁》、《泰安人的歌》、《我为你而来》（威海）、《日照海天》、《追梦临沂》、《德州　德州》、《东昌湖》、《HAPPY 滨州》、《在菏泽等你》……

山东十六地市纷纷打造属于自己的音乐节，进一步为美好生活加速，如济南九如山音乐节、青岛凤凰音乐节、淄博玉龙湖音乐节、枣庄台儿庄台风音乐季、东营文汇河海音乐节、烟台养马岛音乐节、潍坊新青年音乐节、济宁运河巅峰音乐节、泰山超时空音乐节、威海千里山海沙滩音乐节、日照山海沙滩音乐节、临沂琅琊音乐节、德州新青年音乐节、聊城新青年音乐节、滨州青春音乐节、菏泽海报音乐节。海滨度假胜地青岛近年来更是先后登上“音乐节之城”“演唱会之城”的宝座，从临淄城手中接管了“时尚之都”的钥匙。

靠“渔猎”为生的东夷人民，自古以来就很喜欢体育。临淄人民发明的蹴鞠，

济南九如山音乐节唱响夏日。摄影：崔新程

如今入选第一批国家级非物质文化遗产；斗鸡大赛，至今仍是一项受欢迎的春节民俗。若是举办一场战国时期趣味运动会的话，相信齐国会包揽很多项目的“金牌”。

习近平总书记多次强调，“体育是实现中国梦的重要内容”，“体育强则中国强，国运兴则体育兴”。2021 年 12 月 20 日，山东省明确提出了“2035 年建成体育强省”的远景目标。2023 年 5 月 7 日，国际奥委会主席托马斯·巴赫首次到访山东。同年，济南历城二中女足勇夺第 27 届世界中学生足球锦标赛冠军。山东省的国家高水平青少年后备人才基地达 83 所，数量领先全国。

山东是人口大省，也是竞技体育强省，在奥运会、亚运会和全运会的赛场上，山东体育健儿为国出征，多次载誉归来，被誉为体育界的“山东天团”。仅就竞技体育领域而言，山东可谓是名副其实的体育强省，特别是青岛、烟台、济南、淄博和潍坊五市，竞技体育明显走在了全省的前列。除烟台外，其他四市均位于胶济铁路沿线。

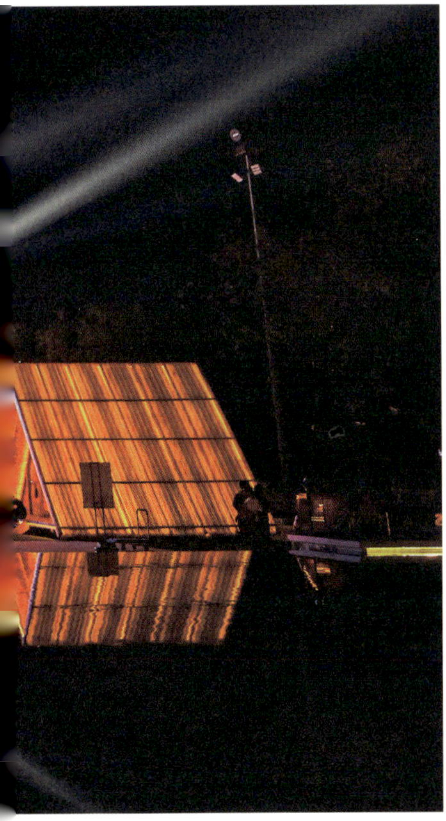

2024 年巴黎奥运会、2020 年东京奥运会、2016 年里约热内卢奥运会，三届夏季奥运会，山东健儿分获 5 金 4 银 6 铜、7 金 1 银 3 铜和 4 金 4 银 5 铜，稳居全国省市夺金第一方阵，东京奥运会山东健儿获得的金牌数量更是在省市金牌榜上位列第一。三届夏季奥运会，来自六个地市的健儿共计为国贡献 16 枚金牌：青岛 5 金（东京奥运会、巴黎奥运会乒乓球女单、女团陈梦 4 金；里约奥运会乒乓球男团张继科）、烟台 4 金（东京奥运会女子重剑个人赛孙一文、女子标枪刘诗颖、男子 50 米步枪三姿张常鸿；巴黎奥运会跳水男子双人 10 米台练俊杰）、济南 3 金（里约奥运会女子 10 米气手枪张梦雪、乒乓球女团李晓霞；巴黎奥运会男子 25 米手枪速射李越宏）、枣庄 2 金（东京奥运会、巴黎奥运会 500 米双人划艇孙梦雅 2 金）、淄博 1 金（东京奥运会女子 4×200 米自由泳接力杨浚瑄）、潍坊 1 金（里约奥运会女排杨方旭）。

2023 年杭州亚运会，山东健儿为国贡献 38 金，其

潍坊国际风筝节入选中国最具国际影响力十大节庆活动。摄影：刘永明（@ 北寒）

中奥运、全运项目获金牌 32 枚，与浙江并列全国第一。38 金按地市贡献度排名前四的地市分别是：青岛 10 金、济南 8 金、淄博 7 金，烟台 6 金。2021 年陕西第十四届全国运动会，山东健儿豪夺 58 金，实现全运会金牌总数全国“四连冠”。按十六地市对金牌的贡献度来看，排名前六的地市分别是：烟台 21 金，济南、青岛各 15 金，淄博 13 金，潍坊 10 金，滨州 8 金。

重大节庆方面，山东依然走在了全国的前列，中国最具国际影响力的十大节庆活动，山东占据三席。2005 年 11 月，青岛国际啤酒节、潍坊国际风筝会、中国曲阜国际孔子文化节入选国际节庆协会首届“IFEA 中国最具国际影响力十大节庆活动”。2023 年 11 月，第十七届中国品牌节发布《2023 中国节庆品牌 100 强》榜单，山东共有 12 项节庆品牌入选，数量居全国第二，仅次于北京。济南、青岛、济宁各有 2 项节庆活动入选，淄博、东营、潍坊、泰安、德州、菏泽六地市各有一项节庆活动入选。具体是：青岛国际啤酒节（第 2）、潍坊国际风筝会（第 4）、中国曲阜国际孔子文化节（第 11）、菏泽国际牡丹花会（第 16）、泰山国际登山节（第 24）、青岛国际海洋节（第 46）、中国（乐陵）金丝小枣文化旅游节（第

59）、大明湖春节文化庙会（第67）、中国·金乡大蒜节（第81）、山东文化艺术节（第89）、孙子文化旅游节（第92）、淄博齐文化旅游节（第96）。

从会展经济领域来看，青岛、济南、烟台、潍坊四地市走在了全省的前面。青岛市是“中国最具竞争力会展城市”“中国最具影响力会展城市”，2023年度中国十佳会展名城。济南市是“2023中国会展品牌城市”“2018年中国十大影响力会展城市”，济南黄河国际会展中心是全球综合规模最大、国内室内展览面积最大的会展中心。烟台市荣获“2022年中国最具竞争力会展城市（地级市）”“2021年度金樽杯中外会展最佳品牌会展城市”“2019—2020年度中国十佳会展城市”等称号。潍坊市连续获得“2016年度中国十佳品牌会展城市”“2017年度中国十佳品牌会展城市”等称号。东营、威海、济宁、临沂、泰安、日照、聊城、枣庄、德州、菏泽上榜“中国最具竞争力会展城市”，临沂会展展览规模排名全国地级市第三名。

好客山东，时尚山东。

高质发展

十一 好客山东篇
——引客入鲁大计，2500 多年来一直在线

如同那首入选中宣部推荐的 100 首爱国歌曲的山东民歌《谁不说俺家乡好》，2500 多年来，好客山东凭借灿烂的文明和好客的民风从不间断“引客入鲁”。历史上来过齐鲁大地的名人灿若繁星，本书就选择了 16 位在中国历史各个阶段的顶流外省（外国）“名士”来为山东十六地市城市文旅推介。

据山东省文化和旅游厅编纂的《2022 山东旅游统计便览》，2021 年省外游客来源地构成如下：江苏第 1、河北第 2、河南第 3、山西第 7、浙江第 9、四川第 10、陕西第 11、湖北第 12、广东第 19。以上九省均为山东主要客源地省份，本书选择的 16 位名士除一位国际友人外，其余 15 位正是来自这些省份。河北代表 3 人，即秦始皇（出生于邯郸市丛台区）、刘备（保定涿州市）、范仲淹（出生于石家庄市正定县）；浙江代表 3 人，即勾践（绍兴市）、王阳明（宁波余姚市）、林徽因（出生于杭州市上城区）；四川代表 2 人，即李白（绵阳江油市）、苏轼（眉山市东坡区）；河南代表 2 人，即范蠡（南阳市淅川县）、杜甫（郑州巩义市）；江苏代表 1 人，即徐霞客（无锡江阴市）；陕西代表 1 人，即汉武帝刘彻（西安市未央区）；山西代表 1 人，即荀子（临汾市安泽县）；湖北代表 1 人，即屈原（宜昌市秭归县）；广东代表 1 人，即张弼士（梅州市大埔县）；外国友人 1 人，即马可·波罗（意大利威尼斯）。

这 16 人按职业划分，分别是 4 位帝王，即秦皇、汉武、勾践、刘备；2 位大儒，即荀子、王阳明；5 位文学家，即屈原、李白、杜甫、苏轼、范仲淹；2 位实业家，即范蠡、张弼士；1 位旅行家，即徐霞客；1 位探险家，即马可·波罗；女性的唯一代表、中国第一位女建筑师林徽因。

在为十六地市选择相对契合的城市文旅“首席推介官”时，更多的是考虑到了山东的省情，对于一贯采取“均势”发展的齐鲁大地，全省利益最大化当属第

会当凌岱顶，一览众山小。在十八盘的石阶古道中寻访历代帝王封禅足迹。摄影：邵凯

晚霞 · 故乡的云书房。摄影：李双喜

一原则。以全省在文化领域长盛不衰的泰安、曲阜和文化中心济南为例，秦皇汉武封禅泰山、乾隆十至泰安六登岱顶、杜甫《望岳》无出其右、徐志摩《泰山日出》激昂澎湃……但我们还是将泰安城市文化旅游首席推介官的身份给到了王阳明。理由是作为“阳明心学”集大成者，王阳明登东岳看日出悟心学，留有《登泰山五首》，更为难得的是，王阳明将府邸建伯府池塘命名为“碧霞池”，这在江浙一带并不常见，最终，皆大欢喜，阳明先生 55 岁终盼来长子王正亿的降生。

选择徐霞客作为济宁城市文旅首席体验官，理由有二：徐霞客人生第一次跨省游选择走水路，济宁是他踏足齐鲁大地的第一站，从济宁开始，徐霞客迈出通往伟大的第一步；“游圣”游访山东期间，在济宁地区的活动最多，曲阜拜孔林、邹城谒孟庙、看孟母三迁故里、峄山觅峄阳孤桐（古九州徐州贡物之一）。

尽管李白、苏轼、曾巩、元好问、赵孟頫、康熙、乾隆、刘鹗、老舍……太多太多的帝王、名士对济南作出了巨大的文化贡献，但从广义上讲，他们都属于杜甫口中的“名士”或“名人”范畴，一句“海右此亭古，济南名士多”，使济南一下子得到了“泼天的富贵”，自此成为全天下文人心中的首席游访目的地。

一个鲜为人知的事实是，杜甫创作该诗时，济南所在的齐州已改为临淄郡，治历城。早在 162 年前，济南郡即被隋文帝撤掉，倘若杜甫与时俱进，整出一句“临淄名士多”“齐州名士多”“历城名士多”，济南这座老城的文化含金量将会大打折扣。从这层意义上，选择将杜甫作为济南城市文化旅游首席推介官，可谓实至名归。

这 16 位名士来山东前的境况实难言佳，杜甫科举落第、秦始皇博浪沙遇袭、屈原遭罢黜、林徽因大病初愈、李白怀才不遇、张弼士报国无门、苏东坡政坛失意、徐霞客名落孙山、王阳明告病归家、汉武帝深陷盛世危机、勾践背井离乡迁都遭遇阻力、荀子来齐求学前籍籍无名、刘备创业艰辛流离失所、马可·波罗思乡日甚、范仲淹年少丧父随母改嫁陷入人生第一次低谷、范蠡躲过追杀隐姓埋名……

来到齐鲁大地后，很多人的内心得到了“治愈”，齐鲁大地为他们提供了难得的情绪价值。离开山东后，他们大多收获满满：杜甫曾短暂得到唐玄宗赏识，一度看到了“逆天改命”的曙光；秦始皇首次到青岛海滨度假就待了三个月，乐不思“陕”，一生三巡琅琊；屈原成功说服齐宣王，齐楚联手结盟抗秦；林徽因考察山东古建成果颇丰；李白在济南入道籍，李杜携游成佳话；张弼士兴办烟台张裕，走上“中国的洛克菲勒”之路；苏东坡在密州政通人和；徐霞客首次跨省游顺利，从山东走向伟大；王阳明首当“项目负责人”（山东乡试主考官），表现可圈可点，获朝廷重用再度出山，双喜临门；汉武帝 63 岁老来得子，为“昭宣中兴”打下人力基础；勾践迁都琅琊，八任越王在山东苦心经营；荀子三为稷下学宫祭酒，两任兰陵令，终老兰陵；卖草鞋出身的刘备历任高唐令、平原令、平原国相，离开山东后，34 岁干到“省部级”；马可·波罗在中国生活 17 年后，从临清继续踏上回家的路；范仲淹高中进士，后主持庆历新政，成为一代名宰；范蠡在“天下之中”菏泽定陶三致千金，成就千古“商圣”盛名……

好客山东，爱上山东。

青岛老城红瓦绿树碧海蓝天景观。摄影：朱锐 @ 摄影师么么锐

农文旅强国

山东先行

外省名士

带你游齐鲁

山东先行

一　跟着杜甫游济南
——一座泡在泉水中的千年古城的“世遗”梦和“国家中心城市”梦

济南市文旅概况

济南位于山东省中部，地处鲁中南低山丘陵与鲁西北冲积平原交接带，南依泰山，北跨黄河，是山东省的政治、经济、文化、科技、教育和金融中心。2023年，济南市地区生产总值为12757.4亿元，列中国北方城市第5位。2024年5月30日，第一财经·新一线城市研究所发布《2024新一线城市魅力排行榜》，济南列30座二线城市第4位，排序在热门旅游城市厦门、大连、哈尔滨之前。据华顿经济研究院《2024年中国百强城市排行榜》，济南排名全国第15位，排序在郑州（19位）、西安（20位）之前，全力竞逐中国第十个“国家中心城市”。2024年GaWC世界城市排名，济南跻身世界二线城市行列。

济南是国务院公布的历史文化名城。因地处古四渎之一“济水”之南而得名，西汉始置济南郡。济南是距今4500—4000年前的史前文化——龙山文化的发祥地，城子崖遗址入选全国“百年百大考古发现”。春秋战国时代，济南属齐国。南宋建炎二年（1128年）后，济南被金国占据，属山东东路。明洪武九年（1376年），山东最高行政机关“承宣布政使司”由青州迁至济南，济南成为山东省会，是全省的政治、军事、经济、文化中心。1929年7月，国民政府设立济南市。1948年9月，中国人民解放军华东野战军解放济南，设立济南特别市。1949年5月22日复称济南市，为新中国成立前山东四大省辖市之一。1994年2月，济南市被确定为副省级城市。2024年，这座按成立日期推算为“双子座”的共和国同龄城市，已走过了高质量发展的第75个年头。

济南市总面积 10244.45 平方千米，列全省 16 地市第 8 位。截至 2023 年末，济南市常住人口 943.7 万人，居全省 16 地市第 3 位，其中历城区常住人口 122.24 万人，居全省 136 区县第 4 位。济南籍的历史名人主要有：神医“扁鹊”、战国阴阳五行学说创始人邹衍、唐朝名相房玄龄和开国功臣秦琼、宋朝“婉约派”词人李清照和“豪放派”词人辛弃疾、金元散曲家张养浩、明朝文坛领袖李攀龙和万历年间内阁大学士于慎行等。

山东省标准地图

济　南　市　地　图

设区市 · 旅游版

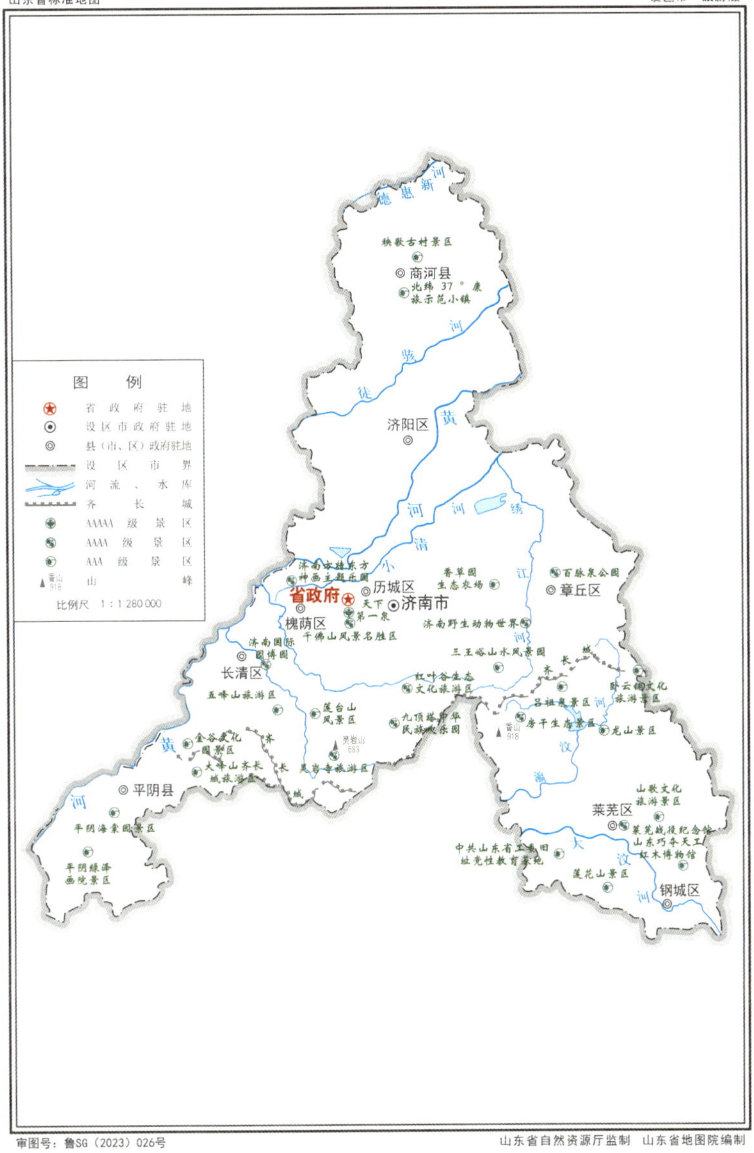

审图号：鲁SG（2023）026号　　山东省自然资源厅监制　山东省地图院编制

济南市地图 · 旅游

泉城济南华灯初上。摄影：朱锐（@摄影师么么锐）

济南城市文旅 slogan 是“泉城济南·泉甲天下”，市花是荷花和玫瑰，车牌代码是鲁 A、鲁 S。济南市是 2022 年“东亚文化之都”，全国首批 15 个国家文化和旅游消费示范城市之一，现有 3 处国家级夜间文化和旅游消费集聚区，数量居全省第一；境内有齐长城济南段（长清区、历城区、章丘区、莱芜区）和灵岩寺 2 处世界遗产，数量居全省第二，前者是世界文化遗产，后者是世界文化与自然双重遗产泰山的重要组成部分。2024 年爆火的中国首款 3A 游戏《黑神话：悟空》在山东的两大取景地皆出自济南，分别是灵岩寺墓塔林和四门塔。济南境内有章丘、历城、历下、平阴、长清、商河和莱芜 7 个“千年古县”，数量居全省第三。

截至 2024 年 6 月，济南市境内有 14 个国家一级图书馆，数量居全省第一；境内有 20 处国家级非物质文化遗产，数量居全省第二；全国重点文物保护单位 30 处，数量居全省第二，境内有 4 处国家一级博物馆，数量居全省第二；11 处国家一级文化馆；济南市拥有国家 4A 级以上旅游景区 21 家，包括 1 家国家 5A 级旅游景区——天下第一泉风景区；境内共有 7 家五星级旅游饭店，数量位居全省第二，其中历下区有 6 家，居全省 136 区县第二位。每年 5 月 31 日，被称为“世界济南日”，届时济南将举办“0531 济南节”（0531 是济南电话区号）。

近年来，济南市通过举办国际泉水节、中国国际文化旅游博览会、中华“二安”文化旅游节、山东文化艺术节、大明湖春节文化庙会、平阴玫瑰文化节、长清杏花节等节庆活动，持续提升“天下泉城”的美誉度和影响力，全力打造黄河历史文化标志性城市、国际知名文化旅游目的地。2024 年，济南市已明确提出“泉城文化景观申遗”。

“引客入鲁”济南城市文旅首席推介官：杜甫

姓名：杜甫

别称：杜少陵、杜工部等

被誉为：“诗圣”

出生地：今河南郑州巩义市

职业：诗人、官员

官位：唐代宗时官至检校工部员外郎，从六品上，相当于今天的住房和城乡建设部某个司的二级巡视员。

荣誉：1962年，杜甫诞辰1250周年，中国“诗圣”被世界和平理事会推选为“世界文化名人”。杜甫的诗被后世称为“诗史”，2020年，英国广播公司BBC制作《杜甫：中国最伟大的诗人》单集纪录片。

国家5A级旅游景区天下第一泉风景区趵突泉。摄影：邵凯

"海右此亭古，济南名士多。"济南历下亭夜景。摄影：王啸

家庭背景：杜甫出身名门望族京兆杜氏，门阀观念颇强。有据可查，杜甫至少是官八代，父亲杜闲官至兖州司马，从五品下，相当于今天的济宁市副市长。杜闲娶妻清河崔氏，古代十大门阀世族之一，杜甫外婆是唐太宗李世民的重孙女。

何时入鲁：736 年，24 岁的杜甫在洛阳参加进士考试，落第，赴兖州探望父亲，首次踏上齐鲁大地，路上还结识了从陕西徒步 2000 多里来山东游访的苏源明，两人成为一生的挚友。在结伴登泰山观日出后，就在 11 年前唐玄宗完成封禅大典的泰山之巅，青年杜甫豪气干云，写下了那首至今无人能出其右的《望岳》："岱宗夫如何？齐鲁青未了。……会当凌绝顶，一览众山小。"据说，李白在听到这首诗后"击节赞叹"。这一趟山东行，杜甫还到济南平阴拜访了隐居在此的老友。

745 年夏，杜甫到今德州市临邑县看望担任该县主簿的弟弟杜颖，途经济南时，与旧相识、时任北海郡太守李邕游宴于历下亭（今天下第一泉五龙潭名士阁西侧有古历下亭旧址）。作为盛唐著名的文学家和书法家，身为朝廷从三品封疆大吏且已是 68 岁高龄的李邕，礼贤下士约请 33 岁的待业青年杜甫，并让唐王朝的宗室后裔，时任齐州（济南）司马、后官至礼部尚书的官员李之芳及济南名士蹇处士作陪。谁能拒绝在济南这座充满泉水灵性的城市里参加一场高朋满座的盛宴雅集

呢？杜甫即席所赋《陪李北海宴历下亭》，“海右此亭古，济南名士多”一联直接封神，瞬间拉满了济南城的文化竞争力。这句话对于济南整座城的文旅软实力有多重要？犹如456年后，南宋官员王正功的一句“桂林山水甲天下”，桂林市甘愿为其刻碑塑像。

“四面荷花三面柳，一城山色半城湖”“家家泉水，户户垂杨”“云雾蒸润华不注，波涛声震大明湖”“日日扁舟藕花里，有心长做济南人”……千百年来，灵动的泉水持续赋能“引客来济”，康熙、乾隆、李白、曾巩、赵孟頫、元好问、刘鹗……太多帝王将相、文人墨客在济南留下了文化符号，其中最具代表性的还有老舍。

老舍名篇《济南的冬天》，让泉城再度封神，其姊妹篇《济南的秋天》为宣传济南贡献尤甚。“上帝把夏天的艺术赐给瑞士，把春天的赐给西湖，秋和冬的全赐给了济南。”毫无疑问，济南的秋和冬属于南山和老城。周杰伦的代表作《枫》一歌治愈了很多人，“缓缓飘落的枫叶像思念，我点燃烛火温暖岁末的秋天”，这在济南南部山区九如山红枫节时就能实现，更绝的是九如山很多民宿都设有高大的壁炉，燃起木柴后，在晚秋和冬季自带浪漫氛围。老舍说，济南的冬天是“响晴”的：“在北中国的冬天，而能有温晴的天气，济南真得算个宝地。”1931年3月，老舍发表《济南的秋天》，4月发表《济南的冬天》。同月，老舍与胡絜青女士订婚。三个月后，两人在北平大婚，婚后半个月老舍夫妇便回到济南。他们的第一个孩子舒济在济南出生。

老舍先生为宣传“第二故乡”不遗余力，但毕竟佳作流传未满百年。而杜甫凭借全国范围内的海量粉丝带来的巨大私域流量，让济南成为全天下文人心中的顶流，惹得历朝文人打卡历下亭，带给了城市无限的荣光。济南有杜甫一生美好的回忆，在这里，一位大唐青年才俊开始思考从“放荡齐赵间，裘马颇清狂”如何升华到“却道天凉好个秋”的“见自己、见天地、见众生”。暂别济南几个月后，

老舍故居沉浸式话剧演出。摄影：邵凯

杜甫又在今兖州城东的金口坝饯别李白，此后，两人再未相见。

余华先生在他的《活着》一书中写道：“我知道黄昏正在转瞬即逝，黑夜从天而降了。我看到广阔的土地上袒露着结实的胸膛，那是召唤的姿态，就像女人召唤着她们的儿女，土地召唤着黑夜的来临。”杜甫一生中年失意、晚年凄惨，其诗被称为“诗史”，但他却将青年时期最奔放的创作热情给予了济南城、东岳泰山和古兖州。

试着以杜甫的视角来解读“诗圣”与济南的缘分：“山东有我一生最美好的回忆。家父、家弟皆在山东为官，于我而言，来齐鲁大地，探亲、游访两相便；也正是在山东，我与一生偶像李白畅游齐鲁，饮酒赋诗，好不快哉，醉眠秋共被，携手日同行，那是我一生最为难得的一段快乐光阴。24 岁时，我作《望岳》一诗：‘岱宗夫如何？齐鲁青未了。……会当凌绝顶，一览众山小。’但很多人不知道的是，其实我更偏爱《登兖州城楼》：‘浮云连海岱，平野入青徐。’毕竟这是我踏足齐鲁大地后写的第一首诗。九年后，已过而立之年的我空有报国之志，毫无施展之地，郁闷至极，在济南却获李北海、李司马和一众齐州名士的宴请，‘海右此亭古，济南名士多’，是我有感而发，不承想竟无意间打开了济南城文化地标的宝盒，其实很多人并不晓得，在济南长清原本就有一个诸侯国叫‘诗国’（邿国），说‘济南名士多’恰如其分。有时候我想，一个人与一座城的缘分就是这么妙不可言。很多人说我‘无趣’‘悲观’，我想说的是，那是因为他们不够‘懂’我。我把毕生最佳的创作热情给予了这片给我提供了太多情绪价值的齐鲁大地，为济南而诗，便是为自己而诗。人生不过一场送别，别离才是人生的主旋律。在山东，我送别了偶像李白、作别李北海，也告别了自己的青春，从此，我再也没能踏上山东的土地。涌动的泉水就像一场盛世里的视觉、听觉盛宴，济南，其实我一直在你身旁从未走远。欣闻济郑高铁全线贯通，济南市发布城市旅游目的地品牌‘这一站，济南’：生活不止眼前，这一站来济南。都知道‘杜甫很忙’，没有带货经验的我，决定为济南开启带货模式，架起家乡郑州与济南‘豫见齐鲁·山河相约’的友谊桥梁。阔别齐鲁后，我只为人民写诗，那么现在就以人民的名义，来自全国‘杜家军’的家人们，请跟随我杜工部的脚步，这一站来济南！”

为杜甫点歌：朴树《送别》

长亭外　古道边　芳草碧连天
晚风拂柳笛声残　夕阳山外山
天之涯　地之角　知交半零落
一壶浊酒尽余欢　今宵别梦寒
情千缕　酒一杯　声声离笛催
问君此去几时还　来时莫徘徊
……

跟着“诗圣”游泉城

泉城济南必品美肴：燕喜堂鲁菜（中华老字号、百年老店）、聚丰德饭店（中华老字号、百年老店）、奶汤蒲菜（登陆《舌尖上的中国2》）、煎转黄花鱼+清水炒鸡蛋+九转大肠（登陆《舌尖上的中国3》）、辣子泥鳅（1952年10月，毛主席视察济南时品过此菜）、糖醋黄河鲤鱼（徐志摩点赞“外焦里嫩，香酥酸甜，鱼肉嫩美，是一道难得的美味”）、宫保鸡丁（据传丁宝桢创制）、葱烧海参、九转大肠、爆炒腰花、葱烧蹄筋、油焖大虾、雪野鱼头、黄家烤肉

泉城济南必吃美味：超意兴把子肉（中华老字号）、草包包子铺（中华老字号）、大德拉面、亮亮面馆、四喜丸子、油旋、黄焖鸡、甜沫、雨荷粥、胡辣汤、豆汁儿、咸豆粥、长清大素包、口镇方烧饼、油炸螺丝糕、龙山水豆腐、麻叶、牛肉烧饼、泉水茶汤、南门烤鸭、学府八珍盅、鸡刨栗子、干煸鸡、甲氏瓯鸡、济南锅饼、高桩馍馍、醉腰花、炸春卷、清炸排骨、口袋豆腐、炒甜饭、凉拌鲍芹、芫爆肚丝、醋熘三白、六味大煎饼

泉城济南必饮美酒：趵突泉白酒（中华老字号）、百脉泉酒

泉城济南必住美宿：

五星级旅游饭店：山东大厦、怡豪大饭店、济南鲁能贵和洲际酒店、济南喜来登酒店、山东禧悦东方酒店、济南香格里拉大酒店、济南鸿腾国际大酒店

晚霞映照下的济南融创文旅城施柏阁酒店。摄影：张宇

山东省五星级旅游民宿：九如山民宿聚落（阅木山居、不二木居、猫窝、奥比昂民宿）、泉水人家民宿、商河瓯蔓晓院温泉民宿等

五星级乡村酒店：章丘若谷山居乡村酒店、长清和生庄园

天下第一泉风景区五龙潭公园海棠花开。摄影：王中兴

泉城济南必游美景：

国家 5A 级旅游景区：天下第一泉景区（含趵突泉、大明湖、五龙潭、环城公园、黑虎泉、护城河）

国家 4A 级旅游景区：九如山瀑布群风景区、明水古城·百脉泉、灵岩寺、千佛山等

国家湿地公园：济西、平阴黄河玫瑰湖、章丘白云湖、莱芜雪野湖国家湿地公园

其他：中铁南部泉都袁洪峪·楸林雅筑、山东文旅天上的街市乡村旅游度假区、山东文旅崮云湖国际高尔夫俱乐部、珍珠泉、千佛崖造像＋四门塔（《黑神话·悟空》取景地）、大峰山齐长城旅游区（3A）、马套将军山（3A）、宋风古城（在建）、长鹿白云湖旅游休博园（在建）、埠村国际综合休闲度假区（在建）、丁太鲁黄河文旅城（在建）、稼轩文旅城（在建）、五峰山国际综合旅游度假区（在建）等

泉城济南打卡美地：

国家 A 级旅游景区：九如山艺文小镇（4A）、济南野生动物世界（4A）、朱家峪旅游区（4A）、融创文旅城（4A）、济南老商埠夹心胡同＋爱心斑马线（3A）、红山翠谷（3A）、商河温泉基地（3A）等

济南明水古城夜间游船项目。
摄影：焦子强

山东省五星级旅游民宿，九如山红颜容木桶酒店。摄影：李锋。九如山艺文小镇供图

国家级夜间文化和旅游消费集聚区：济南古城特色文化街区（曲水亭街＋王府池子＋芙蓉街＋百花洲夜市＋宽厚里）、印象济南·泉世界旅游景区（4A）、济南方特东方神画主题乐园（4A）

国家一级博物馆：山东博物馆、济南市博物馆、济南市章丘区博物馆、山东大学博物馆

全国重点文物保护单位：孝堂山郭氏墓石祠、汉济北王墓、东平陵故城、长清莲花洞石窟造像、平阴永济桥、翠屏山多佛塔、胶济铁路博物馆、泺口黄河铁路大桥等

其他旅游推荐：超然楼华灯初上、中国铁路济南局集团有限公司济南机务段段史馆、山东中铁文旅发展集团有限公司济西铁路工业旅游研学基地、七星台醉美星空、雪野航空科技体育公园、跑马岭射击中心、南丰戏楼·国风文化创意馆中国非物质文化遗产博览会、小广寒博物馆、济南奥体中心体育场（山东泰山队主场）、英雄山文化市场、环联夜市、菠萝山“草地演唱会”、山东美术馆、山东省图书馆总馆、济南市图书馆、山东省文化馆、济南市文化馆、山东省科技馆、山东省会文化艺术中心大剧院、山东大学趵突泉校区、钢城区沙岭子村（济南版火炬八街）等

九如山红枫节色彩斑斓，犹如油画。摄影：崔新程

泉城济南最美书店：泉城书房九如山分馆、阡陌书店·山东博物馆店&579百工集店

泉城济南必购美品：

中华老字号：福牌阿胶、宏济堂阿胶、鲁味斋扒猪蹄、野风酥煎饼 & 高粱饴、亓家将酱牛肉

舌尖上的中国：章丘铁锅、章丘李氏菜刀（登陆《舌尖上的中国3》）

其他：趵突泉文创雪糕、平阴玫瑰饼、龙山黑陶、济南“二安”系列文创、商河老粗布；济南茶饮品牌阿水大杯茶、冰雪时光、授人以茶、茶在那、茶生生等

泉城济南必赏美秀：泉城夜宴·明湖秀、方特东方神画《孟姜女》、明水古城泉秀、融创文旅城国风秀《梦回西楼》、济南野生动物世界大马戏、九顶塔中华民族欢乐园《好汉秦琼》、音乐剧《我家门前有条河》、莱芜梆子《家住小清河》等

美国国家地理评选的“世界最美星空”——七星台曼妙星空。摄影：邵凯

乡村振兴·齐鲁样板·省会标杆

1. 国家乡村振兴示范县创建名单：章丘区
2. 国家全域旅游示范区：章丘区
3. 国家现代农业示范区：章丘区国家现代农业示范区
4. 国家生态文明建设示范市县区：历城区、济阳区、商河县
5. “绿水青山就是金山银山”国家级实践创新基地：莱芜区房干村

6. 全国乡村旅游重点村镇：长清区万德街道、历城区西营街道黄鹿泉村、莱芜区雪野街道房干村

7. 全国休闲农业与乡村旅游示范县、示范点：莱芜区吕祖泉旅游区

8. 中国最有魅力 / 最美 / 美丽休闲乡村：章丘区官庄街道朱家峪村、文祖街道石子口村；历城区西营街道藕池村；长清区万德街道马套村；莱芜区大王庄镇王石门村；平阴县东阿镇北市村；商河县殷巷镇逯家村

9. 国家农业产业强镇：莱芜区杨庄镇（姜蒜）、苗山镇（丹参）、牛泉镇（葡萄）；历城区唐王街道（草莓）；平阴县孝直镇（马铃薯）；商河县白桥镇（大蒜）

10. 全国“一村一品”示范村镇：

莱芜区：羊里街道（莱芜生姜）、羊里街道西留村（生姜）、高庄街道曹家庄村（高庄芹菜）、牛泉镇（山楂）、牛泉镇庞家庄村（大南山山楂干）、牛泉镇贺小庄村（莱芜鸡腿葱）、大王庄镇（生姜）

商河县：白桥镇（大蒜）、玉皇庙镇（番茄）、玉皇庙镇瓦西村（瓦西冬瓜）、贾庄镇（花卉）

长清区：万德街道（灵岩红茶叶）、五峰山街道（大樱桃）、马山镇（马山栝楼）

章丘区：枣园街道万新村（章丘大葱）、刁镇街道鲍家村（章丘鲍芹）、高官寨街道官庄村（官庄村甜瓜）

钢城区：汶源街道（汶源蟠桃）、艾山街道办事处庙子村（庙子粉皮）、黄庄镇霞峰村（黄金蜜桃）

历城区：唐王街道（草莓）、高而办事处核桃园村（核桃）

济阳区：仁风镇（仁风西瓜）、曲堤镇（曲堤黄瓜）

平阴县：玫瑰镇（玫瑰）

11. 全国乡村特色产业产值超十亿元镇、超亿元村：

商河县：白桥镇（大蒜，2020、2021、2022 年）、贾庄镇（花卉，2022 年）、玉皇庙镇（番茄，2021、2022 年）、玉皇庙镇瓦西村（冬瓜，2021、2022 年）

位于济南市莱芜区王老村的山东文旅山乡集团天上的街市乡村旅游度假区。摄影：刘旸

济阳区：曲堤镇（黄瓜，2020、2021、2022 年）

历城区：唐王镇（草莓，2021、2022 年）

长清区：万德街道（茶叶，2021、2022 年）

莱芜区：牛泉镇庞家庄村（山楂干，2022 年）

12. 国家森林乡村：

莱芜区：牛泉镇吕家楼村、庞家庄村；高庄街道张家庄村；雪野街道王老村；

茶业口镇西嵬石村；大王庄镇独路村；和庄镇马杓湾村

长清区：张夏街道茶棚村、杜庄村；万德街道拔山村；归德街道沙河辛村；孝里街道北凤凰村；双泉镇刀山峪村

章丘区：官庄街道朱家峪村、文祖街道石子口村、绣惠街道施家崖村、曹范街道井泉村、普集街道乐家庄村

济阳区：垛石街道安子坡村、柳家村；回河街道金营村；新市镇路楼村；曲堤镇郭家村

平阴县：东阿镇贾庄村、北市村；安城镇张天井村；玫瑰镇北石硖村；洪范池镇白雁泉村

商河县：许商街道大高家村、毛王店村；龙桑寺镇刘集村；张坊镇王洪九村；贾庄镇孟东村

钢城区：汶源街道长胜村、颜庄街道柳桥峪村、棋山国家森林公园东马泉村、棋山观村

历城区：彩石街道东泉村、仲宫街道高而办事处十八盘村、唐王街道石徐村

13. 全国农产品地理标志：

章丘区：章丘大葱、龙山小米、明水香稻、曹范核桃、明水白莲藕、鲍家芹菜、文祖花椒、赵八洞香椿、白云湖甲鱼、高官寨甜瓜、垛庄板栗

莱芜区：莱芜白花丹参、莱芜吉山黑鸡、莱芜黑兔、莱芜猪、莱芜黑山羊、莱芜鸡腿葱、高庄芹菜、莱芜生姜

长清区：马山栝楼、张夏玉杏、长清茶、长清灵岩御菊

商河县：瓦西黑皮冬瓜、魁王金丝小枣、李桂芬梨、商河大蒜

济阳区：徒河黑猪、仁风西瓜、曲堤黄瓜

平阴县：平阴玫瑰红苹果、平阴玫瑰、平阴鲜食地瓜

历城区：历城核桃、唐王大白菜

天桥区：北园大卧龙莲藕

南部泉都 · 袁洪峪唯美秋色，院内的苦苣泉山泉水品质上乘。山东中铁文旅发展集团供图

交通强国 · 济南先行

国家高速铁路：国家“八纵八横”高速铁路网，京沪通道山东段，京沪高铁济南西站；青银通道山东段，济青高铁济南东站、章丘北站。

国家高速公路：G2 北京—上海、G3 北京—台北、G0311 济南—聊城、G2516 东营—吕梁、G35 济南—广州、G20 青岛—银川、G22 青岛—兰州、G9911 济南都市圈环线、G2001 济南市绕城高速在境内通过。

国家一类开放航空口岸：济南遥墙国际机场（4E 级国际机场），二期改扩建工程建成后，济南遥墙国际机场的飞行等级将升为最高等级的 4F 级。

体育强市 · 济南先行

2024 年巴黎奥运会、2016 年里约热内卢奥运会，济南健儿为国贡献 3 金，居全省地市第三：里约奥运会女子 10 米气手枪冠军张梦雪、乒乓球女团成员李晓霞，巴黎奥运会男子 25 米手枪速射金牌得主李越宏。2023 年杭州亚运会，济南健儿斩获 8 金 2 银 1 铜，排名山东地市第二。2021 年陕西第十四届全国运动会，济南健儿贡献 15 金，居全省第二。

省会济南在中国足球协会超级联赛（中超）、中国男子篮球联赛（CBA）等一些较具影响力的国内赛事上，体育观赛氛围浓厚，特别是在第一运动足球方面，济南优势明显。历城区足球整体氛围不错，足球社区联赛历城“村超”比较有影响力。2023 年，济南历城二中女足勇夺第 27 届世界中学生足球锦标赛冠军。山东泰山队是中超联赛的一支劲旅，职业联赛历史上五夺顶级联赛冠军、八夺足协杯冠军。2021 年 12 月 26 日，山东泰山足球队提前 3 轮夺得中超联赛冠军，时隔 11 年后再次称霸中超。球队主场济南奥体中心，已成为全省球迷打卡圣地。正在施工的黄河体育中心，将成为济南市第一座专业足球场。

山东先行

二　跟着秦皇游青岛
——上合组织旅游和文化之都的国际范儿
中国“黄金海岸”城市美学天花板

青岛市文旅概况

青岛市地处黄海之滨、山东半岛的东南部，因海中小岛“小青岛”、海边村落“青岛村”而得名，大陆海岸线长度为760.02千米，境内分布着120个海岛。

青岛是“一带一路”新亚欧大陆桥经济走廊主要节点城市、2018年上合组织峰会承办城市、“上合组织旅游和文化之都”、国家历史文化名城、中国最美滨海休闲城市，山东省的经济中心。据第一财经·新一线城市研究所《2024新一线城市魅力排行榜》，青岛市连续12年跻身中国新一线城市榜单，与成都、杭州、重庆处同一档。2023年，青岛市地区生产总值为15760.34亿元，增速为5.9%，在中国北方城市中位列第三，仅次于北京、天津两个直辖市，且与天津的差距已不足千亿。据华顿经济研究院《2024年中国百强城市排行榜》，青岛市居全国榜单第12位。2024年GaWC世界城市排名，青岛跻身世界二线城市行列。

新石器时代，青岛属东夷部族莱夷之地，青岛是东夷文化的重要发祥地，孕育了灿烂的岳石文化（平度市大泽山镇东岳石村）。春秋中期齐灭莱，辖域大部归齐。光绪十七年（1891年），清政府在胶澳（胶州湾）设防，青岛由此建置。1929年7月，南京国民政府设青岛特别市，1930年改称青岛市。1949年6月2日，青岛解放，成为新中国成立前山东省的四大省辖市之一。2024年，这座按成立日期推算为“双子座”的共和国同龄城市，即将度过自己的第75个年头。1994年2月，青岛市被列为全国15个副省级城市之一。

青岛市总面积11293平方千米，列全省16地市第5位。其中，平度市面积

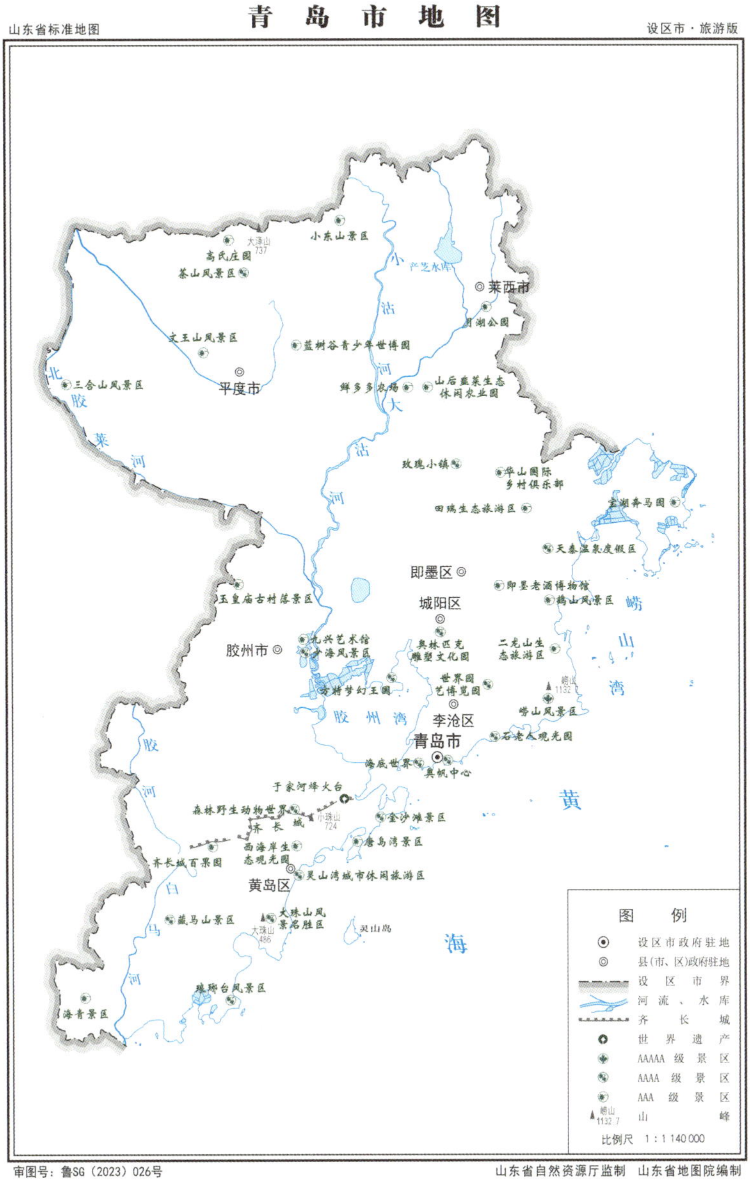

青岛市地图 · 旅游

3176 平方千米，在全省 136 个区县中排名第 1；黄岛区面积 2129 平方千米，在全省 136 个区县中排名第 7。截至 2023 年末，青岛市常住人口 1037.15 万人，在全省 16 地市中排名第 2。其中，黄岛区常住人口 200.78 万人，是山东省人口最多的区县；即墨区常住人口 136.74 万人，在全省 136 个区县中排名第 4。

青岛城市文旅 slogan 是“活力海洋之都 · 精彩宜人之城”，市花是耐冬（山茶花的一种）和月季，车牌代码是鲁 B、鲁 U。青岛市是全国首批 15 个国家文

红瓦绿树、碧海蓝天的青岛老城区。摄影：王子硕

化和旅游消费示范城市之一，现有 3 家国家级夜间文化和旅游消费集聚区（全省第一），青岛八大关入选《中国国家地理》选美中国特辑“中国最美的五大城区”。青岛市境内有齐长城青岛段（黄岛区）1 处世界文化遗产，有即墨区、胶州市、平度市 3 个“千年古县”。截至 2024 年 11 月，青岛市有 7 处国家一级博物馆（全省第一）；12 处国家一级文化馆（全省第二）；11 处国家一级图书馆（全省第四）；15 处国家级非物质文化遗产（全省第五）；19 处全国重点文物保护单位（全省第六）；14 家五星级旅游饭店（全省第一），其中市南区有 7 家，数量居全省 136 区县第一位；28 家国家 4A 级以上旅游景区（全省第二），包括 2 家国家 5A 级旅游景区——“海上名山第一”崂山风景区和青岛奥帆海洋文化旅游区（数量全省第一）。2024 年，青岛市已明确提出“积极推进青岛老城 5A 级景区创建和世界文化遗产申报工作”。

近年来，青岛市积极创建四季文旅系列活动品牌，做强“海上游青岛”品牌建设，高标准规划建设千里海岸观光廊道（青岛段），加快打造国际滨海旅游目的地。重大节庆方面，青岛国际啤酒节始创于 1991 年，是融旅游、文化、体育、经贸于一体的国家级大型节庆活动，是中国最具国际影响力的十大节庆活动之一，节庆品牌排名全国第二。2024 年 7 月 19 日—8 月 11 日，第 34 届青岛国际啤酒节在青岛举办，永恒主题是“青岛与世界干杯”。此外，青岛国际啤酒节也入选了 2023 中国节庆品牌 100 强，位列第二。

“引客入鲁”青岛城市文旅首席推介官：秦始皇

姓名：嬴政

别名：秦始皇

出生地：今河北省邯郸市丛台区

职业：政治家、战略家、改革家

官至：始皇帝

荣誉：秦国第 37 代王

何时入鲁：公元前 219 年，41 岁的秦始皇第一次东巡齐地。《史记·秦始皇

琅琊海上日出恢宏壮丽。摄影：朱锐（@摄影师么么锐）

本纪》载：“始皇东行郡县，上邹峄山（邹城峄山）。立石，与鲁诸儒生议，刻石颂秦德，议封禅望祭山川之事。乃遂上泰山，立石，封，祠祀……禅梁父（新泰市梁父山）。刻所立石……”作为第一位登上泰山举行封禅大典的帝王，在遍地儒生的齐鲁大地，始皇帝就职典礼的仪式感必须拉满。“过黄（今烟台龙口市）、腄（今烟台福山区），穷成山（今威海成山头），登之罘（今烟台芝罘区），立石……南登琅邪（今青岛市黄岛区）。”公元前218年，秦始皇第二次东巡，“至阳武博浪沙中，为盗所惊”。“请刻之罘。旋，遂之琅邪。”公元前210年，50岁的秦始皇第三次东巡，“并海上，北至琅邪。……自琅邪北至荣成山，弗见。至之罘，见巨鱼，射杀一鱼”。

秦始皇有多偏爱青岛？一生三次东巡，三次驻跸琅琊。第一次到琅琊海滨度假，始皇帝“大乐之，留三月”“作琅邪台，立石刻”“乃徙黔首三万户琅邪台下，复十二岁”。秦始皇在秦帝国当时最大的海港琅琊待了整整三个月，设立跟齐郡（治所临淄）平级的琅琊郡，治所琅琊，建设琅琊台和琅琊行宫，移民三万户（超过10万人）到琅琊巩固海防，还免除了这些百姓十二年的赋税。第二次东巡，始皇帝身为那个时代的超级流量明星，因出行的排场过大，被六国旧部视为移动的活靶子，在今河南省新乡市原阳县城东郊的古博浪沙被刺客张良所袭，虚惊一场后，秦始皇仍坚持按原计划东巡，取道烟台市芝罘区到琅琊。第三次东巡，秦始皇走海路，进入山东的第一站便去了琅琊，后又抵达今威海荣成市、烟台芝罘区和德州平原县……

千古一帝秦始皇嬴政，生于河北邯郸，一生都在为灭赵蓄力，统一全国后，却在东巡返程途中驾崩于河北邢台沙丘平台。始皇帝手里拿的是帝国的西部——今陕西省咸阳市渭城区秦咸阳宫的户口本，心中所念却是帝国的东部琅琊，那里是距离咸阳最近的港口，同时也是秦国最大的港口。从战略层面看，不得不佩服秦始皇的眼光：今天的青岛港是北方第一大港，五个港区有三个是在黄岛区；中国现有 12 家海滨海岛类国家级旅游度假区，6 家在包括青岛市黄岛区在内的山东半岛。如今，青岛琅琊台风景区是国家 4A 级旅游景区，建有秦始皇像和始皇帝遣方士徐福入海求仙群雕像。

美国作家菲茨杰拉德在《了不起的盖茨比》一书中写道：“每当你想批评别人的时候，要记住，这世上并不是所有人，都有你拥有的那些优势。”对于秦始皇来说，“奋六世之余烈，振长策而御宇内，吞二周而亡诸侯，履至尊而制六合，执敲朴而鞭笞天下，威振四海”。可现在，一切的一切都结束了，是时候开创一个美丽的新世界了……

试着以秦始皇的视角来解读秦皇与青岛的缘分：“朕生于邯郸，大海应该算是一名内陆人一生最大的执念吧，朕亦未能免俗。朕一生第一次度假，便选择了琅琊，‘大乐之，留三月’，你们有多久没见到朕如此高兴了？朕在琅琊建琅琊台和行宫，移民三万户，免除十二年赋税，全方位提高琅琊的政治经济文化地位，几乎就要把琅琊打造成为秦帝国的一个经济特区了。琅琊是距离咸阳最近的港口，同时也是帝国最大的港口，欣闻今天的青岛港是中国北方第一大港，五个港区有三个位于黄岛区，黄岛区 2023 年的 GDP 已突破 5000 亿元，在当今中国，几乎能以一区抵一省了，黄岛区还拥有国家级旅游度假区、国家级海洋公园，还会有人质疑朕的眼光吗？朕彪悍的人生不需要任何的解释，一个美丽新世界正在向世人打开。‘活力海洋之都·精彩宜人之城’，相信朕，没错的。选择青岛，选择美好明天。”

琅琊台景区内的秦皇遣徐福入海求仙群雕。摄影：刘方庆

为秦始皇点歌：伍佰《美丽新世界》

听到韩磊老师的《向天再借五百年》，读者很自然地会联想起康熙大帝；听到那句“待我拱手河山讨你欢，万众齐声高歌千古传”，很多人会想起唐太宗李世民。但若想找到完美契合秦始皇的歌曲是困难的，思来想去，最终选择了中国台湾地区歌手伍佰老师的《美丽新世界》，恐怕只有这首歌表达出来的情绪，才能解读始皇帝这创造力顶格的传奇一生。

……

有一个美丽的新世界
它在远方等我
那里有天真的孩子
还有姑娘的酒窝
有一个美丽的新世界
叫我慢慢地走
海浪它总是一波波
不要停歇不回头
……

跟着秦皇游青岛

青岛必品美肴: 周钦公流亭猪蹄(中华老字号)、鲍鱼红烧肉、鸡油芙蓉蒸黄鱼、荠菜黄鱼饺、爆炒双花、肉末烧海参、焰火恋鲽鱼、烩新派荷花乌鱼蛋、大虾烧(胶州)白菜、蛇草水寨花鱼、冲浪海蜇里子、一米烤鳗鳞、鱼翅羹、和丰德一品德字蒸肉(山东老字号)

青岛必吃美味: 万和春排骨砂锅米饭(中华老字号)、辣炒蛤蜊、烤鱿鱼、青岛炸肉、鲅鱼水饺、墨鱼饺子、青岛饭店酱香大包、开花馒头(山东老字号)、甜晒鲅鱼炖豆腐、烤海肠、白菜炒鸡蛋、白菜猪肉炖粉条

舌尖上的中国: 崂山花样大馒头、船歌鱼水饺、七彩海鲜饺子(以国宴标准制作每一只水饺，登陆《舌尖上的中国3》)

青岛必饮美酒: 青岛啤酒(百年老店);崂山白花蛇草水、崂山可乐(百年老店);即墨老酒(百年老店);琅琊台白酒;青岛牌葡萄酒

青岛必住美宿:

五星级旅游饭店: 青岛丽晶大酒店、青岛香格里拉大酒店、青岛海景花园大酒店、青岛汇泉王朝大饭店、青岛海尔洲际酒店、青岛富力艾美酒店、青岛鲁商凯悦酒店、青岛鑫江温德姆酒店、青岛星河湾酒店、青岛东方影都融创万达文华酒店、青岛西海岸隆和艾美度假酒店、青岛海天大酒店、青岛瑞吉酒店、青岛蓝谷国际酒店

其他推荐酒店: 青岛涵碧楼(中国台湾乡林集团布局大陆的第一个文化创意度假酒店，东亚企业领袖高峰会永久会址)

山东省五星级旅游民宿: 海角七号;伊美萝薇;崂山临澜海墅;崂山陌海美墅;美墅假期奥帆中心店、五四广场店;青岛莫奈花园等

青岛文旅新地标——钓鱼台·美高梅酒店。摄影：朱锐（@摄影师么么锐）

崂山一线建筑色彩亮丽。摄影：王子硕

青岛必游美景：

国家5A级旅游景区：崂山风景区、青岛奥帆海洋文化旅游区（青岛海底世界，在中国第一座海洋馆青岛水族馆基础上扩建而成+青岛奥林匹克帆船中心）

国家4A级旅游景区：海滨风景区（栈桥、鲁迅公园、八大关风景区、观象山公园、太平山、五四广场、小青岛公园、小鱼山公园等，被誉为世界最美海湾）、石老人海水浴场、黄岛金沙滩景区、大珠山、琅琊台、灵山湾城市休闲旅游区、藏马山景区、青岛奥林匹克雕塑文化园、青岛电视塔、青岛毛公山景区

其他：信号山公园、小麦岛公园、东方影都、海之恋公园

国家级旅游度假区：山东省凤凰岛旅游度假区

国家级自然保护区：即墨马山国家级自然保护区（被称为“袖珍式地质博物馆”）

国家级海洋公园：青岛西海岸、青岛胶州湾国家级海洋公园

国家湿地公园：胶州少海、黄岛区唐岛湾国家湿地公园

凤凰岛国家级旅游度假区金沙滩游人如织。摄影：丁立斌

青岛打卡美地：

国家 4A 级旅游景区：青岛银海国际游艇俱乐部、青岛啤酒博物馆、青岛极地海洋世界（白鲸、水母特赞）、青岛方特梦幻王国、青岛森林野生动物世界、天泰温泉度假区等

国家级夜间文化和旅游消费集聚区：即墨古城、红树林度假世界、青岛奥林匹克帆船中心文化旅游街区

国家一级博物馆：中国人民解放军海军博物馆、青岛市博物馆、青岛啤酒博物馆、青岛山炮台遗址展览馆、青岛德国总督楼旧址博物馆、青岛海洋科技馆、山东大学博物馆

其他推荐：青岛一战遗址博物馆、青岛贝壳博物馆、青岛朗艺博物馆、琅琊台博物馆、青岛东方玉文化博物馆、齐长城烽火台等

全国重点文物保护单位：青岛齐长城遗址、青岛德国建筑群（德国总督楼、德国总督府、德国海军军官俱乐部旧址、德国警察署旧址、天主教堂、胶澳海关

第一批国家级夜间文化和旅游消费集聚区即墨古城。摄影：付勇贤

旧址、欧人监狱旧址、德国俾斯麦兵营旧址、小青岛灯塔、水师饭店旧址等）、青岛啤酒厂早期建筑、崂山朝连岛灯塔等

其他旅游推荐：中国水准零点（东海中路银海大世界内）、上合之光主会场青岛国际会议中心、上合之珠国际博览中心、青岛滑翔基地、海泉湾温泉、劈柴院美食街、老里院、上街里、中山路商业街 & 城市记忆馆、青岛邮轮母港、鱼山路大学路、燕儿岛山公园、中山公园、百果山森林公园、田横岛、文化名人雕塑园、鲁邦国际风情街、青岛天幕城、登州路啤酒街、海云庵民俗小吃街、云霄路美食街、台东步行街夜市、吕家庄夜市、第一海水浴场、第三海水浴场、竹岔岛火山口、鳌山小管岛、青岛市图书馆 / 美术馆 / 文化馆 / 科技馆、地中海俱乐部（在建）、元宇宙公园（在建，以航天博物馆为核心）等

青岛最美书店：青岛市崂山区如是书店、市南区茑屋书店、李沧区融源书店

青岛必购美品：

中华老字号：青岛啤酒、海滨小金海鲜礼包、青食钙奶饼干 & 花生酱

山东老字号：万里江崂山绿茶；宏运“海鲜酱”“酱卤肉”“海参”系列；海丽雅绳索救援技术装备

其他：胶东海鲜、崂山云峰绿茶、啤酒花茶、贝雕

青岛必赏美秀：青岛极地海洋公园《海灵族狂欢夜》《水下舞龙秀》；360°全景秀演《海上有青岛》等

乡村振兴 · 齐鲁样板 · 青岛先行

1. 国家乡村振兴示范县创建名单：莱西市

2. 国家全域旅游示范区：崂山区

3. 国家现代农业示范区：青岛市国家现代农业示范区、平度市国家现代农业示范区、莱西市国家现代农业示范区

4. 国家生态文明建设示范市县区：黄岛区、崂山区、城阳区、胶州市

5. “绿水青山就是金山银山”国家级实践创新基地：莱西市

6. 全国乡村旅游重点村镇：崂山区沙子口街道东麦窑社区、王哥庄街道晓望社区；平度市大泽山镇响山潘家村

7. 全国休闲农业与乡村旅游示范县、示范点：黄岛区，海青镇茶业生态示范区、藏马山乡村旅游休闲度假地；崂山区，王哥庄街道晓望社区、枯桃花卉实业有限公司；城阳区，下山色峪樱桃专业合作社、宫家巨峰葡萄生态观光园；平度市，大泽山葡萄观光园；即墨区；莱西市，沽河休闲农业示范园

8. 中国最有魅力 / 最美 / 美丽休闲乡村：黄岛区琅琊镇王家台后村、藏马镇长阡沟村、张家楼街道大泥沟头村；城阳区青峰社区、夏庄街道上山色峪社区、惜福镇街道棉花社区；胶州市胶北街道玉皇庙村、李哥庄镇纪家庄村、双京新村；崂山区沙子口街道东麦窑社区、王哥庄街道晓望社区；即墨区鳌山卫街道鳌角石村、灵山镇西姜戈庄村

9. 国家农业产业强镇：莱西市店埠镇（胡萝卜）、姜山镇（蛋鸡）；胶州市洋河镇（大樱桃）；平度市崔家集镇（西红柿）

10. 全国“一村一品”示范村镇：

平度市：城关街道北窝洛子村（窝洛子大姜）、大泽山镇（葡萄）、旧店镇（旧店苹果）、明村镇（大黄埠西瓜）、仁兆镇（沽河蔬菜）、云山镇（云山大樱桃）、蓼兰镇（平度大花生）、新河镇（草编）、崔家集镇（西红柿）

黄岛区：张家楼镇（黄岛蓝莓）、张家楼镇丁家寨村（沃林蓝莓）、宝山镇（蓝莓）、大场镇南辛庄村（从荣草莓）、海青镇（碧雪春茶叶）、灵珠山街道（休闲农业）、王台镇东漕汶村（蔬菜）、大村镇（大村食用菌）

即墨为齐国五都之一，即墨古城已有 1400 多年的历史。即墨古城供图

即墨区：鳌山卫街道鳌角石村（鳌福茶叶）、孙家白庙村（白庙芋头）；田横岛旅游度假区周戈庄村（海参）；段泊岚镇天宫院村（刘家庄园蔬菜）；金口镇海堤村（芹菜）

胶州市：胶莱镇（胶州大白菜，登陆《舌尖上的中国 3》）、胶莱镇南王疃村（绿水蔬菜）、里岔镇良乡一村（胶州大白菜）、九龙镇人荣村（老少乐樱桃番茄）、胶西镇（公信马铃薯）

莱西市：店埠镇后水口村（生姜、店埠胡萝卜）；河头店镇姜格庄村（东山泉草莓）、松旺庄村（西红柿、黄瓜）

城阳区：夏庄街道山色峪社区（山色峪樱桃）、红

岛街道（红岛蛤蜊）

11. 全国乡村特色产业产值超十亿元镇、超亿元村：

平度市：明村镇大黄埠（西瓜，2020、2021、2022 年）、云山镇（大樱桃，2021、2022 年）、新河镇（草编，2021、2022 年）、崔家集镇（西红柿，2022 年）

莱西市：店埠镇（胡萝卜，2021、2022 年）

即墨区：田横镇周戈庄村（田横祭海节，2021 年）

12. 国家森林乡村：

莱西市：水集街道中庄扶村、产芝村，望城街道东谭格庄村、辇止头村；店埠镇渚洲村、姜山镇大河头村

崂山区：沙子口街道东麦窑社区、小河东社区；北宅街道南北岭社区、上葛场社区；王哥庄街道唐家庄

平度市：大泽山镇所里头村、响山潘家村；东阁街道正涧村；旧店镇九里夼村；云山镇西宋戈庄村

胶州市：胶北街道玉皇庙村、大店村；胶莱街道南王疃村；胶西街道孝源店子村

黄岛区：滨海街道柤杭村、灵山卫街道毛家山村、海青镇后河东村

13. 全国农产品地理标志：

崂山赵氏城堡民宿建筑外观极具特色。摄影：王子硕

平度市：旧店苹果、大黄埠西瓜、大黄埠樱桃西红柿、麻兰油桃、仁兆蒜薹、祝沟草莓、祝沟小甜瓜、平度大花生、大泽山葡萄、马家沟芹菜、蟠桃大姜、大田薄皮核桃、仁兆圆葱、云山大樱桃、姜家埠大葱、洪兰菠菜、店子秋桃、蓼兰小麦、崔家集西红柿

黄岛区：胶南绿茶、泊里西施舌、灵山岛海参、胶南蓝莓、琅琊玉筋鱼、海青茶、宝山苹果、大村香菇、大村黑木耳、岳家蜜桃

莱西市：产芝水库大银鱼、产芝水库鳙鱼、莱西大花生、马连庄甜瓜、王家庄油桃、店埠胡萝卜、姜格庄草莓、莱西大板栗、东大寨苹果

胶州市：胶西马铃薯、北梁蜜桃、和睦屯西瓜、柳沟小米、胶北西红柿、人荣小西红柿、胶州大白菜

即墨区：白庙芋头、即墨地瓜、金口芹菜、湍湾紫蒜、灵山韭菜

城阳区：胶州湾蛤蜊、山色峪樱桃、少山红杏、夏庄杠六九西红柿

交通强国·青岛先行

国家高速铁路：国家“八纵八横”高速铁路网，沿海通道山东段，潍烟高铁灰埠站，莱西站、夏格庄站、即墨北站、城阳站、青岛北站、青岛站，青盐铁路红岛站、青岛西站、董家口站；青银通道山东段，济青高铁青岛北站、红岛站、青岛机场站、胶州北站。

国家高速公路：G15 沈阳—海口、G1813 威海—青岛、G20 青岛—银川、G2011 青岛—新河、G22 青岛—兰州在青岛境内通过。

国家一类口岸（空港）：青岛胶东国际机场（山东目前唯一 4F 级国际机场）、青岛流亭国际机场（4E 级国际机场，2021 年 8 月 12 日零时关闭）

国家一类口岸（水港）：青岛港（大港港区、前湾港区、黄岛油港区、董家口港区等）。2023 年，青岛港货物吞吐量、集装箱吞吐量分列世界第 4 和第 5，外贸货物吞吐量全国第 2。

体育强市·青岛先行

青岛是山东省竞技体育强市。2024 年巴黎奥运会、2020 年东京奥运会、2016 年里约热内卢奥运会，连续三届夏季奥运会，青岛健儿均有金牌斩获，为国贡献 5 金，居全省第一，分别是东京、巴黎奥运会乒乓球女单、女团成员陈梦 4 金，里约奥运会乒乓球男团成员张继科 1 金。2022 年北京冬奥会，青岛运动员李文龙在短道速滑男子 1000 米比赛中夺得银牌，实现山东运动员冬奥会奖牌零的突破。2023 年杭州亚运会，青岛运动员斩获 10 金 3 银，创造亚运会最好参赛成绩，排名全省第一。2021 年陕西第十四届全国运动会，青岛运动员贡献 15 金，排名全省第二。

青岛是中国帆船之都。青岛奥林匹克帆船中心是 2008 年北京奥运会帆船比赛地，青岛奥帆海洋文化旅游区在 2024 年晋升为国家 5A 级旅游景区。被誉为世界三大帆船赛事之一、全球最顶尖的离岸帆船职业体育赛事沃尔沃环球帆船赛，2008—2009 赛季曾将青岛定为国内唯一经停港。

青岛是中国足球城。2024 年，青岛海牛和青岛西海岸两支青岛球队征战中超，这是中国足球职业化 30 年以来，首次出现青岛顶级联赛同城德比战。2024 年 7 月 23 日，中国足协官方确认选定青岛市为中国队世预赛 10 月份主场对阵印尼队的比赛承办城市，比赛场地为青岛青春（专业）足球场。青岛这座全国闻名的“足球城”，历史上第一次迎来国足征战世界杯外围赛这样的亚洲顶级足球赛事。

青岛即墨四舍山国家级航空飞行营地。
即墨区文化和旅游局供图

城阳区成功创建全国首批全民运动健身模范县，成为山东 136 区县两个“模范生”之一。

山东先行

三 跟着屈原游淄博
——山东人的先祖从这里走出 齐国故都感恩遇见

淄博市文旅概况

淄博市位于山东省中部，南依泰沂山麓，北濒九曲黄河，西邻省会济南，东临胶东半岛，是省会都市圈次中心城市。淄博因境内辖淄川、博山而得名，1945年成立淄博特区，淄博始成政区名称。1954年12月9日，国务院设立省辖淄博市。2024年，淄博这座按成立日期推算为“射手座”的共和国城市，迎来新发展机遇的70周年。据第一财经·新一线城市研究所《2024新一线城市魅力排行榜》，淄博位列三线城市行列，跟千年古都洛阳、运河名城扬州同档，排序在海南三亚、广西桂林之前。据华顿经济研究院《2024年中国百强城市排行榜》，淄博排名全国第55位，略高于副省级城市、黑龙江省会哈尔滨。

淄博是全国文明城市、中国优秀旅游城市、世界足球起源地、中国五大瓷都之一、中国琉璃之乡，享有“淄博陶瓷·当代国窑”盛誉。齐国故都临淄（区）是国家历史文化名城，“管鲍之交”故事的发生地，孔子在此闻韶乐“三月不知肉味”。淄博是中华文明的重要发祥地之一，“沂源猿人”是黄河中下游地区发现的最早的古人类，同时也是最早的山东人。首次发掘于临淄区后李官庄的后李文化（距今8500—7500年），是山东地区目前已知最早的新石器时代文化遗址。

淄博市总面积5965平方千米，在全省16地市中排名第13。截至2023年末，淄博市常住人口467.4万人，在全省136区县中排名第11。淄博籍的历史名人主要有：春秋时期第一位霸主齐桓公（后世对春秋五霸人选多有争议，但齐桓公、晋文公全票当选，齐桓公是春秋首霸，且称霸方式是“不战而霸”，从齐桓公元年，

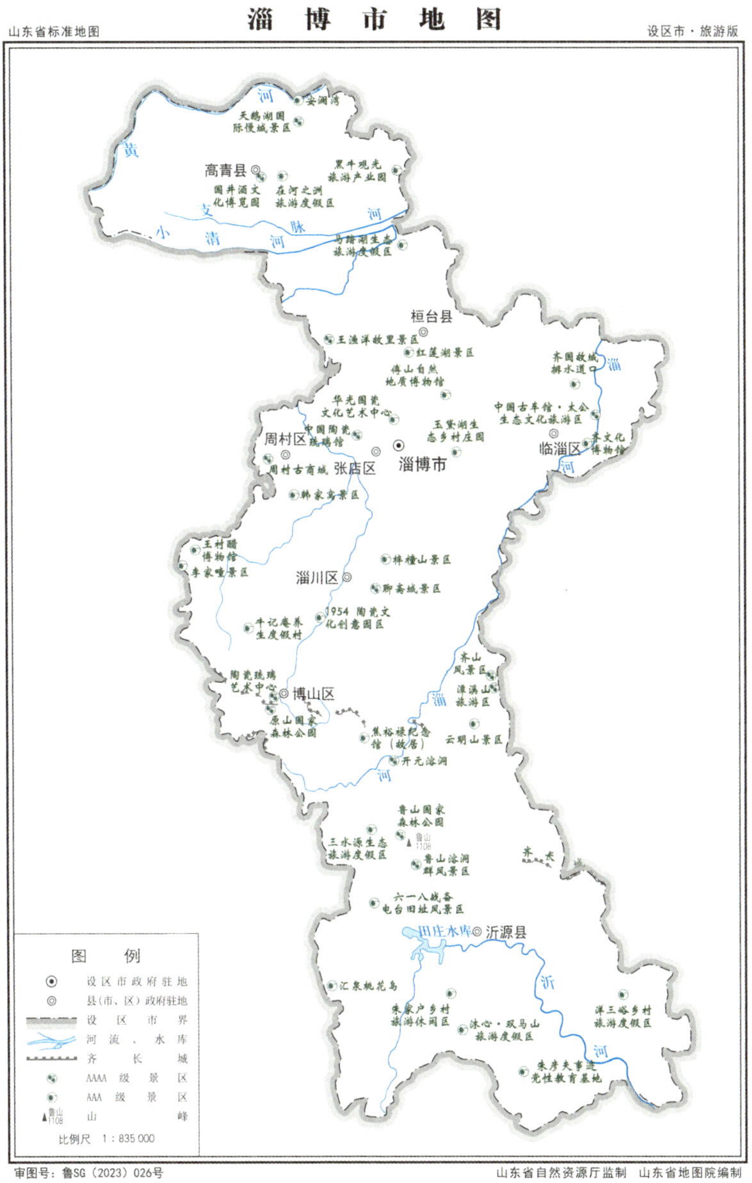

淄博市地图 · 旅游

即前 685 年，至今已超过 2700 年）、清朝短篇小说家蒲松龄、清代诗人王士祯、全国县委书记的榜样焦裕禄等。

淄博城市文旅 slogan 是“感恩遇见 · 品游淄博”，市花是月季，车牌代码是鲁 C。淄博的文旅资源可用 11 个字概括：东古（临淄故城）、西商（周村古商城）、南山（三水源、鲁山、原山、潭溪山、红叶柿岩、鲁中屋脊沂源县）、北水（高青黄河慢城、马踏湖）、中文化（淄博市中国陶瓷博物馆、淄博市文化中心等）。

醉美晚霞与淄博市文化中心的互动。淄博市文化和旅游局供图

淄博市是全国首批国家文化和旅游消费试点城市之一，现有 1 处国家级夜间文化和旅游消费集聚区。2023 年，淄博市高质量承办中国文旅企业合作发展大会，“淄博烧烤”成为城市新名片。2024 年，淄博市加快齐国故城考古遗址公园、齐长城文化公园、“齐风胜境”文旅综合体等重点项目建设。

淄博市境内现有齐长城淄博段（博山、淄川、沂源）1 处世界文化遗产，正推动齐国故城遗址、蹴鞠等申报世界文化遗产；境内有临淄区、淄川区、周村区 3 个“千年古县”。淄博市积极推进“博物馆之城”建设试点，截至 2024 年 12 月，

境内有 4 处国家一级博物馆（全省第二）；8 处国家一级文化馆；9 处国家一级图书馆；13 处国家级非物质文化遗产；20 处全国重点文物保护单位（全省第五）；17 家国家 4A 级以上旅游景区，包括 1 家国家 5A 级旅游景区——周村古商城景区。

中国首款 3A 游戏《黑神话：悟空》上线后火爆全球，游戏主角“天命人”和超过一半角色的动作都是由淄博周村籍演员殷凯完成，在这位五岁就开始习武的 95 后动作捕捉演员看来，是家乡给予了他太多的表演灵感，让他实现了心中的“大圣梦”：“我们大淄博有太多丰富的历史资源，从家门口的周村大街，还有蒲松龄、姜太公，这些文化沉淀给予了我做演员的表演灵感。”

重要节庆活动方面，首届国际齐文化旅游节于2004年9月16日在淄博市临淄区开幕。2023年9月，以“感悟千年传承·共享齐风盛宴”为主题的第20届淄博齐文化旅游节，进入当年度的中国节庆品牌100强。

“引客入鲁”淄博城市文旅首席推介官：屈原

姓名：屈原

别名：屈子

出生地：今湖北省宜昌市秭归县

职业：诗人、政治家、外交家

官至：左徒

荣誉：1953年，在屈原逝世2230周年之际，世界和平理事会确定屈原为当年纪念的世界四大文化名人之一。

端午节是中国四大传统节日之一，一说主要为纪念屈原所设。2008年起，端午节被列为国家法定节假日。2009年9月30日，端午节成为中国首个入选世界非物质文化遗产代表作名录的节日。

家庭背景：楚国“公族”伯庸之子。

何时入鲁：公元前319年，22岁的楚国“颜值担当”屈原，受楚怀王派遣，跨越大半个中国（1100多千米）来到齐都临淄，下榻齐国国宾馆“梧台”，凭借过人的才华和浑身上下洋溢的正义感，说服齐宣王，促成合纵联盟，楚齐联军攻克秦地曲沃。可惜好景不长，屈原因谗言被楚怀王疏远，被罢黜左徒之职，转任三闾大夫闲差。头脑简单的楚怀王中秦相张仪缓兵“连横”之计，宣布与齐绝交，并派使者到临淄骂齐宣王，齐国大怒。发觉被秦国摆了一道的楚怀王恼羞成怒，主动伐秦却屡战屡败，同时还面临齐军攻击，前312年，29岁的屈原临危受命再次“使于齐”，至于二人是如何聊的，我们不得而知，我们知道的是，齐宣王最终同意了撤兵。

齐宣王为何如此给屈原面子？太史公司马迁给出了答案。据《史记·田敬仲

淄博是中国传统花灯的发源地之一，元宵花灯会是国家级非物质文化遗产。摄影：张晶

完世家》记载："宣王喜文学游说之士，自如邹衍、淳于髡……之徒七十六人，皆赐列第，为上大夫……是以齐稷下学士复盛，且数百千人。"齐宣王爱"才"如命，在他执政期间，齐国人才辈出，邹忌、田忌、田婴、孟尝君田文、匡章……据《史记·孟子荀卿列传》记载："齐威王、宣王用孙子、田忌之徒，而诸侯东面朝齐。"齐国的综合国力由此可见一斑。

汪曾祺先生在《人间草木》一书中写到，闻一多先生总是以这样一句豪迈的开场白开启他的楚辞课："痛饮酒，熟读《离骚》，乃可以为名士。"屈原配得上，别忘了，他可是战国时期对齐国最为友善的楚人。

试着以屈原的视角来解读他与淄博的缘分："余（屈原自称）与淄博的缘分有多深，敢问在那个交通不甚便利的年代，又有多少人、多少事值得余穿越大半个中国来见？难忘那年深秋，在临淄城外的雪宫，余得到齐宣王亲自会见，齐王虽年长余十岁，但与余特对脾气，共商抗秦大计。7年后，怀王再派余使齐'灭火'，终获齐王谅解。在齐王治下，稷下学宫人才井喷，齐都临淄堪称战国都会，'联齐抗秦'乃是楚国能做出的最佳选择。秦虎狼之国，不可信，痛惜怀王误信谗言，导致客死秦地。有时候余不禁会想，楚怀王当然是余之国君，但齐宣王更懂余，某种程度上，更像是余之知己。有人说，在战国时代，个人发展要重于对母国的忠诚，甚至问余为何不去齐国碰碰运气，简直是一派胡言！余根本就无法选择王上，余流着楚人血液，无法背叛内心的忠诚，正如余身为楚国王族后裔，无法容忍楚都郢城被破、楚国宗庙被焚毁，余内心满满的骄傲被毁灭，这甚至比杀了余还要难受。后来，一位名唤苏东坡的23岁四川后生还算懂余，写了一首《屈原塔》：‘屈原古壮士，就死意甚烈。世俗安得知……名声实无穷，富贵亦暂热。大夫知此理，所以持死节。’余在被流放两年后，齐、魏、韩三国伐楚，就在齐军大破楚军后不久，齐宣王便耗尽了一生最后的能量。如果说在投汨罗江之前还有什么要想的，余想说的是，余终于可以到另一个世界去会会老朋友齐宣王。还有，余真的很喜欢齐国国宾馆‘梧台’这个充满诗意的名字，这与余在鲁地起的‘兰陵’——兰花盛开的高地，有异曲同工之妙。在《离骚》一诗中，余三次提及凤凰，须知，凤凰只在千年的梧桐树上栖宿。”

为屈原点歌：万能青年旅店《山雀》

自然赠予你
树冠　微风　肩头的暴雨
片刻后生成
平衡　忠诚　不息的身体
捕食饮水
清早眉间白云生
跳跃漫游
晚来拂面渤海风
……

跟着屈原游淄博

淄博必品美肴：聚乐村博山菜四四席（中华老字号、百年老店）、石蛤蟆酥锅（中华老字号）、博山豆腐箱、博山烤肉、太和全羊、沂源大锅全羊、马踏湖全鱼宴、丁家煮锅、三水源尚书鲢鱼汤和仓公养生汤等

淄博必吃美味：淄博烧烤、聚乐村香肠（百年老店）、焦庄烧饼、炒锅饼、博山酥锅、博山炸肉、欢喜团子、沤底鱿鱼等

淄博必饮美酒：强恕堂酒（百年老店）、国井·扳倒井酒（百年老店、2023中国酒业百强榜、酒行业品牌价值100强）

淄博必住美宿：

五星级旅游饭店：周村知味斋大饭店

山东省五星级旅游民宿：周村区大街雅舍民宿（全国甲级旅游民宿）、淄川区叮咚小院民宿、博山区原舍清芷民宿、沂源县逸品山水民宿

其他：三水源星空部落、潭溪山悬崖酒店&齐长城清川上洞穴崖壁酒店民宿群、山东齐盛国际宾馆（中国餐饮名店、中国十佳会议酒店）、淄博喜来登酒店、淄博鼎成希尔顿花园酒店、淄博张店希尔顿欢朋酒店

沂源燕崖镇牛郎织女会。沂源县融媒体中心供图

淄博必游美景：

国家4A级旅游景区：潭溪山旅游区（玻璃桥屡获国际大奖、冰瀑节很赞）、聊斋城景区、原山国家森林公园（获“中国森林氧吧”称号）、源泉开元溶洞、周村古商城、天鹅湖国际慢城景区、沂源鲁山溶洞群风景区、桓台马踏湖国家湿地公园、博山红叶柿岩旅游区

高性价比推荐：三水源生态旅游度假区（3A）、鲁山国家森林公园（获“中国森林氧吧”称号，3A）、齐盛湖公园

国家湿地公园：桓台马踏湖国家湿地公园

淄博打卡美地：

国家A级旅游景区：博山陶瓷琉璃艺术中心（4A）、中国古车馆·太公生态文化旅游区（4A）、王渔洋故里景区（4A）

国家级夜间文化和旅游消费集聚区：周村古商城（5A）

国家一级博物馆：中国陶瓷琉璃馆（4A）、齐文化博物院（齐文化博物馆、足球博物馆，4A）、淄博市博物馆、蒲松龄纪念馆

全国重点文物保护单位：齐长城遗址淄博段、淄博沂源猿人遗址、临淄齐国故城（国家“百年百大考古发现”、稷下学宫遗址）、蒲松龄故宅、淄川区淄博矿业集团德日建筑群、桓台县王渔洋故居、四世宫保坊、高青青城文昌阁等

其他旅游推荐：沂源县（山东平均海拔最高县、《向云端》歌曲发源地、最后的齐鲁秘境、中国矿泉水之乡，特产沂源红苹果、沂源全羊，燕崖镇是牛郎织女传说之乡）、7053次公益“慢火车”沿线博山区源泉镇乡村振兴示范区（猕猴桃特色农业）、马踏湖火车研学营地/房车营地、颜神古镇陶琉古窑（3A）、八大局便民市场、中国课本博物馆、高青天鹅湖罗曼园、蓑衣樊村（百里黄河风情带建设重要组成部分）、淄博大剧院（国家级非物质文化遗产五音戏艺术节举办地）、淄博市保利剧院、淄博体育中心、临淄赵家徐姚遗址（2022年度全国十大考古新发现）等

淄博最美书店：海岱楼·钟书阁

中国醉美书店——海岱楼·钟书阁。摄影：张晓光

淄博必购美品：

中华老字号：周村烧饼（百年老店）、清梅居香酥牛肉干、淄博大染坊丝绸、王村醋、玉兔米醋＆酱油（百年老店）、鼎辉酱牛肉、淄博精工美术琉璃、仁德茉莉花茶

其他推荐：华光国瓷、淄川＆博山琉璃、仿古蹴鞠、马踏湖金丝鸭蛋、仙狐缘聊斋故事酱香小酒、三水源石藓茶等

淄博当代国瓷精品展示。摄影：张晓光

淄博必赏美秀：三水源祈福大典＋轰趴节夜场演艺、马踏湖灯光秀＋水上打铁花＋《董永和七仙女情景剧》＋一苇渡江、周村古商城古风街舞快闪、红叶柿岩千年非遗板凳龙、沂源“牛郎织女七夕会”民俗演出、玉黛湖花灯会等

乡村振兴·齐鲁样板·淄博先行

1. 国家乡村振兴示范县创建名单：沂源县

2. 国家现代农业示范区：临淄区国家现代农业示范区

潭溪山崖壁民宿璀璨星空，2024“畅游齐鲁　乐宿山东”活动在此启动。摄影：潘绍清

3. 国家生态文明建设示范市县区：沂源县

4. 全国乡村旅游重点村镇：淄川区昆仑镇牛记庵村、博山区池上镇中郝峪村、高青县常家镇蓑衣樊村、沂源县鲁村镇龙子峪村

5. 全国休闲农业与乡村旅游示范县、示范点：博山区池上镇中郝峪村、沂源县

6. 中国最有魅力 / 最美 / 美丽休闲乡村：博山区池上镇中郝峪村、聂家峪村；沂源县鲁村镇龙子峪村、东里镇下柳沟村；淄川区寨里镇朱水湾村；高青县常家镇蓑衣樊村

7. 国家农业产业强镇：高青县唐坊镇（黑牛）、博山区源泉镇（猕猴桃）、沂源县燕崖镇（大樱桃）、临淄区皇城镇（西葫芦）

8. 全国“一村一品”示范村镇：

沂源县：中庄镇（中庄苹果）、张家坡镇（沂源苹果）、西里镇红源新村（苹果）、燕崖镇（大樱桃）、东里镇福禄坪村（金黄金桃）、悦庄镇东悦庄村（悦庄韭菜）

山东文旅红叶柿岩中国红。摄影：苏昕

高青县：常家镇蓑衣樊村（高青大米）、黑里寨镇（昊琨西瓜）、花沟镇三利村（西瓜）

博山区：源泉镇（珍珠泉猕猴桃）、博山镇上瓦泉村（博山草莓）

淄川区：昆仑镇马棚村（卧虎山椿芽）

桓台县：新城镇河南村（细毛山药）

9. 全国乡村特色产业产值超十亿元镇、超亿元村：

沂源县：中庄镇（苹果，2021、2022 年）

10. 国家森林乡村：

淄川区：太河镇柏树村、西河镇东庄村、龙泉镇韩庄村

张店区：四宝山街道甘家村、房镇镇东孙村、沣水镇高炳东村

博山区：山头街道樵岭前村、博山镇朱家庄南村、池上镇上小峰村

临淄区：辛店街道安里村、金山镇坡子村、朱台镇西单村

周村区：王村镇苏里村、商家镇七河村、南郊镇韩家窝村

沂源县：燕崖镇朱家户村、东里镇东河南村、石桥镇后大泉村

桓台县：马桥镇后金村、果里镇后鲁村

高青县：常家镇常兴村、木李镇乾旺村

11. 全国农产品地理标志：

沂源县：沂源黑山羊、沂源苹果、沂源全蝎、沂源花生、鲁村芹菜、西长旺白莲藕

淄川区：蓼坞小米、黛青山软籽石榴

桓台县：祁家芹菜、马踏湖白莲藕

临淄区：边河小米

交通强国·淄博先行

国家高速铁路：国家“八纵八横”高速铁路网，青银通道山东段，济青高铁淄博北站、临淄北站。

国家高速公路：G20 青岛—银川、G22 青岛—兰州从淄博境内通过。

建于潭溪山山顶的停机坪。摄影：刘若禺

行驶在鲁中山区的中国铁路济南局集团公司 7053 次公益“慢火车”。摄影：张天舒

潭溪山玻璃桥获得世界结构大奖、国际桥梁大会亚瑟海顿奖。摄影：朱锐（@摄影师么么锐）

国内机场：淄博民用运输机场正在规划中，目标是打造成4C机场的示范工程。

内河港口：规划建设淄博港，设高青港区和桓台港区。

体育强市·淄博先行

淄博市竞技体育全线井喷，牢牢占据全省第一方阵。2020年东京奥运会，淄博临淄“00后”姑娘杨浚瑄作为女子4×200米自由泳接力赛的一员为国摘金。2023年杭州亚运会，淄博健儿豪夺7金1银3铜，创造亚运会最好参赛成绩，在全省排名第三。2021年陕西第十四届全国运动会，淄博健儿为山东省夺得13金，位居全省地市第四，帮助山东实现全运会金牌总数“四连冠”。

山东先行

四 跟着林徽因游枣庄
——从鲁班到龙泉塔以初心致匠心 运河明珠满城尽挂胭脂红

枣庄市文旅概况

枣庄市位于山东省南部，与江苏省徐州市为邻，因唐宋时期今驻地村庄多枣树而得名。

据滕州市官桥镇北辛文化遗址考古发现，早在距今7500多年前的新石器时代，今枣庄境内就有人类活动遗存。春秋时期，今枣庄境内有薛国、滕国、偪阳国、鄫国和小邾国等诸侯国，战国四公子之一的孟尝君便曾封于薛地。1938年春天，历时一个月的台儿庄战役在山东境内打响，这是中国自抗战以来取得的最大胜利，史称“台儿庄大捷”。1961年9月12日，枣庄建制为地级省直辖市。1979年，滕县（今滕州市）由济宁专区划归枣庄市。2024年，这座按成立日期推算为“处女座”的共和国城市，已走过了新发展机遇的63个年头。2009年12月17日，枣庄台儿庄成为全国首个海峡两岸交流基地。据第一财经·新一线城市研究所《2024新一线城市魅力排行榜》，枣庄位列三线城市行列，跟千年古都洛阳、桂林同档，排序在“七朝古都”河南安阳之前。

枣庄市总面积4564平方千米，是山东省面积最小的地市。截至2023年末，枣庄市常住人口380.98万人，其中，滕州市常住人口155万人，居山东136区县第3位。枣庄籍的历史名人主要有：夏朝伟大的发明家、造车鼻祖奚仲，春秋战国时期墨家学派创始人“科圣”墨子（相传墨子耗时三年制成木鸟，是人类最早的风筝起源传说），中国木匠鼻祖“工圣”鲁班（相传鲁班发明了云梯、钩拒等攻城、舟战器械）等。

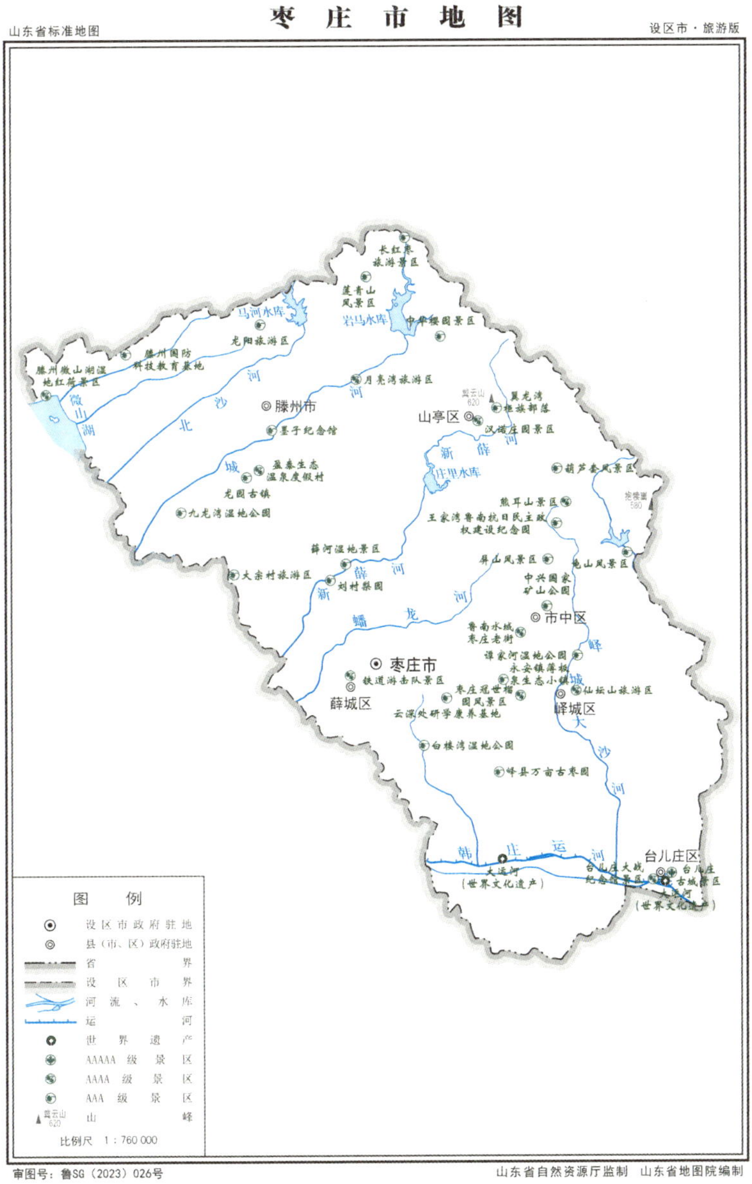

枣庄市地图·旅游

枣庄城市文旅 slogan 是“运河明珠·匠心枣庄”，市花是石榴花。枣庄境内有大运河枣庄段 1 处世界文化遗产，1 处国家级夜间文化和旅游消费集聚区；境内有滕州市和峄城区 2 个“千年古县”。截至 2024 年 6 月，枣庄市有 3 处国家一级博物馆（全省第 4）；6 处国家一级文化馆；4 处国家一级图书馆；2 处国家级非物质文化遗产；11 处全国重点文物保护单位；12 家国家 4A 级以上旅游景区，包括 1 家国家 5A 级旅游景区——台儿庄古城。2024 年，枣庄市明确提出推动冠

冠世榴园万亩榴花红胜火，满城尽是胭脂红。摄影：刘永明（@ 北寒）

世榴园、（滕州）红荷湿地争创 5A 级景区、国家级旅游度假区、生态旅游示范区。

近年来，枣庄市以争创“国家级全域旅游示范市”和“国家文化旅游消费试点市”为目标，积极打造“近悦远来·枣城有戏”文旅品牌，举办“中国石榴之乡”枣庄峄城榴花节、滕州薯博会等众多有影响力的节庆活动。2024 年 1 月 20 日，山东省人民政府在《关于支持枣庄石榴产业高质量发展的意见》中明确提出：“放大‘冠世榴园·生态枣庄’品牌效应，全力推进石榴产业高质量发展……到 2030 年，石榴产业从业人员达 3 万人以上，人均可支配收入达到 4.97 万元，产业总产值达到 100 亿元。”2024 年，枣庄峄城榴花节主题为“枣相见·榴乡恋”，待到石榴花开时，满城尽挂胭脂红。

“引客入鲁”枣庄城市文旅首席推荐官：林徽因

姓名：林徽因

别名：一代才女

出生地：浙江省杭州市

职业：建筑学家、诗人、作家

职务：清华大学建筑系教授

荣誉：获美国宾夕法尼亚大学美术学学士学位，参与新中国国徽设计及人民英雄纪念碑设计修建工作，抢救国宝景泰蓝制作工艺，试制成功“景泰白”。1954 年 6 月，林徽因当选为北京市人大代表。

家庭背景：出身官宦世家。祖父林孝恂，光绪十五年（1889 年）进士，三任石门知县；族叔林觉民，“黄花岗七十二烈士”之一；父亲林长民，清末民初政治家、外交家，北洋政府高官，参与草拟《中华民国临时约法》。

何时入鲁：1936 年 6 月，应山东省教育厅厅长何思源之邀，36 岁的梁思成、33 岁的林徽因夫妇专程来鲁考察古建筑，他们先沿胶济铁路依次考察历城、章丘、临淄、青州和潍坊的古建，返济后沿津浦铁路南下依次考察长清、泰安、兖州、济宁、邹城和滕州，此行的最后一站是枣庄滕州，考察龙泉寺明塔和兴国寺遗址，夫妇二人为山东古建筑的保护作出了积极贡献。卢沟桥事变爆发后，1937 年 9 月，梁思成、林徽因夫妇带着两个孩子，辗转多种交通工具，最终在朋友帮助下，从济南沿津浦铁路南下，枣庄再次成为林徽因离开山东的最后一站。半年后，滕县保

寻梦台儿庄。摄影：孔闯

卫战打响，龙泉寺明塔“塔刹倾毁、塔身损坏严重”。哪里有侵略者哪里就有反抗，很快，中共就在枣庄这片开满石榴花的热土上，成立了抗日武装铁道游击队。

值得一提的是，林徽因的父亲林长民早年毕业于东京早稻田大学，在民族大义面前，林长民没有半点含糊，主动扛起“抗日”大旗。1919年4月7日，林长民在《晨报》连载《铁路统一问题》长文，坚决主张拒绝在《巴黎和约》上签字，要求废除不平等条约，收回中国路权。5月2日，林长民又以外交委员会委员、干事长的身份，在《晨报》《国民公报》上公开发表《外交警报敬告国人》，发出了“胶州亡矣！山东亡矣！国不国矣！……国亡无日，愿合四万万民众誓死图之！”的世纪呐喊，堪称“五四运动”的吹哨人和点火人。随后，林长民被推为出席世界国联总会的中国首席代表。日本政府视林长民为“眼中钉、肉中刺”，欲除之而后快，但他不畏威胁，发表《敬告日本人》一文，逐一驳斥了日本关于山东问题的主要论调。

林徽因是本书16地市城市文旅首席推介官中唯一的女性。俄国作家列夫·托尔斯泰在《安娜·卡列尼娜》一书中写道：“女人——这是男人事业上的一大绊脚石。爱上一个女人，又要做一番事业，这很难。既要避免障碍又要随心所欲地爱一个女人，只有一个办法，就是结婚。”想必，梁思成对这番话的理解颇深，他娶林徽因为妻，夫妇二人志趣相投，毕生致力于对中国古代建筑的研究和保护，足迹遍及全国几百个区县，夫为“中国近代建筑之父”，妻为“中国近现代首位女性建筑学家”，共同参与了人民英雄纪念碑、中华人民共和国国徽等作品的设计，正如托尔斯泰所言，这世上“幸福的家庭都是相似的”。

试着以林徽因的视角来解读她与枣庄的缘分：“徽因与枣庄的缘分大抵有四。其一，铁路。枣庄（临城站）是津浦铁路从上海上行进入山东的第一站，徽因一生与铁路有着不解之缘，家父曾连载《铁路统一问题》长文，我在24岁时设计过哥特式建筑吉林西站，多次外出考察古建，往返北平以火车为主，卢沟桥事变后，我们全家从济南乘火车南下，枣庄是离开山东前的最后一站。其二，大运河。我出生于京杭大运河的起点杭州，而枣庄是大运河的一颗明珠。其三，匠人匠心。枣庄是匠人之乡，木匠鼻祖鲁班、造车鼻祖奚仲都出自枣庄，徽因有幸陪先生思成在齐鲁大地参与龙泉寺明塔和兴国寺遗址的保护，欣闻滕州龙泉寺明塔已于2013年5月被国务院列入第七批全国重点文物保护单位。其四，众人皆晓徽因平生最爱四月天（《你是人间四月天》是林徽因重要的代表作），我与数字4也颇有缘分。2003 年 1 月 1 日，百花文艺出版社出版《薪火四代》，记载了包括先生思成、徽因在内的梁氏家族。1961 年 9 月 12 日，枣庄建制为地级省直辖市，成为继济南、青岛、淄博之后山东第四座省辖市（地级市），车牌代码鲁 D。每年农历四月，峄城万亩石榴花开红胜火。冥冥中必有天意，当年死守枣庄滕县和台儿庄的将士们，这盛世，如你们所愿。”

为林徽因点歌：棱镜乐队《总有一天你会出现在我身边》

从前我的另一边
通往凌晨的街
空无一人的世界
行影匆匆这些年
期望从未破灭
默不作响的时间
最好的人注定会到身边
孤注一掷的执念
我终将看到你身影逆光 出现
等这一切 都被你了解 十指错落相牵
跨越时间 再没有分别 携手走过明天
……

跟着林徽因游枣庄

枣庄必品美肴： 山亭烤全羊、微山湖鱼宴（四鼻鲤鱼、珍珠黑鱼丸）、枣庄辣子鸡（需用薄皮螺丝椒 + 本地孙枝鸡）、滕州辣子鸡、地锅鸡等

枣庄必吃美味： 滕州菜煎饼、台儿庄黄花牛肉面、枣庄（道北、西集）羊肉汤（白汤）、台儿庄冯家驴肉等

台儿庄古城入选第一批国家级夜间文化和旅游消费集聚区。摄影：孔闯

枣庄必饮美酒： 滕州今缘春酒（始创于 1861 年，52 度善国获第 22 届比利时布鲁塞尔国际烈性酒大奖赛大金奖）、峄城石榴红酒

枣庄必住美宿：

四星级旅游饭店： 舜和枣庄大酒店、滕州宾馆

山东省五星级旅游民宿： 滕州市“荷乡西迭”精品民宿

其他： 枣庄温德姆至尊酒店、世贸君澜酒店

摇橹船已成为台城夜游一道亮丽的风景线。摄影：孔闯

枣庄必游美景：

国家 5A 级旅游景区：台儿庄古城景区（一定要看古清真寺弹孔墙）

国家 4A 级旅游景区：抱犊崮国家森林公园、冠世榴园风景区、滕州微山湖湿地红荷景区、熊耳山、仙坛山、月亮湾、翼云石头部落旅游区等

其他：冠世榴园民族风情谷（在建）、中兴民族工业文化遗产公园（在建）等

国家湿地公园：滕州滨湖、台儿庄运河、蟠龙河、九龙湾、月亮湾国家湿地公园

枣庄打卡美地：

国家 4A 级旅游景区：台儿庄大战纪念馆景区、铁道游击队景区、盈泰生态温泉度假村、滕州墨子科技文化城旅游区

其他：中华石榴文化博览园（石榴博物馆 3A）

国家级夜间文化和旅游消费集聚区：台儿庄古城

国家一级博物馆：枣庄市博物馆、滕州市博物馆、滕州市汉画像石馆

全国重点文物保护单位：京杭大运河枣庄段、滕州市北辛遗址、偪阳故城、滕州市龙泉塔、台儿庄大战旧址（李宗仁史料馆）等

枣庄最美书店：天穹・星河系文化空间

枣庄必购美品：

中华老字号：滕州市爱瑞派铸铁锅及工艺铁壶

山东老字号：微山湖万盛德咸鸭蛋、滕州鼎盛酱油

其他：鲁班锁系列产品、铁道游击队地瓜烧酒、滕州微山湖“红荷花”咸鸭蛋等

枣庄必赏美秀：台儿庄古城《鼓运雄风》《水月吟》夜景演艺；枣庄文化馆《柳琴戏》表演等

乡村振兴 · 齐鲁样板 · 枣庄先行

1. 国家现代农业示范区：枣庄市国家现代农业示范区、滕州市国家现代农业示范区

2. 全国乡村旅游重点村镇：山亭区徐庄镇葫芦套村、冯卯镇李庄村

3. 全国休闲农业与乡村旅游示范县、示范点：山亭区、山亭区汉诺庄园 · 翼云石头部落

4. 中国最有魅力 / 最美 / 美丽休闲乡村：山亭区徐庄镇葫芦套村、城头镇西城头村、北庄镇洪门村、冯卯镇独古城村；薛城区沙沟镇张庄村；滕州市洪绪镇龙庄村

5. 国家农业产业强镇：市中区西王庄镇（茄果蔬菜）、峄城区阴平镇（红枣）、山亭区水泉镇（火樱桃）、滕州市东郭镇（玉米）

6. 全国“一村一品”示范村镇：

山亭区：山城街道（山亭花椒）、城头镇（豆制品）、水泉镇（火樱桃）、徐庄镇（徐庄板栗）、店子镇（店子长红枣）、冯卯镇（仙玉莲油桃）

峄城区：榴园镇（榴园石榴）、阴平镇（红枣）

滕州市：界河镇（滕州马铃薯）、龙阳镇（马铃薯）

市中区：齐村镇前良村（樱桃）

薛城区：周营镇（果蔬）

7. 全国乡村特色产业产值超十亿元镇、超亿元村：

山亭区：城头镇（豆制品，2021、2022 年）

滕州市：界河镇（2021 年）、龙阳镇（马铃薯，2022 年）

8. 国家森林乡村：

滕州市：洪绪镇龙庄村、张汪镇大宗村、级索镇北赵村、官桥镇后官庄村、滨湖镇七所楼村、姜屯镇沙东村

山亭区：北庄镇外峪子村、店子镇安陵村、冯卯镇温庄村、水泉镇白蒋峪村、徐庄镇后峪村

薛城区：常庄街道西黄沟泉村、张范街道横山口村、陶庄镇奚村、周营镇后金马村

台儿庄区：泥沟镇佟庄村、张山子镇丁庄村、马兰屯镇抗埠村、邳庄镇黄林村

市中区：税郭镇三屯村、上义合村；西王庄镇付刘耀村

9. 全国农产品地理标志：

山亭区：徐庄板栗、山亭花椒、山亭火樱桃、店子长红枣、洪门葡萄

滕州市：滕州马铃薯、滕州大白菜、刘村酥梨、龙阳绿萝卜

峄城区：峄城石榴

台儿庄区：涛沟桥大米

覆盖枣庄全境：枣庄黑盖猪

台儿庄古城船妹子整装待发。摄影：孔闯

台儿庄古城夜景。摄影：朱锐（@摄影师么么锐）

交通强国 · 枣庄先行

国家高速铁路：国家“八纵八横”高速铁路网，京沪通道山东段，京沪高铁枣庄站、滕州东站。

国家高速公路：G3 京台（北京—台北）高速从枣庄境内通过。

国内机场：正在建设的枣庄翼云机场，为 4C 级国内旅游支线机场。

内河水港：枣庄港薛城港区铁路专用线工程，入选第一批交通运输部港口功能优化提升交通强国专项试点项目。

体育强市 · 枣庄先行

枣庄市持续擦亮“枣运动 · 枣健康”品牌，枣庄籍运动员实现奥运会金牌零的突破。2020 年东京奥运会、2024 年巴黎奥运会，枣庄姑娘孙梦雅搭档队友徐诗晓蝉联皮划艇静水女子 500 米双人划艇金牌。2023 年杭州亚运会，枣庄市运动员贡献 3 金 1 银，创造历史最好成绩。2021 年陕西第 14 届全国运动会，枣庄市运动员贡献 3 金 2 银 2 铜。

足球正成为枣庄市的城市新名片。2024 年，山东体彩女足将主场放到了枣庄文体中心体育场，迅速引爆了枣庄的球市。以 8 月 17 日开始的中国足球协会女子超级联赛第 16 轮为例，有 10328 名枣庄球迷现场观战，占本轮女超全部 6 场比赛观众总数的 46%。山东体彩女足上座率最高的一场，现场观战人数 12361 人。枣庄球迷将最大的热情给到了齐鲁铿锵玫瑰，他们在看台上打出“榴花烈焰，怒放齐鲁”的横幅，万名球迷齐唱《弹起我心爱的土琵琶》，令人动容。

山东先行

五　跟着李白游东营
——九曲黄河龙抬头　河海博弈千年的胜利之城

东营市文旅概况

东营市位于山东省北部，东、北临渤海，中华民族的母亲河黄河自境内流入渤海，黄河口位于渤海湾与莱州湾交汇处。东营市大陆海岸线长度为463.51千米，境内分布着7个海岛。

东营堪称是黄河冲来的城市，是共和国最年轻的土地，处于九曲黄河入海口的“龙头”位置，环渤海经济区与黄河经济带的交汇点，黄河三角洲的中心城市。东营因村落而得名，1961年4月，华北石油勘探处在东营村打出境内第一口勘探井——华八井，也就是胜利油田的发现井。1982年11月10日，国务院设立省辖东营市。今天，这座按成立日期推算为“天蝎座”的共和国“胜利之城”，已步入了新发展机遇的第五个十年。据第一财经·新一线城市研究所《2024新一线城市魅力排行榜》，东营位列三线城市行列，跟千年古都洛阳、扬州、桂林、三亚同档，排序在“最后的江南秘境”浙江丽水之前。据华顿经济研究院《2024年中国百强城市排行榜》，东营排名全国第52位，高于哈尔滨、南宁、兰州等省会城市。

东营市入选全球第一批国际湿地城市，是山东省第一个获此殊荣的地市，同时也是全国文明城市、国家园林城市、中国优秀旅游城市、中国最具生态竞争力城市，是山东省目前GDP增速最快的城市。据在境内发现的后李文化遗址，东营南部广饶县境内早在8000年前就有人类活动的遗存。

东营市总面积8243平方千米，列山东16地市第11位。其中垦利区面积2331平方千米、河口区面积2267.44平方千米，分列全省136区县第三、第四位。

截至 2023 年末，东营市常住人口 220.60 万人，是山东省人口最少的地级市。东营籍的历史名人主要有：中国古代伟大的军事家、思想家，“兵圣”孙武（一说是滨州惠民人）；西汉经学家欧阳生；西汉御史大夫倪宽等。

东营城市文旅 slogan 是“黄河入海 · 生态东营”，市花是荷花，车牌代码是鲁 E。东营市现有 1 处世界自然遗产——中国黄（渤）海候鸟栖息地，被国际湿地组织官员称为“鸟类的国际机场”；黄河三角洲湿地入选《中国国家地理》选

东营市地图 · 旅游

美中国特辑“中国最美的六大沼泽湿地”；境内有广饶县1个“千年古县”。截至2024年6月，东营市有6处国家一级文化馆；6处国家一级图书馆；2处国家级非物质文化遗产；4处全国重点文物保护单位；2家五星级旅游饭店；64家国家A级旅游景区，其中4A级以上旅游景区9家，包括1家国家5A级旅游景区——黄河口生态旅游区。

近年来，东营市持续叫响黄河文旅品牌，策划并推出孙子文化旅游节、“黄河口滩羊”美食文化节等品牌性文旅活动。中国广饶·孙子国际文化节始于2005年9月5日。2023年9月23日，孙子文化旅游季开幕式暨《孙子兵法》面世2535周年纪念活动在东营市广饶县成功举办，参与游客达10万人次以上，孙子国际文化节也成功进入此年度的中国节庆品牌100强。

乐安古镇上演孙武归来春秋奇妙夜。东营孙子文化园景区供图

“引客入鲁”东营城市文旅首席推介官：李白

姓名：李白

别称：诗仙、青莲居士

出生地：今四川省绵阳市江油市

职业：诗人、官员

官至：翰林待诏，六品。

家庭背景：富二代＋官二代，父亲李客官至济宁任城县尉（九品）。

何时入鲁：736年，36岁的李白携家人从湖北安陆来到山东任城（今济宁市）。第一次踏上齐鲁大地的“诗仙”，为何选择任城？看看李白在山东的朋友圈便知一二。李白的父亲曾当过任城县尉，六叔曾当过任城县令，兄长李明府任汶上县令，从祖任济南太守，族弟李凝任单县主簿。

744年，李白与杜甫、高适秋游于今菏泽单县琴台，这是李杜继洛阳夏会后，第二次结伴同游。745年秋，在短短一年多的时间内，李白一生第三次也是最后一次遇见“迷弟”杜甫，两人在齐鲁大地携游蒙山、曲阜、兖州、任城。临别之际，杜甫赠诗：“余亦东蒙客，怜君如弟兄。醉眠秋共被，携手日同行。”从“醉眠共被”“携手同行”等画面感略强的字语中可见，两位“诗坛顶流”的感情早已胜过亲兄弟。

在汶水河边，李白写道：“鲁酒不可醉，齐歌空复情。思君若汶水，浩荡寄南征。”在泗水河畔，“诗仙”情非得已：“秋波落泗水，海色明徂徕。飞蓬各自远，且尽手中杯。”45岁的李白就站在那里，深情地望向34岁欲西奔长安谋取仕途的杜甫，满眼都是自己34岁时为唐玄宗献《明堂赋》谋求官位时的影子。只是，此刻李白对于仕途几已放弃，他只想漫游江南，寄情山水，而父亲已离世四年、出身名门望族的官八代杜甫，身为家中长子，追逐功名是他的家族使命。两人尧祠石门话别，令人唏嘘的是，往后余生，他们再未相逢。

德国作家歌德在他的《浮士德》一书中写道：“我穿任何衣服，都感到局促人生的痛苦。我太老了，无法玩世不恭；又太年轻，不能无动于衷。这世界还能给予我什么呢？……我总是惶惶不可终日，几乎泪流满脸……”不知“老小孩”李白同学，闻听此言后又会作何感想呢？

试着以李白的视角来解读“诗仙”与东营的缘分：“谪仙人（李白自称）常说，山东早已是第二故乡。在齐鲁大地，谪仙人探亲访友、游山玩水、饮酒作诗、学剑入道，丈量过的路，每一步都算数：在济南紫极宫，履行道教仪式，正式入道；在泰安，留下《游泰山六首》；在青岛，写下‘我昔东海上，劳山餐紫霞’。谪仙人一生创作无数，对宣传祖国各地文旅产业不遗余力：25岁，谪仙人写就《望庐山瀑布》，欣闻2016年国务院设立县级庐山市；30岁时创作《黄鹤楼送孟浩然之广陵》，谪仙人一句‘烟花三月下扬州’，让扬州千年来吃尽文旅红利。不过，写上述两诗时谪仙人的人生阅历尚浅，更未曾踏足齐鲁大地。客居山东二十三载，谪仙人将毕生的沉淀，化作这首作于52岁时的《将进酒》，‘君不见，黄河之水天上来，奔流到海不复回’，地处黄河入海口的东营市在中国文旅版图上的分量越来越重，‘沿着黄河遇见海’的口号深入人心。这算是谪仙人为第二故乡和中华民族的母亲河所做的绵薄之力吧。‘人生得意须尽欢，莫使金樽空对月。’来，走一个，一杯一杯复一杯……”

为李白点歌：逃跑计划《夜空中最亮的星》

夜空中最亮的星　是否知道
曾与我同行的身影　如今在哪里
Oh 夜空中最亮的星　是否在意
是等太阳升起　还是意外先来临
我宁愿所有痛苦都留在心里
也不愿忘记你的眼睛
给我再去相信的勇气
Oh 越过谎言去拥抱你
每当我找不到存在的意义
每当我迷失在黑夜里
Oh 夜空中最亮的星
Oh 请照亮我前行
……

黄河口生态旅游区游船码头远望楼，已成为东营城市地标。摄影：邵凯

跟着李白游东营

东营必品美肴： 黄河口大闸蟹、醋焖黄河故道鲤鱼、黄河第一汤（正宗黄河鱼汤）、黄河口刀鱼、养生大鱼头、盐窝全羊汤、大虾疙瘩汤、果木烤乳鸽、村长家的红烧肉、广饶炒公鸡、黄河口羊蝎子、金牌脆皮虾、黄河口蛤蜊汤、烧芦花鲫鱼等

东营必吃美味： 利津水煎包、老东营肴鸡、风干鸡、毛蛤辣酱、龙居丸子、咸鱼饼子、广饶油粉等

东营必饮美酒： 欣马酒（山东老字号，山东名牌产品）

东营必住美宿：

五星级旅游饭店： 东营东胜大厦、东营蓝海国际大饭店

四星级旅游饭店：蓝海新悦大饭店、东营宾馆

山东省四星级旅游民宿：垦利区柜族部落民宿、美墅家民宿、雅居民宿；广饶县雪场养生木屋民宿、溪客度假屋民宿；利津县东津晓宿民宿、东营市现代农业示范区回家民宿、乐住民宿

其他：东营富力万达嘉华酒店、东营皇冠假日酒店、金融港亚朵酒店

东营必游美景：

国家 5A 级旅游景区：黄河口生态旅游区

国家 4A 级旅游景区：揽翠湖旅游度假区、黄河三角洲动物园、孤岛槐树林温泉旅游区、鸣翠湖湿地风景区、东营红滩湿地旅游区

其他：广饶孙武湖旅游度假区、黄河口知青小镇（3A）、金湖银河文旅综合体（在建）、黄河文化（东营）生态保护区（在建）、海北考古遗址公园（在建）

国际重要湿地、国家级自然保护区：黄河三角洲国家级自然保护区

国家级海洋特别保护区：黄河口（2008 年）、河口浅海贝类（2008 年）、利津底栖鱼类（2008 年）、莱州湾蛏类（2009 年）、广饶沙蚕类生态国家级海

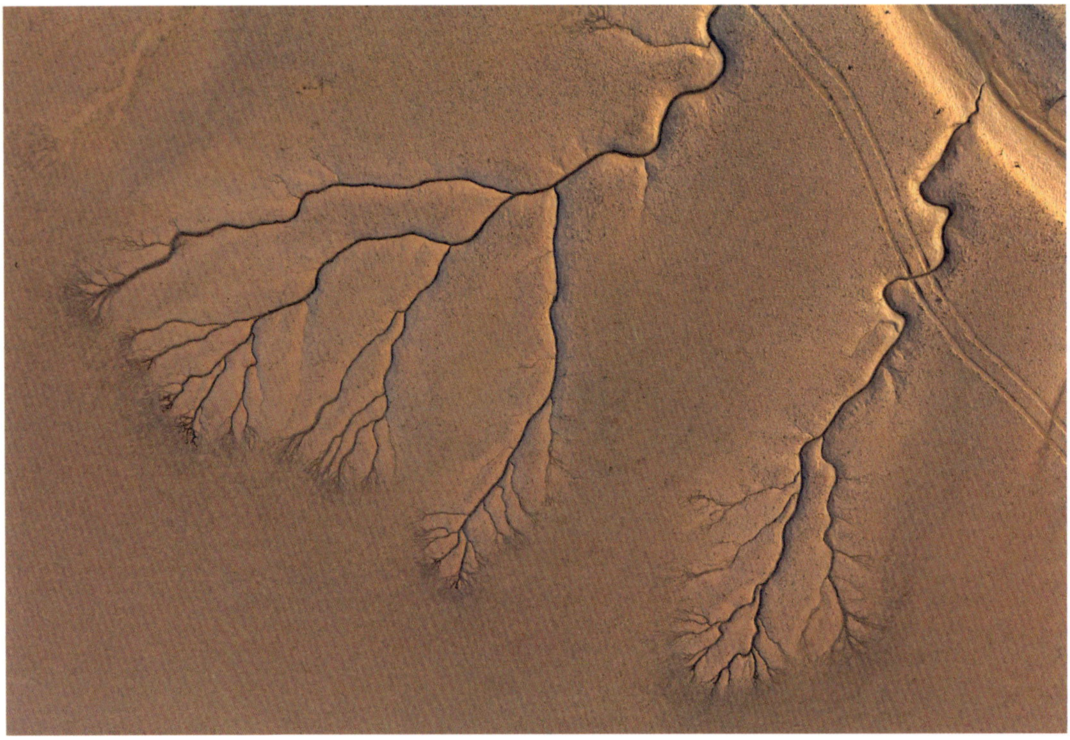

黄河入海口“大地之树”景观。摄影：朱锐（@摄影师么么锐）

洋特别保护区（2009 年）

国家湿地公园：垦利天宁湖国家湿地公园

东营打卡美地：

国家 4A 级旅游景区：天宁寺文化旅游区、孙子文化旅游区、红色刘集景区

其他：东营市图书馆、东营市文化馆、雪莲大剧院

东营最美书店：识光书店

东营必购美品：黄河口大米、黄河口大闸蟹、黄河口刀鱼、广饶肴驴肉、史口烧鸡、机厂月饼、广饶齐笔等

东营必赏美秀：孙子文化园《甲胄演武》、东营文旅集团沉浸式喜剧《非常演员》等

乡村振兴 · 齐鲁样板 · 东营先行

1. 国家现代农业示范区：东营市国家现代农业示范区

2. 中国最有魅力 / 最美 / 美丽休闲乡村：垦利区胜坨镇小张村、利津县盐窝镇南岭村、广饶县大王镇刘集后村

3. 国家农业产业强镇：东营区牛庄镇（蔬菜）、河口区新户镇（对虾）、利津县盐窝镇（肉羊）、广饶县李鹊镇（小麦）

4. 全国一村一品示范村镇：

广饶县：大王镇（蔬菜）、大码头镇（大码头食用菌）、花官镇（大蒜、肉鸡、食用菌）、稻庄镇（鲁野草莓）、李鹊镇（小麦）

河口区：新户镇（海参）、义和镇（金河口苹果）

垦利区：永安镇（黄河口大闸蟹）、胜坨镇小张村（面包小麦）

东营区：牛庄镇（小麦）

利津县：盐窝镇（肉羊）

5. 全国乡村特色产业产值超十亿元镇、超亿元村：

广饶县：大码头镇（食用菌，2021、2022 年）、大王镇（蔬菜，2021、2022 年）

利津县：盐窝镇（肉羊，2021、2022 年）

6. 国家森林乡村：

广饶县：乐安街道大尧村、中赵村；大王镇封庙村、南陈官村、东庄子村；稻庄镇西朱营村

垦利区：兴隆街道东兴村、黄河口镇北宋圈村、董集镇刘王村、胜坨镇东王村

利津县：盐窝镇张村、北宋镇道庵村、汀罗镇前关村、陈庄镇索镇村

东营区：史口镇大宋村、龙居镇林家村、牛庄镇陈桥村

河口区：义和镇博兴村、六顷村；新户镇果园村

7. 全国农产品地理标志：

垦利区：黄河口大米、黄河口蜜桃

覆盖东营全境：黄河口大闸蟹

东营区：麻湾西瓜

广饶县：大王秦椒

交通强国 · 东营先行

国家高速铁路：国家“八纵八横”高速铁路网，沿海通道山东段，京沪通道山东段，京沪高铁二线，津潍高铁，东营南站。

国家高速公路：G25 长深（长春—深圳）高速、G2516 东吕（东营—吕梁）高速、G18 荣乌（荣成—乌海）高速从东营境内通过。

国内机场：东营胜利机场，为 4D 级国内支线机场。

国家一类口岸（水港）：东营港（东营港区、广利港区、广饶港区、广北港区），我国唯一一个在无潮区修建的海港，2022 年货物吞吐量列全国沿海港口第 32 位。

体育强市 · 东营先行

东营市以赛事为平台，宣传东营城市形象和黄河口文化，打造黄河口品牌赛事矩阵，高质量办好黄河口（东营）马拉松赛、黄河口（东营）汽车场地越野赛、黄河流域（东营）铁人三项赛、2023 黄河口（东营）公路自行车赛、首届中国东营 · 国际湿地城市钓鱼公开赛等国家级大型品牌赛事。东营市积极打造“村BA”等乡村体育品牌赛事。广饶县成功举办“孙武归来 · 舞动广饶”全民健身舞大赛。

成立于 2012 年 3 月的东营市文化旅游体育发展集团有限公司，是山东 16 地市最早一家在企业名称中带有“体育”二字的文旅 / 旅游集团。

山东先行

六　跟着张弼士游烟台
——一座“仙、鲜、闲、贤”气飘飘的天空之城

烟台市文旅概况

烟台市地处山东半岛东部，是山东省唯一濒临渤海和黄海两大海域的地市，拥有蜿蜒 1071 千米的“黄金海岸线”，境内分布着 230 个海岛，是山东省海岛数量最多的地市，长岛县庙岛列岛入选《中国国家地理》选美中国特辑“中国最美的十大海岛”。1398 年，明朝为防倭寇侵扰设奇山守御所，并筑有“狼烟台”，烟台由此得名。春秋战国时期，烟台成为东方海上丝绸之路起点。新中国成立后，烟台成为全国首批沿海开放城市。

1983 年 11 月，烟台地级市成立。今天，这座按成立日期推算为“天蝎座”的共和国城市，步入了新发展机遇的第五个十年。烟台市是全国文明城市、国家历史文化名城、联合国人居奖获奖城市、最佳中国魅力城市、国家森林城市。中国首座海上航天发射基地落地海阳，黄渤海新区加速发展低空经济，新质生产力成为航天文旅高质量发展新引擎，“天空之城”呼之欲出，“航空航天航海看烟台”。烟台境内有金沙滩、蓬莱和海阳三处国家级旅游度假区，是全国坐拥海滨海岛型国家级旅游度假区最多的地市。

2023 年，烟台市全年地区生产总值（GDP）首次突破一万亿人民币，成为山东省第三个万亿地级市。据第一财经 · 新一线城市研究所《2024 新一线城市魅力排行榜》，烟台进入二线城市行列，与国内热门旅游城市厦门、大连、哈尔滨同档，排序在珠海之前。据华顿经济研究院《2024 年中国百强城市排行榜》，烟台排名全国第 30 位，略高于温州。

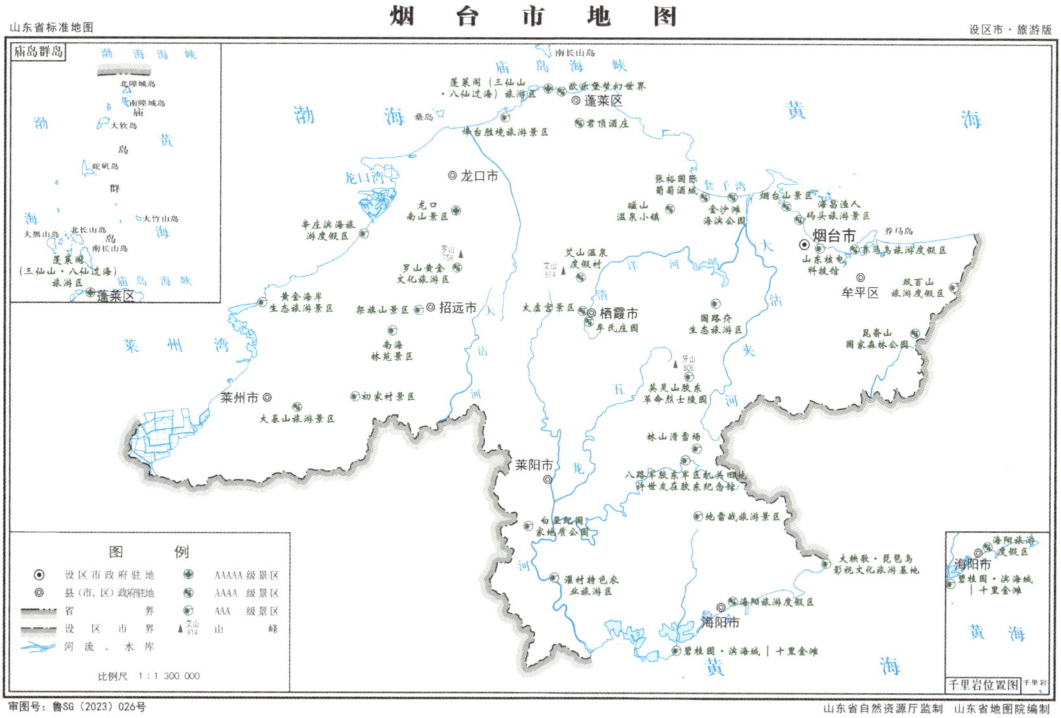

烟台市地图 · 旅游

烟台市总面积 13864.5 平方千米，列全省第 3 位。截至 2023 年末，烟台市常住人口 703.22 万人，省内排名第 7。烟台被誉为“中国葡萄酒之都”，烟台苹果连续 15 年蝉联中国果业第一品牌；烟台黄金资源探明储量 4202 吨，占全国的 26.7%，在莱州市创办的北海银行是中国人民银行三大奠基行之一。烟台籍历史名人主要有：战国时期齐国政治家、思想家、稷下学宫最具影响力学者淳于髡，明朝杰出的军事家、民族英雄戚继光，中国近代金石学家、晚清发现和收藏甲骨文第一人王懿荣等。

烟台城市文旅 slogan 是“仙境海岸 · 品重烟台”，市花为月季，车牌代码为鲁 F、鲁 Y。烟台市仙道文化源远流长，围绕蓬莱、方丈、瀛洲三座海上仙山打造的蓬莱神话系统以及国家级非物质文化遗产蓬莱“八仙过海”传说的发源地即位于此，这里是名副其实的“人间仙境”。烟台市入选全国首批国家文化和旅游消费试点城市，现有 2 家国家级夜间文化和旅游消费集聚区（全省第三）。烟台市境内有蓬莱区、莱州市、莱阳市、牟平区 4 个“千年古县”。截至 2024 年 6 月，烟台市拥有 2 处国家一级博物馆；12 处国家一级文化馆（全省第二）；13 处国家一级图书馆（全省第二）；15 处国家级非物质文化遗产（全省第四）；22 处

崑龙温泉度假酒店航拍。烟台市文化和旅游局供图

全国重点文物保护单位（全省第三）；7 家五星级旅游饭店（全省第二）；86 家国家 A 级旅游景区，其中 4A 级以上旅游景区 23 家（全省第四），包括 2 家国家 5A 级旅游景区——蓬莱阁 · 三仙山 · 八仙过海旅游区和烟台南山旅游景区（全省第一）。

近年来，烟台市积极推进海上艺术城建设，布局帆船、游艇、尾波冲浪等休闲项目，打造中国北方水上运动目的地，争创国家文旅消费示范城市。节庆活动品牌方面，烟台市每年都举办烟台葡萄酒节、莱州月季花节、烟台冰雪运动季等节庆活动，影响力最大的当数始创于 2007 年的中国烟台国际葡萄酒节，目前，“烟台葡萄酒”品牌价值已突破 860 亿元。

国家 5A 级旅游景区三仙山 · 八仙过海景区夜景。蓬莱区文化和旅游局供图

“引客入鲁”烟台城市文旅首席推荐官——张弼士

姓名：张振勋（字弼士）

出生地：广东省梅州市大埔县

职业：官员、实业家

官至：清政府驻新加坡总领事

荣誉：张裕葡萄酒创始人、中国葡萄酒工业化生产的先驱、中国民族工业之父，被《纽约时报》誉为“中国的洛克菲勒”，并被《美国历史杂志》选为封面人物，成为第一个登上国外杂志封面的中国企业家。

家庭背景：父亲张兰轩，乡村私塾教师兼医生。

何时入鲁：法国作家圣埃克苏佩里在他的《小王子》一书中写道：“使沙漠如此美丽的，是它在某处藏着一眼泉水。”虽然生活在积贫积弱的晚清时代，且英国、荷兰殖民当局多次试图拉拢他，但张弼士不为所动，身为华人侨领的张弼士，决意成为近代中国“实业兴邦”的先驱。1891 年，50 岁的张弼士受邮传部尚书（大臣）盛宣怀的邀请，到烟台商讨兴办铁路、开发矿山事宜。张弼士在作了实地考察后，了解到地处北纬 37.5° 的烟台盛产葡萄，决定开办酒厂。1892 年，张弼士在烟台创办张裕葡萄酒厂，并从法、意等国引进 124 个品种 120 万株葡萄苗。

1915 年，张弼士以中国实业考察团团长的身份参加巴拿马万国商品博览会，在这次盛会上，张裕酒厂酿成的“可雅白兰地”“红玫瑰葡萄酒”“雷司令白葡萄酒”“琼瑶浆味美思”荣获 4 枚金质奖章，这是中国商品第一次在国际上获奖。他来了，他看到了，他胜利了，这是张裕品牌的胜利，是山东烟台工业的胜利，更是提振中华民族信心的胜利。1912 年 8 月，孙中山先生来到烟台参观了张裕酒厂，题写了“品重醴泉”四个字。今天，烟台张裕酒文化博物馆旅游区和张裕国际葡萄酒城均为国家 4A 级旅游景区，烟台市正着手打造建设“品重烟台”优质特产旗舰店。

试着以张弼士的视角来解读他与烟台的缘分：“51 岁时，弼士有幸受邀到烟台商讨兴办铁路，开发矿山事宜，却一不小心创立了中国第一个葡萄酒品牌。烟

张裕百岁桶王。烟台市文化和旅游局供图

台的气候、土质极为适合栽种高品质的葡萄种苗。没有土地，就购买千亩荒山；没有种苗，就从法、意等国引进优质葡萄品种；没有机器，就从国外购买压榨机、蒸馏机、发酵机、白橡木贮酒桶等酿酒设备；没有储存葡萄酒的地方，就斥巨资建造地下大酒窖；没有酿酒师，就重金聘请欧洲一流的酿酒师，哪怕是奥地利驻烟台的领事，弼士也能把他挖来。这才创办了张裕。裕者，昌裕兴隆也。听闻弼士是本书16地市城市文旅首席推介官中唯一的华侨代表，有人甚至称我为'中国葡萄酒之父'，弼士甚为自豪。巴拿马万国商品博览会上，中国商品第一次在国际上获奖，弼士兑现了自己的承诺，'吾华人当为祖国效力''中华民族不可侮，中国人不可欺'。'张裕'已成长为中国葡萄酒行业的一张金字招牌，孙中山先生到烟台参观张裕酒厂时都亲自留下墨宝。据说，烟台已成为中国的葡萄酒之乡，葡萄酒年产量7.1万吨，占全国产量的17.3%，其中白兰地产量2.65万吨，占全国产量的80%，作为探路人，弼士心甚慰。欣闻烟台跨进GDP'万亿俱乐部'，营商环境越来越好，弼士由衷高兴。还是那八个字：何以品重，唯有烟台。"

张裕酒文化博物馆陈列区。烟台市文化和旅游局供图

为张弼士点歌：费翔版《故乡的云》

天边飘过故乡的云
它不停地向我召唤
当身边的微风轻轻吹起
有个声音在对我呼唤
归来吧　归来哟
浪迹天涯的游子
归来吧　归来哟
别再四处漂泊
……

跟着张弼士游烟台

烟台必品美肴：蓬莱“八仙宴”、福山鲁菜、胶东海鲜、葱烧海参、清蒸石斑鱼、樱桃肉、一品鲍鱼、芙蓉干贝、清蒸加吉鱼、糟溜鱼片、烧熘虾仁、油爆海螺、烧蛎黄、熘肝尖、清炒腰花、福山烧小鸡等

烟台必吃美味：胶东捽面（登陆《舌尖上的中国3》）、烟台焖子、蓬莱小面、福山大面、海肠捞饭、鲅鱼水饺等

烟台必饮美酒：张裕葡萄酒（中华老字号、百年老店）、烟台啤酒（山东老字号）、烟台古酿白酒（山东老字号）

烟台必住美宿：

五星级旅游饭店：烟台金沙滩喜来登度假酒店、金海岸希尔顿酒店、金海湾酒店、烟台鑫广万豪酒店、孚利泰国际大酒店、南山皇冠假日酒店、龙口南山国际会议中心

山东省五星级旅游民宿：隐居蓬莱、蓬壶铭舍民宿、花筑·栖心蓬莱民宿、花筑·蓬莱小院民宿、养马岛海岛日记民宿、千浔屿民宿坊、合舍民宿坊、花语客栈、万顺渔家民宿、渔悦楠舍民宿、衡宇民宿、渔家灯火民宿、禅雨静舍、金山民宿

烟台必游美景：

国家5A级旅游景区：蓬莱阁·三仙山·八仙过海旅游区、烟台南山旅游景区

国家4A级旅游景区：大黑山岛景区、牟氏庄园景区、海阳旅游度假区、烟台海昌渔人码头景区、欧乐堡梦幻世界、海洋极地世界、养马岛、昆嵛山景区、大基山森林公园、招远罗山黄金文化旅游区

国家级旅游度假区：海阳、蓬莱、金沙滩国家级旅游度假区

日落仙阁。蓬莱区文化和旅游局供图

金沙滩公园恋烟台礼堂。烟台市文化和旅游局供图

海阳东方航天港火箭发射，打造百亿级商业航天产业集群。烟台市文化和旅游局供图

“耕海一号”海洋牧场综合体平台，已成烟台文旅新地标。烟台市文化和旅游局供图

国家森林公园：昆嵛山、长岛、龙口南山、罗山、艾山、牙山、招虎山国家森林公园

国家地质公园：长山列岛、莱阳白垩纪国家地质公园

国家级海洋公园：长岛、烟台山、蓬莱、莱山、招远砂质黄金海岸国家级海洋公园

国家级海洋（生态）特别保护区：龙口黄水河河口、莱州浅滩、蓬莱登州浅滩、烟台芝罘岛群（芝罘仙境在建）、烟台牟平沙质海岸、海阳万米海滩海洋资源、莱阳五龙河口滨海湿地国家级海洋特别保护区

国家湿地公园：牟平沁水河口、龙口市王屋湖、莱州湾金仓国家湿地公园（试点）

国家级自然保护区：长岛、昆嵛山国家级自然保护区（烟台牟平区、威海文登区共享，“中国森林氧吧”）

烟台打卡美地：

国家4A级旅游景区：张裕酒文化博物馆旅游区、张裕国际葡萄酒城、中粮君顶酒庄、崑龙温泉景区、艾山温泉度假村、磁山温泉小镇

国家级夜间文化和旅游消费集聚区：朝阳街－烟台山特色文化街区、八仙过海旅游区

国家级风景名胜区：胶东半岛海滨风景名胜区

国家一级博物馆：烟台市博物馆、张裕酒文化博物馆

全国重点文物保护单位：蓬莱水城及蓬莱阁（含戚继光牌坊）；栖霞牟氏庄园、莱州云峰山摩崖石刻、龙口丁氏故宅、烟台福建会馆、烟台山近代建筑群、芝罘区烟台西炮台、芝罘区张裕公司酒窖、蓬莱戚继光祠堂及戚继光墓、长岛猴矶岛灯塔、海阳市赵疃地雷战遗址等

其他：中铁渤海轮渡、海阳市中国东方航天港（全国首个海上卫星发射基地）、莱山区“耕海号”&蓬莱区“长鲸号”海洋牧场、张裕卡斯特酒庄、牟平里蹦岛（华晨宇火星日出演唱会现场）、爱往度假养马岛营地、所城里、夹河生态景观带、太平湾、滨海广场、体育公园、世界设计公园、烟台市文化馆、烟台市体育公园体育场、烟台大剧院、胶东剧院、福山剧院、牟平大剧院、百花剧场、登州古城（在建）、崆峒岛（崆峒胜境在建）、长岛北庄考古遗址公园（在建）、中国海关红色教育基地（在建）、莱阳白垩盛世数字文旅城（在建）

烟台最美书店： 璜山书院

烟台必购美品：

中华老字号： 烟台北极星钟表（百年老店）、吉纹斋锡雕

山东老字号： 富草堂莱阳梨膏、旗源旗袍

其他： 长岛海参、长岛金钩海米、烟台大樱桃、张裕葡萄酒、胶东花饽饽、哈福 3D 磁吸拼装玩具等

烟台必赏美秀： 八仙过海景区《千年梦圆三仙山》；蓬莱欧乐堡梦幻世界大马戏表演、花车巡游；养马岛音乐节等

游客与海鸥互动。烟台市文化和旅游局供图

乡村振兴 · 齐鲁样板 · 烟台先行

1. 国家乡村振兴示范县创建名单：龙口市

2. 国家全域旅游示范区：蓬莱区

3. 国家现代农业示范区：莱州市国家现代农业示范区、招远市国家现代农业示范区

4. “绿水青山就是金山银山”国家级实践创新基地：蓬莱区

5. 全国乡村旅游重点村镇：蓬莱区大辛店镇木兰沟村

6. 全国休闲农业与乡村旅游示范县、示范点：蓬莱区、牟平区

7. 中国最有魅力 / 最美 / 美丽休闲乡村：蓬莱区南隍城乡南隍城村、北长山乡北城村、黑山乡土岛村、刘家沟镇马家沟村；招远市金岭镇大户陈家村、阜山镇九曲蒋家村; 牟平区龙泉镇河北崖村; 龙口市芦头镇庵夼村; 莱阳市姜疃镇濯村; 莱州市驿道镇初家村；栖霞市桃村镇国路夼村

8. 国家农业产业强镇：蓬莱区大辛店镇（葡萄）、北长山乡（栉孔扇贝）；招远市金岭镇（苹果）；龙口市石良镇（苹果）；莱阳市照旺庄镇（梨）；海阳市留格庄镇（茶叶）、二十里店镇（西红柿）

9. 全国“一村一品”示范村镇：

福山区：回里镇善疃村（回里苹果）；张格庄镇（张格庄大樱桃）；门楼镇两甲庄村（大樱桃）、仉村周村（田然禾旱稻）

栖霞市：观里镇（栖霞苹果）、蛇窝泊镇东院头村（日月爱霞苹果）、唐家泊镇肖家夼村（苹果）、桃村镇国路夼村（国路夼红大樱桃）

牟平区：观水镇（苹果）、龙泉镇（休闲旅游）

蓬莱区：村里集镇（艾崮红苹果）、大辛店镇（苹果）

招远市：齐山镇（蜜薯）、毕郭镇官地洼村（官地洼西瓜）

莱阳市：照旺庄镇（梨）

莱州市：平里店镇吕村（姜）

海阳市：朱吴镇（樱桃）

10. 全国乡村特色产业产镇超十亿元镇、超亿元村：

牟平区：观水镇（苹果，2020、2021、2022 年）

蓬莱区：大辛店镇（苹果，2021、2022 年）

莱州市：平里店镇吕村（莱州大姜，2022 年）

11. 国家森林乡村：

牟平区：武宁街道严家庄村、大窑街道胡家庄村、昆嵛镇涝夼村、水道镇北税目村、龙泉镇丁家庄村

栖霞市：桃村镇国路夼村、芹子夼村；翠屏街道黑陡硼村；亭口镇复兴村；苏家店镇后寨村

蓬莱区：登州街道三里沟村、南王街道磕刘村、村里集镇南官山村、潮水镇马家沟村

龙口市：诸由观镇西河阳村、下丁家镇常胜庄村、芦头镇庵夼村、石良镇火山逄家村

招远市：梦芝街道西宋村、齐山镇朱疃村、阜山镇栾家店村、辛庄镇东良村

海阳市：龙山街道斜山村、方圆街道里口村、留格庄镇留格庄村、二十里店镇邵伯村

福山区：东厅街道丁家夼村、门楼镇姜家夼村、回里镇胡家夼村

莱阳市：龙旺庄街道纪格庄村、山前店镇东孙家夼村、姜疃镇濯村

莱州市：金仓街道仓北村、郭家店镇小草沟村、土山镇谭家村

12. 全国农产品地理标志：

莱阳市：莱阳五龙鹅、莱阳莱胡参、莱阳芋头、莱阳五龙河鲤、莱阳五龙河河蚬、莱阳缢蛏

蓬莱区：蓬莱海参、蓬莱地生子、蓬莱加吉鱼、蓬莱赤甲红（海蟹）

福山区：福山大樱桃

芝罘区：崆峒岛刺参

龙口市：桑岛刺参

莱州市：莱州烟台黑猪

覆盖烟台全境：烟台海肠、烟台大花生、烟台苹果、烟台茶

交通强国 · 烟台先行

国家高速铁路：国家“八纵八横”高速铁路网，沿海通道山东段，潍烟高铁莱州站、招远站、龙口市站、蓬莱站、烟台南站、福山南站、芝罘站；青荣城际，莱阳站、海阳北站、桃村北站、烟台南站、烟台站、牟平站；沿海通道连接线莱荣高铁，莱阳南站、海阳站。

国家高速公路：G15 沈海（沈阳—海口）高速、G18 荣乌（荣成—乌海）高速、G1813 威青（威海—青岛）高速从烟台境内通过。

国家一类口岸（空港）：烟台蓬莱国际机场，4E 级国际机场，机场定位为“面向东北亚的区域枢纽”“中日韩航空货运集散地”。

国家一类口岸（水港）：烟台港（芝罘湾港区、西港区、蓬莱港区、龙口港区、寿光港区），2022 年，烟台港货物吞吐量居全国港口第 8 位。

体育强市 · 烟台先行

烟台是山东竞技体育大省。2024 年巴黎奥运会、2020 年东京奥运会烟台健儿为国贡献 4 金，金牌数量居山东地市第二，其中东京奥运会上烟台健儿斩获 3 金，居全省第一。分别是：东京奥运会女子重剑个人赛孙一文、女子标枪刘诗颖、男子 50 米步枪三姿张常鸿夺金；巴黎奥运会跳水男子双人 10 米台练俊杰摘金。2023 年杭州亚运会，烟台健儿为国贡献 6 金 2 银 6 铜，金牌数量居山东地市第四，奖牌数量居全省第一。2021 年陕西第十四届全国运动会，烟台健儿豪夺 21 金，帮助山东实现全运会金牌总数“四连冠”，居全省地市第一。2023—2024 赛季，WCBA 中国女子篮球联赛山东高速女篮主场七年内第四次落户蓬莱体育馆。

山东先行

七　跟着苏东坡游潍坊
——一座放飞“万亿”梦想的“东亚文化之都”

潍坊市文旅概况

潍坊市地处山东半岛中部，因境内有潍县城和坊子而得名。潍坊濒临渤海，大陆海岸线长度为158.36千米，境内分布着4个海岛。1949年6月，潍坊特别市改称潍坊市，属新中国成立前山东四大省辖市之一。今天，这座按成立日期推算为“双子座/巨蟹座”的共和国同龄城市，已走过了高质量发展的第75个年头。

潍坊市是2024年“东亚文化之都”，是全国文明城市、中国优秀旅游城市、国家森林城市、国家园林城市。潍坊市天然卤水和蓝宝石的储量居全国首位。据第一财经·新一线城市研究所《2024新一线城市魅力排行榜》，潍坊位列二线城市，与国内热门旅游城市厦门、大连、哈尔滨同档，排序在甘肃省会兰州之前。据华顿经济研究院《2024年中国百强城市排行榜》，潍坊排名第44位，略高于江苏镇江。

潍坊市总面积16167.23平方千米，居全省第二。其中，诸城市2183平方千米，居全省136区县第6位；寿光市面积2072平方千米，居全省第9位。截至2023年末，潍坊市常住人口936.95万人，位列全省第4位，人口最多的区县寿光市常住人口118万人，排名全省区县第9位。潍坊籍的历史名人主要有：春秋战国时期著名的政治家&思想家&外交家晏婴、北魏农学家《齐民要术》作者贾思勰、宋朝画家张择端等。

潍坊城市文旅slogan是“诗和远方·就在潍坊”，市花是月季和菊花，车牌代码是鲁G、鲁V。潍坊市是国家文化和旅游消费试点城市之一，现有1处国家级夜间文化和旅游消费集聚区。潍坊市境内有齐长城潍坊段（临朐、安丘、诸城）

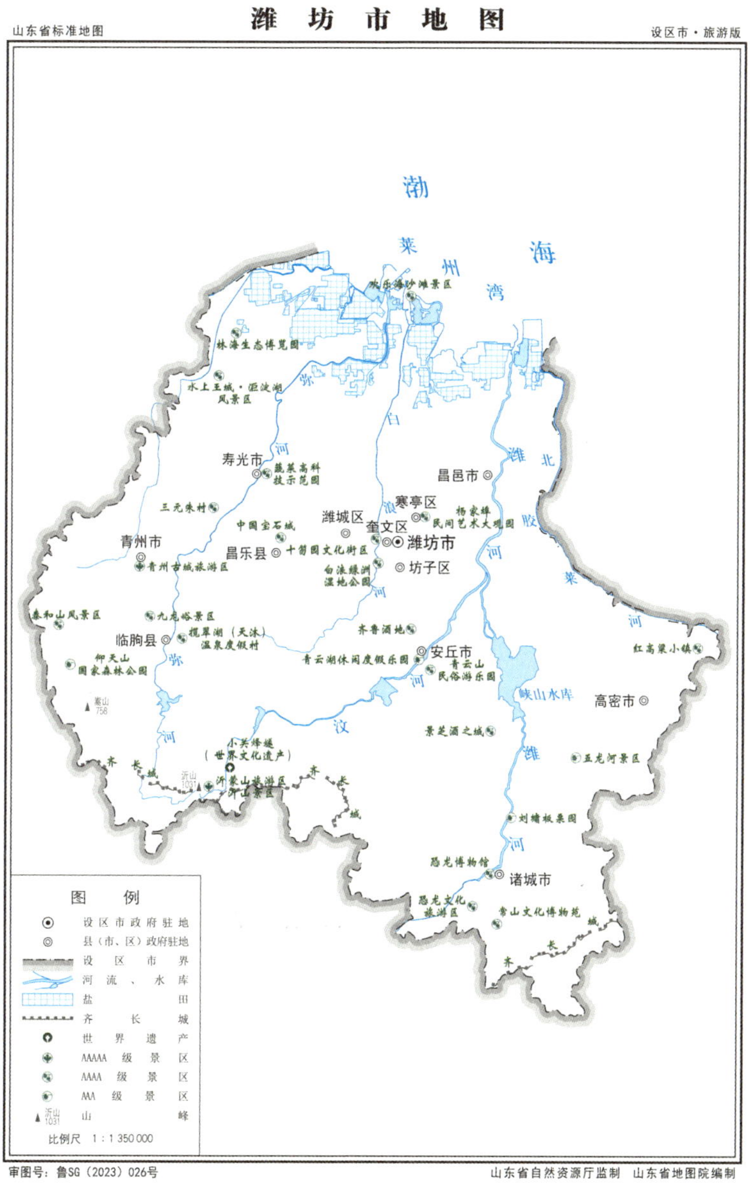

潍坊市地图 · 旅游

一处世界文化遗产，境内有青州市、寿光市、诸城市、安丘市、高密市、昌邑市、临朐县、昌乐县八个“千年古县”。截至 2024 年 6 月，潍坊市有 3 处国家一级博物馆（全省第 4）；12 处国家一级文化馆（全省第二）；11 处国家一级图书馆（全省第四）；17 处国家级非物质文化遗产（全省第三）；22 处全国重点文物保护单位（全省第三）；4 家五星级旅游饭店（全省第四）；26 家国家 4A 级以上旅游景区（全省第三），包括 2 家国家 5A 级旅游景区——青州古城旅游区（青

寿光菜博会，西红柿树吸引了众多游客。寿光市蔬菜高科技示范园景区供图

州古城·云门山·青州博物馆）和沂蒙山·沂山（全省第一）。

通过举办潍坊国际风筝节和中国（寿光）国际蔬菜科技博览会等农文旅节庆活动，潍坊市持续打造国内知名旅游目的地城市。位于坊子工业发展区的王家庄子村，风筝年产值 3 个亿，被誉为“中国风筝第一村”。潍坊国际风筝节始于 1984 年，1988 年 4 月，潍坊被定为“世界风筝之都”。2004 年 11 月 30 日，潍坊国际风筝节入选中国最具国际影响力十大节庆活动。2023 年 11 月，潍坊国际风筝会高居 2022 中国节庆品牌 100 强榜单第 2 位。

“引客入鲁”潍坊城市文旅首席推介官：苏轼

姓名：苏轼

别称：苏东坡

出生地：今四川省眉山市

职业：文学家、书法家、画家、美食家、官员

官至：礼部尚书、兵部尚书，从二品，相当于现在的外交部部长、教育部部长、文化和旅游部部长、国防部部长。

荣誉：2000 年，法国《世界报》评出 12 位 1001—2000 年“千年英雄”，苏东坡作为唯一中国人入选，评语极尽赞赏，林语堂称他是“一个不可救药的乐天派”。

家庭背景：父亲苏洵，北宋文学家、散文家，官至试秘书省校书郎，正八品。弟弟苏辙，文学家、思想家，官至尚书右丞、门下侍郎，正二品。苏轼与父亲苏洵、弟弟苏辙合称“三苏”，“唐宋八大家”宋朝占其六，苏家占据半壁江山。

何时入鲁：1054 年，18 岁的苏轼娶王弗为妻。1057 年，在礼部考试中，21 岁的苏轼名列第二，其弟苏辙名列第五。4 月，苏轼的母亲程夫人病逝。1065 年 5 月，苏轼 29 岁那年，妻子王弗病卒，享年 27 岁。1066 年 4 月，苏轼 30 岁时，父亲苏洵逝世。

1074 年秋，因不满王安石变法带来的弊端，38 岁的苏轼自请出京，被调往密州任知州，治所在今潍坊诸城，这是他第一次出任地方大员。在诸城两年多的时间里，苏轼政绩不俗，政通人和，他的内心并不孤单，弟弟苏辙那时正在齐州（济南）担任掌书记。

1075 年，在妻子离世十周年之际，苏轼夜梦亡妻，在诸城写下千古第一悼亡词《江城子·乙卯正月二十日夜记梦》：“十年生死两茫茫，不思量，自难忘。”同年秋天，在亲登常山祈雨归来的路上，苏轼在黄茅冈组织了一场围猎，写下千古绝唱《江城子·密州出猎》。1076 年中秋，苏轼在诸城超然台上，回想起与弟弟苏辙已有七年未见面，写下千古咏月第一词《水调歌头·明月几时有》。

1085年，49岁的苏轼任登州（今烟台蓬莱）知州。赴任途中，苏轼一家取道阔别十年的诸城，诸城百姓又一次接纳了他，这让苏轼内心激动不已，遂作《再过超然台赠太守霍翔》：“十年不赴竹马约，扁舟独与渔蓑闲。重来父老喜我在，扶挈老幼相遮攀。”然而，抵达登州后在任仅五天，苏轼就收到了朝廷回京的调令。

苏轼与宋朝山东的“二安”亦颇有渊源。他与辛弃疾同为豪放派词人的代表，并称“苏辛”；苏轼门下有位名为李格非的学生，是“苏门后四学士”之一，另一重身份是李清照的父亲，从这层关系上讲，苏轼可称得上是李清照的师爷。而就在苏轼治下的密州（诸城），出了一位画家张择端，留下传世之作《清明上河图》，张择端正是李清照的表小叔子。

作家林语堂说过：“像苏东坡这样的人物，是人间不可无一难能有二的。”诗人余光中也说过，“如果要去旅行，苏东坡就可以做很好的朋友，他真是一个很有趣的人”。作家梁晓声在他的《人世间》中写道：“看清自己，总是比看清别人要难的。谁都希望看清别人，希望自己看清自己的人却不是太多。”读懂自己的苏东坡无疑是清醒的，他21岁考中进士，一路上成长为文学家（诗人、词人、散文家）、书法家、画家、音乐家、美食家，文坛领袖、父母官、历史治水名人……面对屡遭贬谪，颠沛流离，面对同僚善意的同情、恶意的幸灾乐祸抑或麻木的冷眼旁观，他只是一句：“竹杖芒鞋轻胜马，谁怕？一蓑烟雨任平生。”

试着以苏轼的视角来解读他与潍坊的缘分：“东坡一生行走各地，密州（管辖今潍坊高密、安丘、青岛胶州、黄岛、日照莒县，治所诸城）始终是我一生魂牵梦萦的地方。38岁时，朝廷派我到京东东路密州任知州。东坡与民一起战蝗灾、斗旱魔、兴水利，修葺超然台……这是东坡第一次做地方父母官，诚惶诚恐，如履薄冰，总担心不能完全令密州百姓满意。直到十年后，东坡49岁调任登州（今烟台蓬莱）知州，赴任途中取道密州，目光所及皆是回忆，密州百姓又一次接纳了我。在密州，东坡所爱还有一物，那便是这里的山茶，‘且将新火试新茶。诗酒趁年华’，欣闻诸城绿茶已成为全国农产品地理标志，不知道这里面有没有东坡的一点贡献。”

“此心安处是吾乡。密州，正是我生命中的‘吾乡’，从这里，东坡走向坎坷又不凡的一生。在密州，东坡的内心是充实的，因为我有可以挂念的人。熙宁八年（1075年），东坡夜梦亡妻，在密州写下‘十年生死两茫茫，不思量，自难忘’；同年秋天，在亲登常山祈雨归来的路上，东坡在黄茅冈组织了一场围猎，写下‘老

诸城超然台苏轼像。摄影：王丹

夫聊发少年狂，左牵黄，右擎苍，锦帽貂裘，千骑卷平冈’。熙宁九年中秋，东坡在诸城超然台上写下‘明月几时有，把酒问青天？……但愿人长久，千里共婵娟’，后人甚至视之为‘千古咏月第一名词’，实不敢当。”

“很多人问东坡，到底是新党还是旧党，东坡要说的是，我既不站新党，亦不站旧党，东坡甚至都不站当今圣上。不站新党，旧党一度认为我是他们的同党，待看清之后，新党、旧党一起针对我，就连当今圣上也被他们蒙蔽了圣眼，我能怎样？东坡要站的唯有内心的信仰，唯有心中的黎民百姓。”

“在密州，东坡写就《江城子·密州出猎》一词，开创了本朝一个文学流派——豪放派，这是我对自己稍微还算满意的地方。犹记狩猎当晚组织了一场酒宴，还燃起了篝火，氛围热烈。世人皆说东坡是天生的乐天派，无可救药的乐观主义者，打不死的小强，‘生死看淡，不服就干’，皆感染于东坡笔下的‘会挽雕弓如满月，西北望，射天狼’的豪情，可又有多少人会注意到这句‘鬓微霜，又何妨！持节云中，何日遣冯唐’中那难以名状的无奈。还有人说东坡是大宋第一 e 人（‘社牛’），所谓乐观只不过是在绝望中发现希望罢了，作为一名大宋文化圈的意见领袖，我有责任传递美好，影响那些喜欢并关注东坡的人。唯此而已。”

为苏轼点歌：周深《光亮》

是奔跑中突然袭来的风雨
是黑暗中一根火柴燃烧的光明
也许你猜不透未知的宿命
像流星飞翔着它却不知目的
可是啊　我却　却愿意相信
最渺小最微弱最柔软最无畏的你
用尽了全力　努力地回应
再无边再无尽再无解总有一线生机
光亮你自己
莫听穿林打叶声
一蓑烟雨任平生
畅音阁里终一叙

六百年一粟　沧海一梦

……

跟着苏轼游潍坊

潍坊必品美肴：临朐全羊、寿光虎头鸡、诸城烧肉、昌邑梭子蟹等

潍坊必吃美味：潍坊朝天锅（中华名小吃）、鸡鸭和乐、老潍县肉火烧、杠子头火烧、景芝三页饼（中华名小吃）、马宋饼（中华名小吃）、安丘金丝面、高密炉包、芥末鸡、炸萝卜丸子、寿光扒谷、景芝小炒肉、诸城烤鸡背、高密芝兰庄烩火烧、凉拌潍县萝卜皮等

潍坊必饮美酒：

中华老字号：安丘景芝酒（百年老店）、云门陈酿酱香

潍坊必住美宿：

五星级旅游饭店：潍坊富华大酒店（全国文明旅游示范单位）、潍坊金茂国际大酒店、新富佳悦大酒店、潍坊富力铂尔曼酒店

全国甲级旅游民宿：青州市云门引民宿

山东省五星级旅游民宿：青州市云门引民宿、云住民宿、桐峪里民宿

潍坊必游美景：

国家 5A 级旅游景区：青州古城旅游区（青州古城、云门山景区、青州市博物馆）、沂蒙山旅游区・沂山

国家 4A 级旅游景区：潍坊十笏园文化街区、青州泰和山风景区、青州九龙峪景区、寿光蔬菜高科技示范园、寿光水上王城・巨淀湖风景区、寿光林海生态博览园、安丘青云山民俗游乐园、红高粱小镇旅游区、昌邑青山秀水景区、临朐石门坊景区、欢乐海沙滩景区、白浪绿洲湿地公园、青州仰天山国家森林公园、

首批国家湿地旅游示范基地寿光水上王城·巨淀湖。摄影：李丹清

寿光极地海洋世界

国家湿地公园：坊子区峡山湖、寿光滨海、安丘拥翠湖、寒亭区潍坊白浪河、潍坊禹王、青州弥河、昌邑滨海、诸城潍河、高密胶河国家湿地公园、临朐弥河国家湿地公园（试点）

国家重要湿地：青州市弥河国家重要湿地、寒亭区禹王国家重要湿地

国家级自然保护区：临朐县山旺古生物化石国家级自然保护区（拥有古生物化石天然博物馆，临朐县也被誉为“化石宝库”）

国家级海洋生态特别保护区：昌邑海洋生态特别保护区

中国森林氧吧：寿光滨海国家湿地公园、沂山国家森林公园

潍坊打卡美地：

国家 4A 级旅游景区：寒亭杨家埠民间艺术大观园、潍坊金宝乐园、诸城常山文化博物苑、诸城恐龙文化旅游区（含诸城恐龙博物馆）、诸城市动物园、安丘景芝酒之城、安丘齐鲁酒地、昌乐中国宝石城、临朐揽翠湖天沐温泉度假村

其他：潍坊世界风筝博物馆（国家 3A 级旅游风景区、世界上最大的风筝博物馆）

国家级夜间文化和旅游消费集聚区：青州古城

国家一级博物馆：青州博物馆、潍坊市博物馆、临朐县博物馆

全国重点文物保护单位：驼山石窟（含青州云门山石窟及石刻）、青州龙兴寺遗址、坊子德日建筑群（坊茨小镇）、诸城王尽美故居、齐长城潍坊段等

其他：齐鲁天路（串联青州、临朐、安丘山区旅游带，最美自驾游品牌，全国乡村旅游精品线路）、寿光静山（最高处距地表60厘米，全国最小的山）、老爷车主题公园、渤海湾最美海洋休闲廊道、潍坊市美术馆、风溪地万物集夜市（潍坊夏季黄河大集）、潍坊大剧院、潍坊市图书馆、时间的森林·集美书社、潍坊奥体中心体育场、浮烟山国际风筝放飞场、青州王家崖村（杏花）等

潍坊最美书店：潍坊新华书店（新阅广场店）

潍坊必购美品：

中华老字号：景芝酒（百年老店）、云门酒、潍坊嵌银漆器、青州隆盛糕点、“崔字牌”小磨香油

舌尖上的中国：高密金钩韭菜（登陆《舌尖上的中国3》）

青州市博物馆 · 青州微笑。青州古城旅游区供图

其他：潍坊风筝、杨家埠木版年画、潍县高脚青萝卜、潍坊绿豆糕、青州柿饼、青州红丝砚等

潍坊必赏美秀：世界风筝公园《梦起潍坊》演艺等

乡村振兴 · 齐鲁样板 · 潍坊先行

1. 国家乡村振兴示范县创建名单：寿光市、青州市

2. 国家全域旅游示范区：青州市

3. 国家现代农业示范区：潍坊市国家现代农业示范区、寿光市国家现代农业示范区

4. 国家生态文明建设示范市县区：坊子区、诸城市、高密市、临朐县

5. “绿水青山就是金山银山”国家级实践创新基地：青州市

6. 全国乡村旅游重点村镇：临朐县五井镇隐士村、嵩山生态旅游发展服务中心淹子岭村；青州市王府街道井塘村、王坟镇胡林古村；寒亭区杨家埠旅游开发区西杨家埠村；坊子区坊安街道洼里村

7. 全国休闲农业与乡村旅游示范县、示范点：青州市、诸城市、临朐县；临朐县石门坊寨子崮乡村旅游示范区、昌邑市绿博园

8. 中国最有魅力 / 最美 / 美丽休闲乡村：坊子区坊安街道洼里村、青州市弥河镇桐峪沟村、高密市阚家镇松兴屯村、临朐县九山镇牛寨村、昌乐县五图街道庵上湖村

9. 国家农业产业强镇：诸城市相州镇（小麦）、安丘市官庄镇（小麦）、昌邑市饮马镇（小麦）、高密市夏庄镇（肉鸡）、昌乐县红河镇（生猪）、青州市王坟镇（山楂）、临朐县寺头镇（山楂）

10. 全国“一村一品”示范村镇：

临朐县：城关街道衡里炉村（樱桃）、山旺镇（樱桃）、冶源镇杨善集村（西瓜）

寒亭区：朱里街道（潍县萝卜）、固堤街道（西瓜）、双杨街道前阙庄

村（番茄）

青州市：王坟镇（青州山楂）、谭坊镇（谭坊西瓜）

诸城市：桃林镇山东头村（怡明绿茶）、相州镇（生猪）

寿光市：稻田镇崔岭西村（蔬菜）、桂河三村（桂河芹菜）

高密市：胶河生态发展区张家庄村（土豆）、阚家镇松兴屯村（美益兴葡萄）

坊子区：坊安街道洼里村（玉泉洼有机果蔬）

安丘市：柘山镇（柘山花生）

昌邑市：饮马镇山阳村（山阳大梨）

昌乐县：宝都街道办事处（宝城西瓜）

11. 全国乡村特色产业产值超十亿元镇、超亿元村：

寒亭区：固堤街道（西瓜，2021、2022 年）

青州市：谭坊镇（西瓜，2021、2022 年）

临朐县：山旺镇（樱桃，2021、2022 年）

昌乐县：宝都街道（西瓜，2021、2022 年）

坊子区：坊安街道洼里村（生态有机农业，2020 年）

诸城市：相州镇（生猪，2022 年）

12. 国家森林乡村：

青州市：王府街道史家店村、邵庄镇刁庄村、庙子镇上庄村、王坟镇东乖场村

诸城市：昌城镇得利斯村、相州镇沙河套村、桃林镇李子园村、贾悦镇贾悦东村

安丘市：景芝镇彭旺店子村、金冢子镇凉泉村、官庄镇十字路村、大盛镇娄家庄村

高密市：阚家镇吴家营村、松兴屯村；井沟镇福盛屯村；经济开发区李家疃社区

临朐县：城关街道凤凰村；辛寨镇大峪村；五井镇隐士村、花园河村

昌乐县：营丘镇马宋村、古城村；红河镇梁家官庄村、红河村

寿光市：羊口镇齐家庄子村、双王城生态经济园区六股路村、台头镇郑辇村

昌邑市：围子街道于家部村、饮马镇张家屯村、卜庄镇大陆村

寒亭区：寒亭街道叶家庄子村、大家洼街道筏子口社区

坊子区：黄旗堡街道东门口村、郑公街道王家辛庄村

潍城区：于河街道葛埠村

13. 全国农产品地理标志：

寿光市：桂河芹菜、寿光独根红韭菜、寿光毛蚶、寿光蚂蚬、浮桥萝卜、寿光鸡、羊口咸蟹子、寿光大葱、寿光文蛤、寿光缢蛏、寿光羊角黄辣椒、老河口白蛤、寿光化龙胡萝卜、巨淀湖鸭蛋、巨淀湖泥鳅、羊口虾酱

临朐县：临朐黑山羊、老龙湾鳟、临朐三山峪大山楂、山旺大樱桃、金鸽山小米、五井山柿、临朐丹参、临朐花椒

安丘市：柘山花生、安丘大葱、安丘蜜桃、石埠子樱桃、辉渠望海山小米、安丘两河大蒜、柘山板栗

高密市：前岭山药、高密夏庄大金钩韭菜、高密毛家屋子小米

昌邑市：山阳大梨、昌邑大姜

昌乐县：昌乐西瓜

诸城市：诸城绿茶

寒亭区：大家洼鲻米鱼

覆盖诸城市、临朐县、安丘市、高密市、昌乐县、坊子区：潍坊烤烟

交通强国·潍坊先行

国家高速铁路：国家“八纵八横”高速铁路网，沿海通道山东段，潍烟高铁昌邑站；青银通道山东段，济青高铁高密北站、潍坊北站、青州市北站；京沪通道山东段，京沪高铁二线，津潍高铁（在建）寿光东站，潍宿高铁（在建）潍坊北站、安丘站、诸城西站。

国家高速公路：G20 青银（青岛—银川）高速、G22 青兰（青岛—兰州）高速、G25 长深（长春—深圳）高速、G1815 潍日（潍坊—日照）高速从潍坊境内通过。

国内民用运输机场：潍坊南苑机场，位于奎文区，是 4D 级军民合用国内支线机场。

国家一类口岸（水港）：潍坊港（东港区、中港区、西港区寿光港、内河港区羊口作业区），隶属于山东港口渤海湾港集团有限公司，目标为“向全国性港

口迈进，建设世界一流的海洋港口”。

体育强市 · 潍坊先行

竞技体育方面，潍坊硕果累累。2016 年里约热内卢奥运会，高密姑娘杨方旭作为中国女排的一员，为潍坊摘得 1 金。2023 年杭州亚运会，潍坊为国贡献 2 金 1 银 1 铜。临朐健儿张冬，10 月 2 日先夺男子 1000 米单人（静水）皮艇金牌，10 月 3 日又与三位队友精诚合作，夺得男子 500 米四人皮艇金牌，用 2 日 2 金为伟大祖国献礼。2021 年陕西第十四届全国运动会，潍坊籍运动员夺得 10 金 9 银 11 铜，实现金牌数和奖牌数新的历史性突破，帮助山东完成全运会金牌总数“四连冠”。2024 年，全国风筝板冠军赛，“00 后”诸城小伙张浩然独揽三金。

山东先行

八　跨着徐霞客游济宁——苏州 + 成都的气质结合体　一座代号 666 的东方圣城

济宁市文旅概况

济宁地处山东省西南部，因济水南会泗水、北会汶水，州居其中因济水之宁而得名。济宁是中华文明的重要发祥地，所辖“东方圣城”曲阜、邹城均为国家历史文化名城，济宁市有“三孔”和京杭大运河济宁段（微山、鱼台、嘉祥、任城、汶上、梁山）两处世界文化遗产，是水浒故事的主要发源地之一，南四湖是中国北方最大的淡水湖，济宁市入选“国际湿地城市”名单。

元至元八年（1271 年），济州升济宁府。至元十六年（1279 年），设济宁路。1983 年 8 月 30 日，国务院设立省辖济宁市。今天，这座按成立日期推算为“处女座”的共和国城市，步入了新发展机遇的第五个十年。据第一财经·新一线城市研究所《2024 新一线城市魅力排行榜》，济宁排名 70 座三线城市第 9 位，属准二线城市，跟海南省会海口、千年古都洛阳同档，排序在三亚、桂林之前。据华顿经济研究院《2024 年中国百强城市排行榜》，济宁排名全国第 65 位，领先甘肃省会兰州。曾因明清两代境内有几十处深得江南园林精髓的府第、中国北方面积最大的苏州式古代商业街建筑群，济宁被称为“江北小苏州”，但从济宁在本省所处的地理位置、美食丰富程度以及城市气质来看，说济宁是“山东小成都”亦颇为契合。

济宁市总面积 11000 平方千米，位列全省地市第 6。截至 2023 年末，济宁市常住人口 824.05 万人，排名全省第 6，其中主城区任城区常住人口 150 万人，列全省 136 区县第 17 位。2023 年济宁市 GDP 居全省第 6，济宁，一切都很“666”。

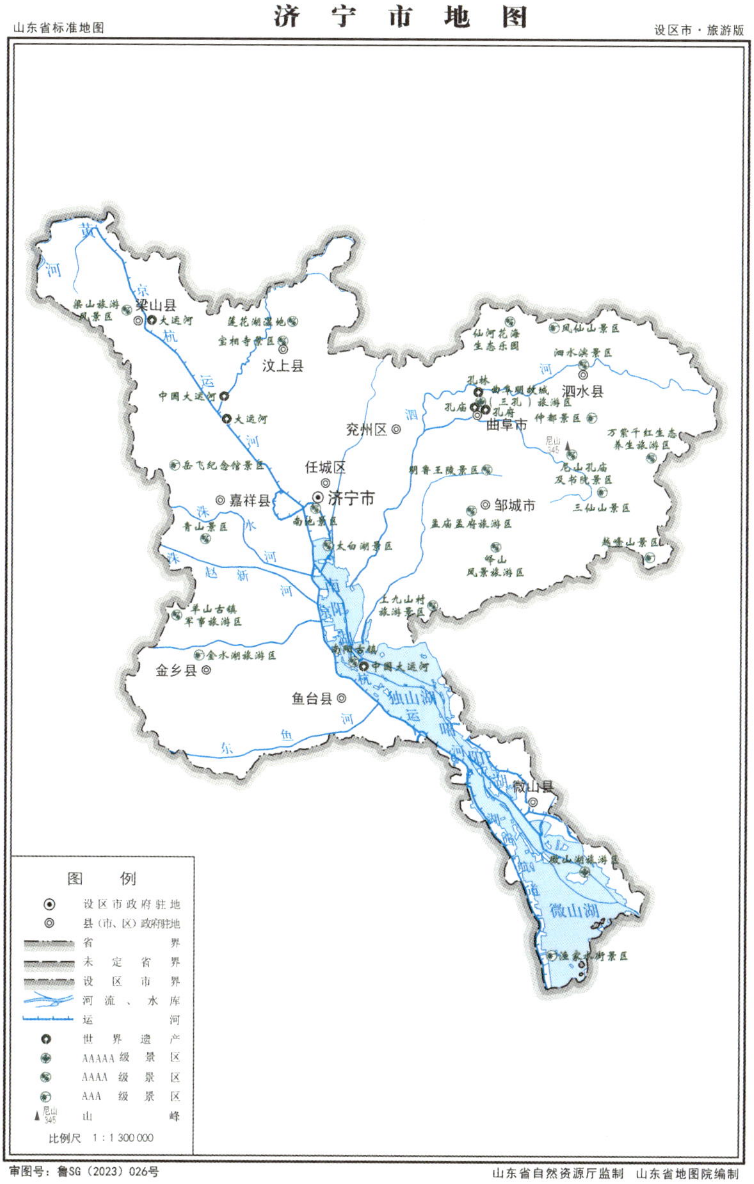

济宁市地图·旅游

济宁籍的历史名人主要有："至圣"孔子、"亚圣"孟子、"复圣"颜回、"宗圣"曾子等。

济宁城市文旅 slogan 是"孔孟之乡·运河之都·文化济宁"，市花是荷花，车牌代码是鲁 H。济宁市是国家文化和旅游消费试点城市之一，现有 1 处国家级夜间文化和旅游消费集聚区。济宁市境内有曲阜"三孔"（孔庙、孔林和孔府）及大运河济宁段 2 处世界文化遗产，境内有兖州区、任城区、曲阜市、邹城市、泗水县、鱼台县、金乡县 7 个“千年古县”。截至 2024 年 6 月，济宁境内有 41 处全国重点文物保护单位（全省第一）；19 处国家级非物质文化遗产（全省第二）；3 处国家一级博物馆（全省第四）；10 处国家一级文化馆；10 处国家一级图书馆；1 家五星级旅游饭店；22 家国家 4A 级以上旅游景区，包括 2 家国家 5A 级旅游景区——曲阜明故城（三孔）旅游区、微山湖旅游区，数量全省第一。公元前 195 年，汉高祖刘邦首开皇帝祭孔之先河，据不完全统计，中国历史上曾有 11 位皇帝先后 19 次出巡到孔庙。2024 年，济宁市明确提出“推动水泊梁山风景区创建国家 5A 级景区”。

近年来，济宁市积极对接国家大运河文化带战略，争创国家文化和旅游消费示范城市，打造世界文化旅游名城。济宁市聚力办好孔子文化节、尼山世界文明论坛、梁山水浒文化节等重大节庆活动，中国曲阜国际孔子文化节、中国·金乡大蒜节双双进入 2023 中国节庆品牌 100 强榜单，入选数量居全省地市第一。中国曲阜国际孔子文化节始创于 1989 年，是中华人民共和国确定的国家级、国际性“中国旅游节庆精选”之一，于每年孔子诞辰（公历 9 月 28 日）前后，在曲阜市举行。2004 年 11 月 30 日，中国曲阜国际孔子文化节入选中国最具国际影响力的十大节庆活动。

曲阜万仞宫墙灯光秀，鲁国旗帜飘扬。摄影：朱锐（@摄影师么么锐）

尼山圣境为你明灯三千。摄影：宋玉祥

“引客入鲁”济宁城市文旅首席推介官：徐霞客

姓名：徐霞客（名弘祖，字振声，又字振之，号霞客）

世称：“游圣”

出生地：今江苏无锡江阴市

职业：地理学家、旅行家

荣誉：著有60余万字的“千古奇书”《徐霞客游记》，被学术界列为中国最有影响力的20部著作之一。2011年4月10日，国务院正式批复同意自2011年起，每年的5月19日（《徐霞客游记》开篇日）为“中国旅游日”。

家庭背景：出身于没落士绅家庭，平替版“富二代”。

何时入鲁：1609年3月29日，在为父亲服孝三年后，23岁的徐霞客开始了人生第一次跨省游，目的地是山东，从家乡出发沿京杭大运河北上。据明末官员、好友陈函辉所作《徐霞客墓志铭》，徐霞客“自此历齐、鲁、燕、冀间，上泰岱，拜孔林，谒孟庙三迁故里，峄山吊枯桐，皆在己酉”。徐霞客走水路到济宁下舟，先游东岳泰山，后至曲阜，参观孔庙、孔林等遗址，最后去邹城拜谒孟庙，看孟母三迁遗迹，至峄山凭吊枯桐。万里之游始自济宁，从济宁，徐霞客走向伟大。

电影《冈仁波齐》导演张扬说过这样一段话：“这个世界上没有什么生活方式是完全正确的……热爱生活，我们都在路上。”美国作家卡勒德·胡赛尼在《追风筝的人》一书中写道：“也许每个人心中都有一只风筝，无论它意味着什么，让我们勇敢地追。”徐霞客是幸运的，因为他追上了心中的风筝……

试着以徐霞客的视角来解读“游圣”与济宁的缘分：“霞客本江南布衣，自幼好读地志图经，少小立志：‘州有九，涉其八；岳有五，登其四。’齐鲁，霞客心之所向，身之所往。其一，东岳泰山，霞客心早已念之。其二，霞客虽不才，然流淌着士大夫精神之血液，孔孟吾心念之。其三，子曰：‘父母在，不远游，游必有方。’霞客虽独子，然不肖，母亲大人却鼓励霞客，‘身为男子，志在四方’。四百年后，有位号‘当年明月’的楚人懂我，‘成功只有一种，按照自己的方式去度过人生’。霞客‘不避风雨，不惮虎狼，不计程期，不求伴侣。以性灵游，以躯命游。亘古以来，一人而已’。今天的点滴成绩，全仰仗母亲大人成全，去邹城寻访孟母三迁遗迹，正是霞客真情之流露。犹记当年家母对霞客说：‘儿可游矣！’霞客答：‘我母在堂，不忍远去。’母亲大人的一番话，霞客能铭记终生：‘天下者，山川也；羁留家园，一如篱中小鸡，车辕小马。儿能为乎？’以此视之，霞客一生真正知己，霞客之母王孺人一人足矣。”

“有人说霞客是中国有史以来影响力最大的旅游自媒体博主大V，还有人称我为‘游圣’，我要说的是，霞客一生足迹遍及华夏21个省市自治区，济宁始终是最能打动霞客内心柔软的地方。因为，在这里，霞客明白了一位中国传统的士大夫身上肩负的社会责任感，知道了自己一生要做的事情。”

为徐霞客点歌：许巍《完美生活》

青春的岁月
我们身不由己
只因这胸中
燃烧的梦想

青春的岁月
放浪的生涯
就任这时光
奔腾如流水
体会这狂野
体会孤独
体会这欢乐
爱恨离别
体会这狂野
体会孤独
这是我的完美生活
……

跟着霞客游济宁

济宁必品美肴：上合组织青岛峰会“国宴”孔府菜“孔府家宴”（孔府一品锅、翡翠虾环、燕窝四大件、菊花虾包等）、运河“全鱼宴”、葡萄鸡丁等

济宁必吃美味：甏肉干饭、夹饼、醋熘肉丝、糁汤、烫面角、辣汤、白粥、卷饼、炸糕、蛙鱼豆腐脑、香干等

济宁必饮美酒：

山东老字号：孔府家酒（中国十大文化名酒）、心酒、徐坊大曲、运河之都酒

济宁必住美宿：

五星级旅游饭店：山东圣德国际酒店

山东省五星级旅游民宿：泗水县龙湾·良舍民宿、邹城市大洪云起民宿、曲阜市尼山夫子山居、曲阜市阙里比邻民宿、微山县水畔家民宿

济宁必游美景：

国家 5A 级旅游景区：曲阜明故城（三孔）旅游区、微山湖旅游区

国家 4A 级旅游景区：尼山孔庙及书院景区（尼山圣境）、孟庙孟府旅游区、南池景区、石门山风景区、仙河花海生态乐园景区、万紫千红旅游区、泗水滨景区、峄山风景名胜区、南阳古镇旅游区、青山景区、莲花湖湿地、（水泊）梁山旅游风景区、太白湖景区、邹城康王谷景区

国际重要湿地：济宁南四湖湿地

国家湿地公园：微山县微山湖、曲阜市孔子湖、梁山县梁山泊、泗水县泗河源、邹城太平、金乡金水湖国家湿地公园

济宁打卡美地：

国家 4A 级旅游景区：孔子六艺城景区、羊山古镇军事旅游区、上九山村景区、贾堌堆农家寨景区

国家级夜间文化和旅游消费集聚区：曲阜尼山圣境

国家一级博物馆：孔子博物馆、济宁市博物馆（太白湖新区）、邹城博物馆

全国重点文物保护单位：大运河济宁段、曲阜鲁国故城、邹城铁山 & 岗山摩崖石刻（含葛山、峄山）、兖州兴隆塔及金口坝等

其他：济宁方特东方欲晓、大运河微山湖博物馆、河道总督署遗址博物馆、济宁市美术馆、马坡镇“梁山伯祝英台墓记碑”（“梁祝化蝶”传说入选第一批国家级非物质文化遗产）、复兴之路文化科技项目（在建）、济宁野生动物园（在建）

济宁最美书店：新华书店 · 漫舟书城

济宁必购美品：

中华老字号：御圣公系列文创、玉堂酱菜（百年老店）、“微山湖牌”熟鸭蛋、松花蛋、五香扒鸭（百年老店）、金蜂蜜制红三刀

其他：曲阜三宝（碑帖、楷雕、尼山砚）、嘉祥石雕等

济宁必赏美秀：尼山圣境大型礼乐盛典《金声玉振》（全国旅游演艺精品）

曲阜明故城开城仪式。摄影：朱锐（@摄影师么么锐）

乡村振兴 · 齐鲁样板 · 济宁先行

1. 国家乡村振兴示范县创建名单：曲阜市

2. 国家全域旅游示范区：曲阜市

3. 国家现代农业示范区：金乡县国家现代农业示范区

4. 国家生态文明建设示范市县区：任城区、曲阜市、微山县

5. 全国乡村旅游重点村镇：曲阜市石门山镇石门山庄村、曲阜市尼山镇鲁源村、兖州区新兖镇牛楼村、邹城市石墙镇上九山村、泗水县圣水峪镇东仲都村、梁山县大路口乡贾堌堆村

6. 全国休闲农业与乡村旅游示范县、示范点：曲阜市、泗水县；济宁南阳湖农场、邹城市石墙镇上九山村

7. 中国最有魅力/最美/美丽休闲乡村：曲阜市陵城镇郑庄，石门山镇周庄村、乐善村；兖州区新兖镇牛楼村；泗水县圣水峪镇东仲都村；梁山县大路口乡贾堌堆村

8. 国家农业产业强镇：兖州区新兖镇（小麦）、鱼台县王鲁镇（水稻）、曲阜市陵城镇（玉米）、金乡县马庙镇（大蒜）、邹城市太平镇（食用菌）、嘉祥县老僧堂镇（特色蔬菜）、微山县韩庄镇（渔湖产业）

9. 全国“一村一品”示范村镇：

微山县：昭阳街道（大闸蟹）、高楼乡（微山湖河蟹）、留庄镇（荷叶）、南阳镇（休闲农业）、两城镇（两城大蒜）

金乡县：马庙镇（大蒜）、卜集乡杨庄村（大蒜）、胡集镇灵显庙村（白梨瓜）、化雨镇（金针菇）

曲阜市：石门山镇（石门山草莓）、吴村镇（葡萄）

邹城市：看庄镇（七贤宝土豆）、中心店镇（草莓）

鱼台县：鱼城镇（辣椒）、张黄镇于梅村（鱼台毛木耳）

嘉祥县：满硐镇（辣椒）、梁宝寺镇（大豆种、小麦种）

梁山县：杨营镇（肉牛）、馆驿镇西张庄村（食用菌）

兖州区：颜店镇史家村（颜店肉鸭）

汶上县：白石镇（核桃）

10. 全国乡村特色产业产值超十亿元镇、超亿元村：

梁山县：杨营镇（肉牛，2021、2022 年）、馆驿镇西张庄村（食用菌，2021、2022 年）

金乡县：马庙镇（大蒜，2021、2022 年）

鱼台县：鱼城镇（辣椒，2022 年）

11. 国家森林乡村：

曲阜市：尼山镇圣源村、息陬镇北元疃村、吴村镇簸箕掌村、龙尾庄村

任城区：李营街道北尧村、二十里铺街道大屯村、接庄街道丁庄村

微山县：昭阳街道爱湖村、微山岛镇杨村、南阳镇丁楼村

鱼台县：王鲁镇阎庙村、老砦镇许楼村、罗屯镇大闫村

金乡县：高河街道韩庄村；羊山镇王小山村、葛山村

嘉祥县：纸坊镇李村、青山村、隋庄村

汶上县：郭楼镇古城村、白石镇庞楼村、军屯乡马山村

泗水县：泉林镇青龙庄村、圣水峪镇南仲都村、泗张镇王家口村

梁山县：梁山街道中王村、拳铺镇东吴大庙村、大路口乡贾堌堆村

兖州区：新兖镇牛家楼村、颜店镇后郗村

12. 全国农产品地理标志：

邹城市：香城长红枣、张庄牛心柿、石墙薄皮核桃、瓦屋香椿芽、灰埠大枣、柳下邑猪牙皂、张庄油栗

嘉祥县：嘉祥细长毛山药、嘉祥白菊花、嘉祥大蒲莲猪、嘉祥济宁青山羊、嘉祥小尾寒羊、嘉祥红皮大蒜

鱼台县：鱼台龙虾、鱼台甲鱼、鱼台大米、鱼台毛木耳

金乡县：马庙金谷、胡集白梨瓜、鸡黍红花斑山药、金乡大蒜

梁山县：鲁西黄牛、梁山青山羊、梁山黑猪

泗水县：泗水地瓜、泗水花生

任城区：济宁百日鸡

曲阜市：九仙山葡萄

汶上县：汶上芦花鸡

交通强国 · 济宁先行

国家高速铁路：国家“八纵八横”高速铁路网，京沪通道山东段，京沪高铁曲阜东站；京港（台）通道山东段，京雄商高铁（在建），梁山站。

国家高速公路：G3 京台（北京—台北）高速、G35 济广（济南—广州）高速、G0323 济合（济宁—合肥）高速、G1511 日兰（日照—兰考）高速从济宁市境内通过。

国内民用运输机场：济宁大安机场，位于兖州区，是 4C 级国内支线机场。

国家内河主枢纽港：济宁港（任城港区、微山港区、梁山港区、汶上港区、嘉祥港区、邹城港区、金乡港区、鱼台港区），国家确定的京杭大运河 6 个重点建设港口之一，是山东省最大的内河港口。

体育强市 · 济宁先行

近年来，济宁市大力培育文娱体育等新热点，积极打造“京杭大运河”皮划艇马拉松系列赛济宁站、邹城峄山登山节世界极限综合格斗昆仑决等赛事品牌。竞技体育方面，2023 年杭州亚运会，济宁籍运动员贡献 3 金 1 银 1 铜：济宁姑娘张旋与队友摘得赛艇女子双人单桨 2000 米比赛金牌；

济宁姑娘王赛博与队友合作斩获帆船混合双体船－诺卡拉 17 级金牌；05 后济宁小将王欣尚与队友合作，夺得中国攀岩亚运首金。2021 年陕西第十四届全国运动会，济宁健儿贡献 7 金，助力山东实现全运会金牌总数“四连冠”。

尼山圣境烟火灯光秀。摄影：宋玉祥

山东先行

九　跟着王阳明游泰安
——悟道世遗名城中华泰山　悟空与泰安不可不说的故事

泰安市文旅概况

泰安地处山东省中部，西隔黄河与河南省濮阳市相望，是山东省会经济圈的重要组成城市，因东岳泰山在境内而得名。“泰山安则四海皆安”，寓国泰民安之意。泰安是国家历史文化名城，处于“一山一水一圣人”中华文脉黄金旅游线路的中间点，是中国十大“秀美之城”、2023 美丽中国首选旅游目的地、中国最具文旅投资价值城市、中国文旅融合创新典范城市。据第一财经·新一线城市研究所《2024 新一线城市魅力排行榜》，泰安位居三线城市行列，跟千年古都洛阳、扬州、桂林、三亚同档，排序在湖南岳阳之前。据华顿经济研究院《2024 年中国百强城市排行榜》，泰安排名全国第 90 位，略高于四川宜宾。

早在 6000 多年前，入选国家“百年百大考古发现”名单的大汶口遗址所代表的“大汶口文化”即在此诞生。汉武帝封禅泰山时置泰山郡。金天会十四年（1136 年），设泰安军，泰安之名由此始。1985 年 3 月 27 日，国务院设立省辖泰安市。今天，这座按成立日期推算为“白羊座”的城市，即将迎来新发展机遇的 40 周年。

泰安市总面积 7762 平方千米，列全省第 12 位。截至 2023 年末，泰安市常住人口 534.87 万人，居全省第 10 位，其中，新泰市常住人口 123.46 万人，居全省 136 区县第 6 位。泰安籍的历史名人主要有：春秋时期史学家左丘明、东汉“建安七子”之一刘桢、元代农学家及木活字印刷术的创造者王祯等。

从秦始皇嬴政开始，历经汉武帝刘彻、汉光武帝刘秀、唐高宗李治、唐玄宗李隆基，至宋真宗赵恒，先后有六位帝王在泰山完成封禅大典，其中，从元封元

泰安市地图 · 旅游

年（前 110 年）至征和四年（前 89 年），汉武帝在 21 年的时间里八次封禅泰山，至今仍留有明堂、汉柏和无字碑的遗存。虔诚程度丝毫不逊色于汉武帝的是爱新觉罗·弘历，乾隆皇帝十至泰安六登岱顶，创下了历代帝王祭祀泰山的最高纪录，“泰山位长群岳，称宗最古，表望最尊。”在最后一次祭祀泰山神时，乾隆行“三跪九叩”大礼，超越祖父康熙皇帝对泰山行的“二跪六叩”之尊礼。

2024 年爆火的中国首款 3A 游戏《黑神话：悟空》，以中国四大名著之一、吴承恩所著《西游记》为背景设定，孙悟空的身世，“海外有一国土，名曰傲来国。国近大海，海中有一座名山，唤为花果山”。今泰山区有一座山峰名曰“傲徕峰”，北崖有石洞“玉皇洞”。开元十三年（725 年）十一月，唐玄宗封禅泰山，封泰山神为“天齐王”。孙悟空自封“齐天大圣”，是否源起于此，我们还不得而知，但有一点是确定的：《黑神话：悟空》游戏中的角色“石敢当”，确定无疑包含了“泰山石敢当”的文化符号。

泰山石敢当是远古时期的人们对灵石崇拜的遗俗。2006 年，泰山石敢当习俗被列入第一批国家级非物质文化遗产名录。“泰山石敢当”文化符号，堪称中国文化旅游最大的一个 IP，从漠河到三亚、从日韩到东南亚，凡是有华人居住的地方，

岱宗夫如何？齐鲁青未了。摄影：朱锐（@摄影师么么锐）

就有泰山石敢当文化。泰安市岱岳区，今建有泰山石敢当文化园。泰山灵石崇拜+傲徕峰+玉皇洞+天齐王，孙悟空真的不是泰安人吗？

泰安城市文旅 slogan 是“中华泰山·国泰民安”，市花是紫薇，车牌代码是鲁 J。泰安市境内现有 1 处国家级夜间文化和旅游消费集聚区，有泰山（入选《中国国家地理》选美中国特辑“中国最美的十大名山”）、齐长城泰安段（肥城市、泰山区、岱岳区）、大运河泰安段（东平）3 处世界文化遗产，是山东境内世界级景观密集度最高的地区，名副其实的世遗名城；境内有东平县、泰山区、新泰市、肥城市、宁阳县 5 个“千年古县”。截至 2024 年 6 月，泰安市境内有 7 处国家一级文化馆；5 处国家一级图书馆；12 处国家级非物质文化遗产；15 处全国重点文物保护单位；2 家五星级旅游饭店；14 家国家 4A 级以上旅游景区，包括 1 家国家 5A 级旅游景区——泰山景区。2024 年，泰安市明确提出“支持东平湖争创国家 5A 级景区”“推动东平湖、天平湖创建国家级旅游度假区”“支持旅游经济开发区争创国家级旅游度假区”。

泰安市正全力推动泰山打造成为首批世界级旅游景区。《大泰山》荣获 2023 年度中国影响力十大纪录片，泰山新闻出版小镇成为全国最大新闻出版产业集群，“中华泰山成人礼”成为全国研学旅游示范活动。泰山国际登山节始创于 1987 年，每年 9 月举办，是全国知名的节庆品牌活动之一，是泰安市的城市名片，荣获“中国节事卓越品牌”最高奖，进入 2023 中国节庆品牌 100 强榜单。

“引客入鲁”泰安城市文旅首席推介官：王阳明

姓名：王阳明（名守仁，字伯安）

世称：阳明先生、王文成公、乐山居士

出生地：今浙江宁波余姚市

职业：思想家、文学家、军事家、教育家、官员

荣誉：王阳明是“心学”的集大成者，倡导“知行合一”“格物致知”，他和孔子、孟子、朱熹（理学集大成者）合称“孔孟朱王”。

家庭背景：父亲王华在明宪宗成化十七年（1481 年）中了状元，官至南京吏

部尚书，正二品，相当于陪都南京地区的组织部部长。

何时入鲁：王阳明少年时学文习武，骑、射、兵法，日趋精通，常以诸葛亮自喻。1499 年，28 岁的王阳明考取进士，授兵部主事。1504 年 7 月，33 岁的王阳明应巡按山东监察御史陆偁之聘，赴山东主持乡试，为国选士，所拟试题，质量极高。在山东，王阳明先后游览了趵突泉、泰山，南下曲阜拜谒了周公庙、孔子庙。在《山东乡试录后序》中，王阳明写道："南陟泰岱，为五岳之宗……然陟泰岱则知其高……"王阳明还看了泰山日出，写就《登泰山五首》。在《泰山高次王内翰司献韵》一文中，王阳明写道："若夫泰山，仰视恍惚，吾不知其尚在青天之下乎，其已直出青天上？……泰山之高，其高不可极。"

阳明生命中的唯一一次山东行改变了他的一生，此后，泰岱文化始终影响着王阳明。在《登泰山》(其四)中，王阳明写道："遥见碧霞君，翩翩起员峤。"1521 年，因平定宁王叛乱有功，50 岁的王阳明获封"新建伯"，成为有明一朝因军功封爵的三位文臣之一，皇帝钦赐王阳明在父亲王华所建状元府第的基础上扩建成"新建伯府"。在开挖宅第东南角的池塘时，王阳明取名为"碧霞池"。碧霞元君是泰山之女，别名"泰山奶奶"，在民间信仰中能为众生造福如其愿。或许是冥冥中感动到了上苍，明世宗嘉靖五年（1526 年），55 岁的王阳明老来得子，在 17 岁大婚后，等待了 38 年，终于等来了自己的长子王正亿。

英国作家毛姆在《月亮与六便士》一书中写道："我们每个人生在世界上都是孤独的。每个人都被囚禁在一座铁塔里，只能靠一些符号同别人传达自己的思想；而这些符号并没有共同的价值，因此它们的意义是模糊的、不确定的。"王阳明的心学思想和"知行合一"的哲学理论，对后世中国影响极大，直至今日，"实事求是、知行合一"仍然是中华优秀传统文化的精髓所在。清朝康熙年间刑部尚书、淄博桓台籍官员王士祯对王阳明评价极高："王文成公为明第一流人物，立德、立功、立言，皆居绝顶。"还有一种说法是，中国历史上有两个半圣人，一位是孔子、一位是王阳明，半个是曾国藩。

试着以阳明先生的视角来解读他与泰安的缘分："三年前在九华山，阳明拜谒李白祠，若非吾心敬仰诗仙，怎会留下《登泰山五首》就甘愿停笔（李白留有《游泰山六首》）……阳明说过，泰山之高，直出青天上，其高不可极，世人皆知五岳之宗在阳明心中的分量，甚至就连府中的池塘，阳明都为其取名为'碧霞池'。"

"你们知道生在状元府中，压力会有多大吗？左柱国杨公廷和 19 岁中进士，阳明被一次次地拿来比较……父亲的严厉，令阳明直到五岁才开口说话。毫不夸张地说，阳明生命中的唯一一次山东行改变了我的一生，在泰山极顶，阳明完成了心学思想的萌芽，感谢带给我人生启迪的东岳泰山。”

为王阳明点歌：周杰伦《龙拳》

以敦煌为圆心的东北东
这民族　的海岸线像一支弓
那长城　像五千年来待射的梦
我用手臂拉开这整个土地的重
蒙古高原南下的风写些什么内容
汉字到底懂不懂
一样肤色和脸孔
跨越黄河　东　登上泰山顶峰
我向西　引北风　晒成一身古铜
渴望着血脉相通　无限个千万弟兄
我把天地拆封将长江水掏空
人在古老河床蜕变中
我　右拳打开了天　化身为龙
把　山河重新移动　填平裂缝
将　东方　的日出调整了时空
回到洪荒　去支配　去操纵
我　右拳打开了天 化身为龙
那　大地心脏汹涌　不安跳动
全　世界　的表情只剩下一种
等待英雄　我就是那条龙
……

跟着阳明游泰安

泰安必品美肴：泰山三美、赵斌糟鱼（中华老字号、百年老店）、西御道老汤鸡（山东老字号）、豆腐宴、泰安炒鸡、干炸赤鳞鱼等

泰安必吃美味：翟家香鸡（山东老字号）、泰安煎饼、范镇火烧、东平粥、东平麻鸭蛋等

泰安必饮美酒：

山东老字号：泰山酒业（2023 年度中国酒行业品牌价值 100 强）五岳独尊酒、稳如泰山酒；康王酒；金彩山酒；固源春酒；社汇酒

泰安必住美宿：

五星级旅游饭店：东尊华美达大酒店、一滕开元名都酒店

山东省五星级旅游民宿：鲁商朴宿故乡的云民宿、八楼氧心谷民宿、花筑·木屋岛度假民宿、泰安乡奢艺术民宿、宁阳复圣书院民宿、利乐和喜苑民宿、曳尾园泰山精品民宿

泰安必游美景：

国家 5A 级旅游景区：泰山景区

国家 4A 级旅游景区：新甫山风景区、东平湖（水浒影视城）景区、东平县白佛山景区、天颐湖旅游度假区、复圣文化旅游区、昆仑山景区、泰山宝泰隆旅游区

国家湿地公园：泰安汶河、肥城康王河、东平滨湖国家湿地公园

泰安打卡美地：

国家 4A 级旅游景区：泰山方特欢乐世界、徂徕山森林温泉康养度假谷、太阳部落景区、春秋古镇景区、肥城市五埠岭伙大门景区

国家级夜间文化和旅游消费集聚区：泰山秀城·老街

山东文旅 · 故乡的云书房。摄影：李双喜

全国重点文物保护单位： 大汶口遗址、大汶口古石桥、齐长城泰安段、大运河泰安段、岱庙、泰山古建筑群、泰山摩崖石刻、徂徕山抗日武装起义旧址等

其他： 大汶口国家考古遗址公园、泰山博物院、泰山 · 黄河—大汶河文化旅游生态廊道、泰安市美术馆、泰山文旅会客厅、泰山 · 桃花源、泰山西湖、泰山石敢当文化园、泰山东御道、虎山公园、新泰吾悦广场 · 平阳里步行街等

泰安最美书店： 九女峰书房（九女峰示范区获中国文旅融合示范奖）

泰安必购美品：

中华老字号： 泰山桃木王、铜金蟾

山东老字号： 御道食品韩氏肴鸡、宁阳不老枣、泰之源蜂蜜

其他： 泰山玉系列、肥城桃木雕刻等

中华泰山封禅大典大型实景演出。泰山封禅大典景区供图

泰安必赏美秀：中华泰山封禅大典、泰山秀城《铁道游击战》、东平大宋不夜城灯会等

乡村振兴 · 齐鲁样板 · 泰安先行

1. 国家现代农业示范区：岱岳区国家现代农业示范区

2. 全国乡村旅游重点村镇：岱岳区道朗镇，道朗镇里峪村、东西门村；新泰市龙廷镇掌平洼村；肥城市孙伯镇五埠村

3. 全国休闲农业与乡村旅游示范县、示范点：岱岳区、东平县；宁阳县葛石镇、岱岳区道郎镇里峪村

4. 中国最有魅力 / 最美 / 美丽休闲乡村：新泰市新甫街道上松山村、新泰市

放城镇东石井村、岱岳区道朗镇里峪村、肥城市孙伯镇五埠村、东平县银山镇南堂子村

5. 国家农业产业强镇：肥城市边院镇（有机蔬菜）、汶阳镇（有机绿菜花），岱岳区祝阳镇（蔬菜），宁阳县东疏镇（小麦），东平县接山镇（有机蔬菜）

6. 全国“一村一品”示范村镇：

肥城市：边院镇济河堂村（济河堂有机蔬菜）、桃园镇（桃乡宝大白菜、金佛星马铃薯）、汶阳镇（瑞菏农庄绿菜花）、王庄镇（马铃薯）

泰山区：省庄镇（茶）、省庄镇小津口村（津口女儿茶）

岱岳区：房村镇（泰山珍珠西红柿）、下港镇（板栗）

新泰市：刘杜镇（山楂）、龙廷镇掌平洼村（龙廷杏）

宁阳县：蒋集镇郑家龙泉村（有机蔬菜）、乡饮乡南赵庄村（粉皮、粉条）

东平县：斑鸠店镇（斑鸠店大蒜）

7. 全国乡村特色产业产值超十亿元镇、超亿元村：

宁阳县：乡饮乡南赵庄村（粉皮粉条，2020、2021、2022 年）

泰山区：省庄镇小津口村（茶叶，2021、2022 年）

8. 国家森林乡村：

泰山区：邱家店镇徐家庄村、温辛庄村；省庄镇安家庄村、亓家滩村

岱岳区：道朗镇八楼村、东西门村；祝阳镇麻峪村；角峪镇泉坡村

新泰市：新汶街道大寺山村、青云街道前孤山村、羊流镇官路村、龙廷镇两县村

肥城市：老城街道田家花峪村、湖屯镇吕仙村、安站镇明新村、孙伯镇五埠村

宁阳县：东疏镇胡茂村、伏山镇后石梁村、东庄镇东直界村、华丰镇歇息铺村

9. 全国农产品地理标志：

新泰市：新泰芹菜、马家寨子香椿、天宝樱桃

覆盖泰安市全境：泰山绿茶、泰山板栗、泰山红茶

肥城市：王晋甜瓜、肥城桃

东平县：东平湖大青虾、东平湖鲤鱼

宁阳县：宁阳大枣

交通强国 · 泰安先行

国家高速铁路：国家“八纵八横”高速铁路网，京沪通道山东段，京沪高铁泰安站。

国家高速公路：G2 京沪（北京—上海）高速、G3 京台（北京—台北）高速、G35 济广（济南—广州）高速从泰安市境内通过。

国内通用航空机场：肥城仪阳通用机场已完成立项。

国家内河港口：泰安港东平港区，包括腊山、老湖、彭集三个作业区，依托京杭大运河和瓦日铁路，构建“西煤东运、北煤南运、南货北调”公铁水多式联运的黄金通道。

体育强市 · 泰安先行

近年来，泰安市加快打造国际体育休闲名城、体育特色小镇，积极承办全国“行走大运河”全民健身健步走主会场活动，泰山国际登山比赛入选“2021 中国体育旅游十佳精品赛事”，环泰山 T60 大徒步、泰山国际户外挑战赛等 3 项赛事获评“中国体育旅游精品项目”，泰山国际马拉松获评中国体育旅游精品赛事。泰安体育中心泰山体育场被评选为“山东最美网红体育场馆”。2023 年杭州亚运会，泰安籍运动员斩获 1 金 2 铜，岱岳区籍运动员李洪凤夺得山地自行车女子奥林匹克越野赛金牌。

山东先行

十 跟着汉武帝游威海

——中国最美海岸线之城的爆浆幸福感

威海市文旅概况

威海市位于山东半岛东端，北、东、南三面濒临黄海，与朝鲜半岛隔海相望，大陆海岸线长度为 967.57 千米，居全省第一，境内分布着 185 个海岛。明洪武三十一年（1398 年），为防倭寇侵扰，设威海卫，取“威震海疆”之意，威海之名由此而来，明朝在今威海境内还设有成山卫和靖海卫。

威海是全国文明城市、全国森林旅游示范市，连续四年荣膺中国最具幸福感城市（地级市），是全球最宜居城市之一，素有“精致城市 · 幸福威海”之名。无花果是威海最具特色的水果，威海无花果是中国国家地理标志产品，入选 100 个“好客山东网红好物”名单，好吃到流蜜爆浆，进一步提升了威海人民的幸福感。辖境内的荣成市是“中国大天鹅之乡”。

夏、商、周三代，今威海市境有莱夷聚居。春秋晚期，今威海境内归齐。1987 年 6 月 15 日，国务院设立省辖威海市。今天，这座按成立日期推算为“双子座”的共和国城市，即将迎来新发展机遇的 40 周年。据第一财经 · 新一线城市研究所发布《2024 新一线城市魅力排行榜》，威海位居三线城市行列，跟洛阳、扬州、三亚同档，排序在桂林之前。据华顿经济研究院《2024 年中国百强城市排行榜》，威海市排名全国第 60 位，排序略高于江苏淮安。

威海市总面积 5822.52 平方千米，位列全省第 14 位。截至 2023 年末，威海市常住人口 291.36 万人，居全省第 15 位。威海籍的历史名人主要有：清朝官员徐士林、清康熙年间高级将领王世功等。

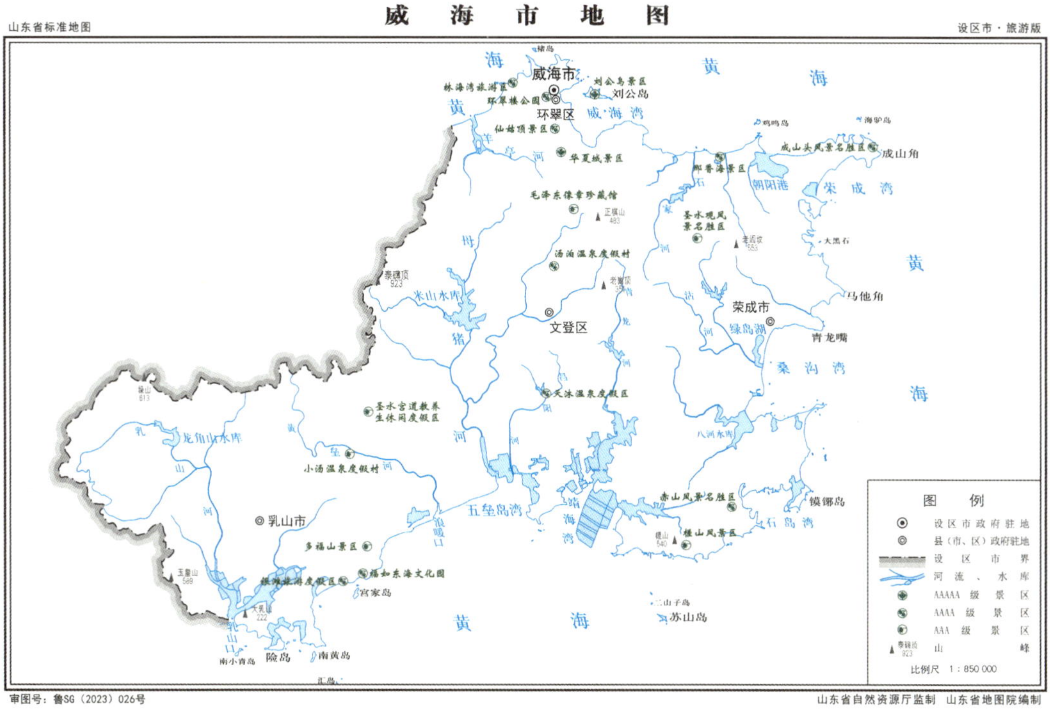

威海市地图 · 旅游

威海城市文旅slogan是“千里山海·自在威海”，市花是桂花，车牌代码是鲁K。威海市现有1处世界“最佳旅游乡村”烟墩角村、1处国家级夜间文化和旅游消费集聚区，境内有文登区1个“千年古县”，荣成成山头入选《中国国家地理》选美中国特辑“中国最美的八大海岸”。截至2024年6月，威海市有1处国家一级博物馆；4处国家一级文化馆；5处国家一级图书馆；2处国家级非物质文化遗产；4处全国重点文物保护单位；3家五星级旅游饭店；14家国家4A级以上旅游景区，包括2家国家5A级旅游景区——刘公岛景区和华夏城景区，5A级景区数量居全省第一。

威海市是全国最大的钓鱼竿出口基地，近年来，威海市深化海洋牧场与海上旅游，完善“爱在威海”四季文旅产品体系。重大节庆活动主要有荣成渔民节，又名“渔民开洋·谢洋节”，2008年入选第二批国家级非物质文化遗产名录，“三渔文化”民俗活动即渔家锣鼓、渔家秧歌和渔民号子。

灯塔是威海地标建筑。威海市文化和旅游局供图

“引客入鲁”威海城市文旅首席推介官：汉武帝

姓名：刘彻

别名：汉武帝

出生地：今陕西省西安市未央区

职业：政治家、军事家、战略家、文学家

荣誉：成就“汉武盛世”，后人将其与秦始皇并立，史称“秦皇汉武”。

家庭背景：父亲汉景帝刘启，开创“文景之治”。

何时入鲁：汉武帝与山东的缘分实在是不浅。四岁时，刘彻获封胶东王。继位后，汉武帝罢黜百家，独尊儒术，统一思想，儒学成为西汉官方显学。汉武帝在位 54 年，一生八次东巡，在短短 21 年的时间里，八次驾临泰山。但直到回到自己曾经的封地胶东，汉武帝才真正找回了皇帝的感觉。据《汉书·武帝纪》，太始三年（前 94 年）春二月，“行幸东海，获赤雁，作《朱雁之歌》。幸琅邪，礼日成山。登之罘，浮大海。山称万岁”。荣成曾被认为是日神居住的地方，汉武帝被“成山日出”的壮美景象折服，在成山筑拜日台拜日，群臣山呼“万岁”祝颂汉武。20 世纪 80 年代初期，考古专家在成山三山子南麓发现了大量秦汉时期的“千秋万岁”瓦当，成为“万岁”一词始于汉武帝一说的有力论据。

试着以汉武帝的视角来解读他与威海的缘分：“朕四岁时作为皇子受封胶东王，但直到四十多年后，朕才有机会第一次踏上胶东的土地。山东是大汉帝国的经济中心，人口占全国总人口的 30% 左右，人口密度居全国首位。临淄、定陶、亢父（今济宁）是帝国的三大纺织中心，山东是‘丝绸之路’的主要源头之一，纺织品通过‘丝绸之路’输往西域等地，朕在全国设置铁官 48 处，山东便有 18 处，如此重要的位置，朕能不盯紧点嘛。”

“朕上任后，励精图治、兢兢业业，重用齐地儒生董仲舒，罢黜百家，独尊儒术。朕在位 54 年，八次东巡。但直到回到曾经的封地胶东，朕才多多少少找回了一点当皇帝的感觉，他们在此祝福朕‘万岁’。美国作家海明威在《老人与海》一书中写道：‘人不是为失败而生的，一个人可以被毁灭，但不能被打败。’朕深以为然。人呐，一辈子就是活那么几个瞬间，身为皇帝的朕亦不例外。‘犯我强汉者虽远必诛’，长城，从来都难以抵挡住外敌的入侵，在朕看来，进攻才是最好的防守，朕就是要将战场放到匈奴人的牧场，封狼居胥。秦始皇没做到的，朕一定要做到，没错，倍儿爽，‘朕要的就是这种感觉’。”

为汉武帝点歌：南征北战《生来倔强》

有一种力量无人能抵挡
它永不言败生来倔强
有一种理想照亮了迷茫
在那写满荣耀的地方
当那熟悉的旋律响起
昂首挺胸
仰望那鲜艳的旗帜扬起
……
期盼着英雄们
平安地归来

从不妥协
大国尊严不容侵犯
永不让步
每寸领土不容侵占
……
我为我的祖国
而感到骄傲
……

跟着汉武游威海

威海必品美肴：胶东海鲜、百香果蒸鲍鱼、西洋参春虾酿海参、西洋参桂花糕、乳山三宝、海陆双煎等

威海必吃美味：石岛杠子头、海菜蒸包、墨鱼水饺、海带酥饼、胶东喜饼、

威海特色海草房。威海市文化和旅游局供图

开花片片配红头虾酱、蒲公英片片配秘制鲅鱼酱等

威海必饮美酒：

山东老字号：颐阳酒、威海卫白酒、威海卫啤酒

威海必住美宿：

五星级旅游饭店：山东健康金海湾丽呈华廷酒店、威海海悦建国饭店、荣成倪氏海泰大酒店

山东省五星级旅游民宿：那蓝民宿、那天・乌托邦民宿、禅驿・云本院子、慈口观温泉民宿、不负・天鹅湖艺术乡村宿集、金龄・天鹅湖青波里民宿、东方客栈

威海必游美景：

国家 5A 级旅游景区：刘公岛景区、华夏城景区

国家 4A 级旅游景区：成山头风景区、石岛赤山景区、乳山银滩旅游度假区、仙姑顶景区、林海湾景区、环翠楼公园（电视塔看日出极赞）、海滨生态公园风景带・侨乡号游轮、乳山福如东海文化园、荣成那香海・文旅度假小镇、里口山

国家级名胜风景区、国家级自然保护区天鹅湖旅游度假区。威海市文化和旅游局供图

千里山海自驾旅游公路，合庆湾海源公园的渔船仿佛走进了漫画里。威海市文化和旅游局供图

风景名胜区

国家级旅游度假区：好运角国家级风景名胜区

国家级自然保护区：昆嵛山国家级自然保护区、荣成大天鹅国家级自然保护区

国家级海洋公园：刘公岛、大乳山、海西头国家级海洋公园

国家湿地公园：五垒岛国家湿地自然公园（试点）

国家级城市湿地公园：荣成桑沟湾国家级城市湿地公园

国家森林公园：刘公岛国家森林公园、双岛国家森林公园、岠嵎山国家森林公园、伟德山国家森林公园

威海打卡美地：

国家4A级旅游景区：天沐温泉、汤泊温泉度假村

其他：东浦湾景区（3A）

国家级夜间文化和旅游消费集聚区：威海卫城片区、威海市九龙湾文化休闲街区

国家一级博物馆：中国甲午战争博物馆

全国重点文物保护单位：刘公岛甲午战争纪念地、威海英式建筑、文登圣经山摩崖

其他：威海千里山海自驾旅游公路（全国首批交通运输与旅游融合发展十佳案例榜首）、半月湾、爱伦湾、海驴岛环岛游、布鲁威斯号网红沉船、火炬八街、韩乐坊、西霞口神雕山野生动物世界、金鼎·风从海上来驿站、地中海滑雪场、金线顶文旅综合体、栖霞街特色街区、威海市图书馆、威海市群众艺术馆·非物质文化遗产展示馆、威海湾城市客厅（在建）、本草拾趣园、岐黄养生谷等

威海最美书店：城市书房环翠区樱花分馆

威海必购美品：

山东老字号：裕红祥丝绸礼品、金猴皮鞋、四海豆面酱

其他：威海花饽饽、好当家即食鲜海参、乳山牡蛎、威海无花果

国家 5A 级旅游景区威海华夏城冬景。威海市文化和旅游局供图

威海必赏美秀：威海华夏城《神游传奇》实景演艺，沉浸式场景剧《城南硝烟》《古道战狼》等

乡村振兴 · 齐鲁样板 · 威海先行

1. 国家乡村振兴示范县创建名单：荣成市

2. 国家全域旅游示范区：荣成市

3. 国家现代农业示范区：威海市国家现代农业示范区

4. 国家生态文明建设示范市县区：威海市、环翠区、文登区、荣成市、乳山市

5. “绿水青山就是金山银山”国家级实践创新基地：威海华夏城、荣成好运角

6. 全国乡村旅游重点村镇：荣成市宁津街道、宁津街道东楮岛村（海草房）、俚岛镇烟墩角村；环翠区张村镇王家疃村；文登区高村镇慈口观村

7. 全国休闲农业与乡村旅游示范县、示范点：荣成市、荣成市健康集团休闲

农业示范区

8. 中国最有魅力 / 最美 / 美丽休闲乡村：荣成市宁津街道东楮岛村、俚岛镇烟墩角村、成山镇西霞口社区；文登区高村镇慈口观村、米山镇西铺头村；环翠区张村镇王家疃村

9. 国家农业产业强镇：文登区张家产镇（西洋参）；荣成市俚岛镇（海带）、夏庄镇（苹果）；乳山市夏村镇（葡萄）

10. 全国“一村一品”示范村镇：

文登区：张家产镇（文登西洋参）、葛家镇（苹果）、界石镇（樱桃）、高村镇沙柳村（沙柳村西红柿）

荣成市：俚岛镇（海带）、港西镇（荣成无花果）、城西街道河西村（荣成苹果）、成山镇西霞口村（西霞口野生刺参）

乳山市：崖子镇（苹果）、海阳所镇（牡蛎）、大孤山镇（御姜堂大姜）

11. 全国乡村特色产业产值超十亿元镇、超亿元村：

荣成市：俚岛镇（海带，2020、2021、2022 年）、成山镇西霞口村（2021 年）

乳山市：海阳所镇（牡蛎，2021、2022 年）

文登区：界石镇（2021 年）

12. 国家森林乡村：

荣成市：港湾街道桃树园村、寻山街道大黄家村、成山镇河口村、俚岛镇王家山村、崖西镇山河吕家村、港西镇鸡鸣岛村、人和镇码头村

环翠区：双岛街道卧龙村、张村镇王家疃村、羊亭镇贝草夼村、汪疃镇黑龙洼村、草庙子镇西李家夼村

文登区：界石镇桃花岘村、三瓣石村、宫家庄村、梧桐庵村

乳山市：乳山寨镇玉皇山后村、海阳所镇后山于家村、诸往镇东尚山村、冯家镇观上冯家村

13. 全国农产品地理标志：

荣成市：荣成苹果、荣成绿茶、荣成草莓、荣成无花果、荣成裙带菜、荣成鲍鱼、荣成海参、荣成砂梨、荣成大樱桃、荣成水貂、荣成魁蚶、荣成牡蛎、荣成甘薯、荣成大花生、荣成蜜桃、伟德山板栗、荣成西洋参、西霞口刺参、荣成海胆

文登区：文登大樱桃、文登苹果、文登西洋参、文登大花生、文登银杏、文登奶山羊、文登水貂、文登砂梨、文登布蛤、文登面蛤、昆嵛山板栗

乳山市：乳山绿茶、乳山大花生、乳山苹果、乳山草莓、乳山巴梨、乳山樱桃

覆盖威海全境：威海野生刺参、威海扇贝、威海蚬蛤

环翠区：里口山蟠桃

交通强国 · 威海先行

国家高速铁路：国家“八纵八横”高速铁路网，沿海通道山东段，青荣城际威海北站、威海站、文登东站、荣成站。

国家高速公路：G18 荣乌（荣成—乌海）高速、G1813 威青（威海—青岛）高速从威海境内通过。

国内运输机场：威海大水泊国际机场，位于文登区，为 4D 级军民合用国际机场。

国家一类口岸（水港）：威海港分为老港区、新港区和乳山港区（国家一类开放口岸水港），把扩大对韩经贸业务作为重心，积极参与国家“一带一路”建设。

体育强市 · 威海先行

近年来，威海市大力发展“体育 + 旅游”等新业态和体育健身等消费产业。荣成市被命名为国家体育产业示范基地，临港区被确定为棒垒球国家训练基地，南海新区入选首批国家乒乓球训练科普基地。2023 年杭州亚运会，威海市运动员取得 1 金 3 铜。威海姑娘阮洪婷与队友一起，夺得女子七人制橄榄球项目金牌。2021 年陕西第十四届全国运动会，威海健儿贡献 7 金 9 银 9 铜，助力山东实现全运会“四连冠”。

山东先行

十一　跟着勾践游日照

——北上世界海岸绿茶之都，仅为追逐太阳和凤鸟？

日照市文旅概况

日照地处山东半岛南翼，位于环黄渤海经济圈和新亚欧大陆桥经济带接合部，南与江苏省连云港市毗邻，隔海与韩国、日本相望，是“一带一路”新亚欧大陆桥经济走廊主要节点城市，也是我国中西部和沿黄地区最便捷的出海口。日照因“日出初光先照”而得名，大陆海岸线长度为226.35千米，境内分布着22个海岛。

日照夏商时称东夷，周为莒地，唐、宋属密州（治所诸城）。北宋元祐二年（1087年）置日照镇，属莒县，日照之名始于此。1989年6月12日，国务院设立省辖日照市。2024年，这座按成立日期推算为“双子座”的共和国城市，迎来了新发展机遇的第四个十年。日照是大汶口文化、龙山文化重要发祥地，莒文化与齐文化、鲁文化并称山东三大文化，“莒鲁会盟”“毋忘在莒”的典故就源于这里。两城（今东港区两城街道）被英国牛津大学《世界史便览》称为“亚洲最早的城市”。日照荣获联合国人居奖，是北方绿茶之乡、世界三大海岸绿茶城市之一，是全国文明城市、国家森林城市、中国优秀旅游城市、中国十大最美海滨城市，被誉为“北方的南方、南方的北方”，可谓是“生活在日照就是幸福”。据第一财经·新一线城市研究所《2024新一线城市魅力排行榜》，日照列90座四线城市第8位，属准三线城市，排序高于首批国家历史文化名城、“八朝古都”开封和著名旅游城市黄山。

日照市总面积5375.05平方千米，位列全省第15位。截至2023年末，日照市常住人口294.82万人，居全省第14位。日照籍的历史名人主要有：古代军事家、

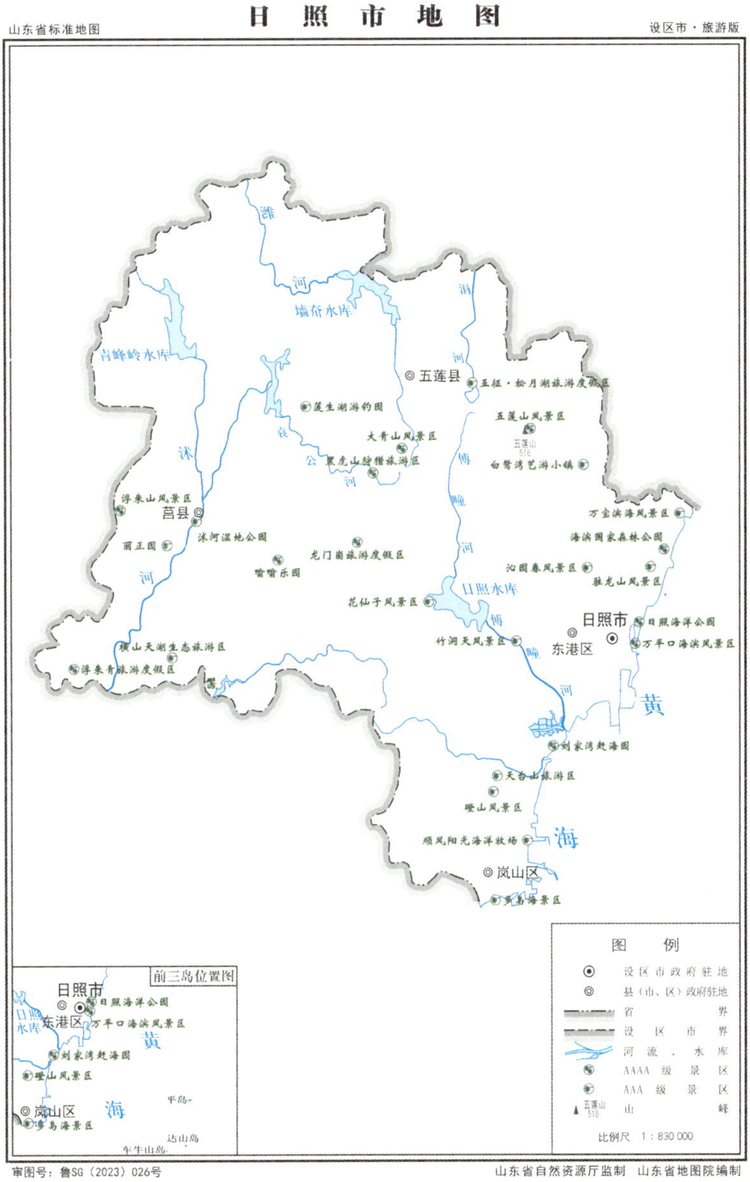

日照市地图·旅游

政治家、韬略家、思想家，西周开国元勋“武圣”姜太公；南朝梁时期文学理论家、文学批评家、《文心雕龙》作者刘勰及国学大师王献唐等。

日照城市文旅 slogan 是“阳光海岸·活力日照”，市花是桂花，车牌代码是鲁 L。日照市是国家文化和旅游消费试点城市之一。日照境内有莒县 1 个“千年古县”，有齐长城日照段 1 处世界文化遗产。截至 2024 年 11 月，日照市拥有 1 处国家一级博物馆；5 处国家一级文化馆；5 处国家一级图书馆；5 处国家级非

岚山区“江北绿茶第一镇”巨峰镇万亩茶园，日照绿茶是世界三大海岸绿茶之一（摄影：云飞）

物质文化遗产；7 处全国重点文物保护单位；2 家五星级旅游饭店；14 家国家 4A 级以上旅游景区，暂无国家 5A 级旅游景区。2024 年，日照市明确提出“积极推动五莲山、九仙山争创 5A 级景区”。

日照主要有日照海洋节、日照杜鹃花节、日照海岸绿茶春季开园节等节庆活动。2023 年，“日照绿茶”产值 38 亿元，品牌价值 61.22 亿元。

日照引客入鲁城市文旅首席推介官：勾践

姓名：姒鸠浅

别名：勾践、句践

出生地：今浙江省绍兴市

职业：春秋晚期越国国君

荣誉：春秋五霸之一

家庭背景：父亲允常即越国国君位时，始称越王。

何时入鲁：越国国君相传为大禹后裔。允常在位时，国力强盛，积极扩大版图，吴越战争频繁。公元前 497 年，允常病故，勾践即位。次年吴王阖闾乘丧伐越，重伤而死，夫差即位。前 494 年，勾践伐吴，兵败求和。前 492 年，勾践率妻和范蠡入吴为质受尽折磨，终获夫差信任，三年后获赦。回国后，勾践卧薪尝胆，重用范蠡、文种等中原人才，从国家层面颁布催生法案来鼓励生育：女子十七不嫁，男子二十不娶，其父母有罪，生男生女国家都给补贴。经“十年生聚”，越国国力迅速提升。

吴国大臣伍子胥多次上谏“先除越患”，夫差拒不采纳。前 482 年，吴精锐尽出逐鹿中原与晋会盟，越军突袭，大败吴师，夫差请和。前 473 年，越破吴都，夫差自尽，吴国灭亡，勾践雪耻。前 472 年，勾践会盟齐、晋等诸侯于徐州（今枣庄滕州市南），被周天子命为“伯”，成为春秋时期最后一位霸主。前 468 年，53 岁的勾践北上迁都琅琊。《吴越春秋》《越绝书》皆载：勾践携上万人从海道抵琅琊，在琅琊山起观台，以望东海，并与诸侯歃血为盟，号令秦、晋、齐、楚君王共同尊辅周室。

勾践迁都所至的琅琊地望，有今青岛黄岛、日照、潍坊诸城、江苏赣榆等说，莫衷一是。中国现代历史学家钱穆先生称，“山东之日照，县北四十里有会稽山，县志相传，越王尝登此，号小会稽山”，又称，“或其时诸城日照，本已俱有琅邪之名”，“当定在赣榆、日照一带滨海之地”。有一点是肯定的，勾践时期，今天的日照东港区、岚山区、莒县大部和五莲县的东部和南部均归越。

奥地利作家卡夫卡曾在日记中写道：“与其说我生活在孤独之中，倒不如说我在这里已经得其所哉。与鲁滨孙的孤岛相比，这块区域显得美妙无比、充满生机。”对于大多数越人来说，相比“安乐土”故土会稽来说，琅琊实在是太过于遥远，堪称心灵的“孤岛”，但春秋时代最后一位霸主勾践并不这样想，挥师北上、逐鹿中原才是一位霸主应有的荣光，至于别人是否理解，勾践的回答是：“不求任何人满意只要对得起自己。”

试着以勾践的视角来解读他与日照的缘分：“孤卧薪尝胆，历廿一载，三千越甲终吞吴。这让孤明白一个道理，即便孤的身体有朝一日到达极限，但复仇的信念和坚韧不拔的意志仍会带孤杀出重围。周天子册封，孤王霸天下，虽年逾五旬，仍壮志凌云。莒地琅琊，东夷百越，皆崇鸟凤，皆拜神禹，田常弑齐君，三桓乱东鲁，其罪当诛，越死士八千，戈船三百，千里北上，徙都琅琊，会猎齐鲁。孤祖神禹昔日会诸侯于会稽山，今至此祭祖，有何不可。齐鲁内乱不休，莒日渐式微，孤作霸主当重整河山。楚国来犯？玩笑大了，（熊）章儿那可是孤之外孙。卧薪尝胆二十载，忧患意识谁能比孤强？今，孤自信力爆棚。人生若只如初见，只一眼，便万年，所以，上大夫蠡，我们一定会在山东地界说再见的，对吧……对了，尔等帮孤约一下，看看这个周末，齐、鲁、莒三国国君有没有空，是时候该搞一次会盟，凑在一起打把掼蛋了，不如就到齐、鲁、莒三国的母亲河淄水、汶水、

岚山海上碑，万里海疆第一碑，这里是安东卫的人文见证。岚山区文化和旅游局供图

沂水的发源地三水源吧。”

为勾践点歌：GALA 乐队《追梦赤子心》

充满鲜花的世界到底在哪里
如果它真的存在那么我一定会去
我想在那里最高的山峰矗立
不在乎它是不是悬崖峭壁
用力活着用力爱哪怕肝脑涂地
不求任何人满意只要对得起自己
关于理想我从来没选择放弃
即使在灰头土脸的日子里
也许我没有天分
但我有梦的天真
我将会去证明用我的一生
也许我手比较笨
但我愿不停探寻
付出所有的青春不留遗憾
向前跑　迎着冷眼和嘲笑
生命的广阔不历经磨难怎能感到
命运它无法让我们跪地求饶
就算鲜血洒满了怀抱
继续跑　带着赤子的骄傲
生命的闪耀不坚持到底怎能看到
与其苟延残喘不如纵情燃烧吧
有一天会再发芽
……

岚山区巨峰镇山旺茶乡度假村。摄影：刘丛山

跟着勾践游日照

日照必品美肴：乔记八大碗（山东老字号）、莒县全羊、五莲烤全羊、涛雒羊肉面等

日照必吃美味：油炸翻花子、五香熏鱼、五莲大豆腐、海沙子面、日照煎饼（岚山头煎饼、五莲煎饼）等

日照必饮美酒：

山东老字号：浮来春白酒、尧王牌白酒

日照必住美宿：

五星级旅游饭店：日照喜来登酒店、日照东湖开元名都大酒店

山东省五星级旅游民宿：12 星座野奢美宿、小茶山民宿、尔雅阁精品民宿、不负·凤凰措乡村民宿集群、云过山丘·老船美术馆民宿、白鹭湾·草木光阴、云谷汤社·香集居、北门外 1966 茶园民宿、北海锦华禅茶客栈

日照必游美景：

国家 4A 级旅游景区：万平口海滨风景区、日照海滨国家森林公园、刘家湾赶海园、龙门崮旅游度假区、浮来山风景区、浮来青旅游度假区、五莲山旅游风景区、大青山风景区、磴山风景区、无极鬼谷旅游区（与临沂市莒南县共享）、天台山旅游区

其他：多岛海景区（4A）、安东（卫）阿掖（山）景区（3A）、天台山旅游区（3A）、阳光海岸露营公园

国家级旅游度假区：日照山海天国家级旅游度假区

国家级海洋公园：日照国家级海洋公园

岚山海上晚霞如诗如画，令众多游人如痴如醉。摄影：单洪太

国家湿地公园： 傅疃河口、两城河口、莒县沭河国家湿地公园，西湖国家湿地公园（试点）

日照打卡美地：

国家 4A 级旅游景区： 日照海洋公园、嗡嗡乐园景区、黑虎山狩猎旅游区

其他： 白鹭湾艺游小镇（3A）、东夷小镇（3A）、莒州博物馆（3A）、五莲驼石沟杏花村、岚山区巨峰镇后山旺村等

国家一级博物馆： 日照市博物馆

全国重点文物保护单位： 齐长城日照五莲、莒县段；日照市两城镇遗址

日照最美书店： 日照海洋美学馆海边书社、白鹭湾字里窗间书店

日照必购美品： 日照绿茶、日照黑陶、浮来春酒、鲅鱼酱等

日照必赏美秀： 日照大剧院大型奇幻情景剧《日之光》、日出东方海之秀水上演出秀等

万平口“咖啡与海”，又一处人文杰作。白鹭湾小镇供图

乡村振兴 · 齐鲁样板 · 日照先行

1. 国家现代农业示范区：莒县国家现代农业示范区

2. 国家生态文明建设示范市县区：东港区、五莲县

3. 全国乡村旅游重点村镇：（东港区）山海天旅游度假区卧龙山街道李家台村、岚山区岚山头街道官草汪村、莒县东莞镇赵家石河村

4. 全国休闲农业与乡村旅游示范县、示范点：五莲县、日照市凇晨茶文化产业园

5. 中国最有魅力 / 最美 / 美丽休闲乡村：东港区涛雒镇下元一村、五莲县叩官镇董家楼村、莒县陵阳街道陵阳街村

6. 国家农业产业强镇：东港区陈疃镇（蓝莓）、岚山区巨峰镇（茶叶）、五莲县叩官镇（果茶）、莒县小店镇（绿芦笋）

7. 全国“一村一品”示范村镇：

莒县：夏庄镇（浮来青绿茶）、小店镇（文心绿芦笋）、峤山镇（莒县大姜）、果庄镇（油桃）、库山乡（莒县丹参、黄芩）

东港区：后村镇（绿茶）、陈疃镇（日照蓝莓）、涛雒镇（对虾）、西湖镇（十八垛食用菌）

五莲县：潮河镇（日照绿茶）、许孟镇（绿发西葫芦）

岚山区：巨峰镇（茶叶）

8. 全国乡村特色产业产值超十亿元镇、超亿元村：

岚山区：巨峰镇（茶叶，2020、2021、2022 年）

9. 国家森林乡村：

莒县：浮来山街道沙河崖村、陵阳街道陵阳街村、东莞镇横山村、龙山镇杨家沟村、桑园镇芦家河村、夏庄镇小窝疃村

东港区：后村镇杏坊村、大曲河村、曲河南岭；涛雒镇下元一村；河山镇申家坡村

五莲县：叩官镇董家楼村、大槐树村、夏家庄村；户部乡宋家村、黄庄沟村

岚山区：巨峰镇薄家口村、高兴镇白云村、黄墩镇孔家庄子村、碑廓镇丁家庄村

10. 全国农产品地理标志：

东港区：涛雒大米、涛雒芹菜

五莲县：五莲杜鹃花、五莲板栗、五莲国光苹果、五莲小米、五莲樱桃

莒县：莒县黄芩、莒县丹参、南涧小米、莒县绿芦笋

覆盖东港区、岚山区：日照东方对虾、日照大竹蛏、日照西施舌、日照金乌贼

覆盖日照全境：日照绿茶

交通强国 · 日照先行

国家高速铁路：国家“八纵八横”高速铁路网，沿海通道山东段，青盐铁路日照西站、岚山西站。

国家高速公路：G15 沈海（沈阳—海口）高速、G1511 日兰（日照—兰考）高速、G1815 潍日（潍坊—日照）高速从日照市境内通过。

国内运输机场：日照山字河机场，位于东港区，4C 级民用运输机场。

国家沿海主要港口：日照港（石臼港区、岚山港区），2023 年，日照港外贸货物吞吐量居全国第 7。

体育强市 · 日照先行

日照市人均体育场地面积 4.79 平方米，居全国地级市前列，成功入选全国首批全民运动健身模范市，成为山东 16 地市的唯一代表。日照市连续 4 年入选中国体育旅游十佳目的地，五莲县入选 2023 年中国体育旅游目的地，日照奥林匹克水上运动小镇入选 2023 年中国体育旅游十佳景区。全市已初步形成“发展三

大球、做大水文章”的赛事格局，办好中国（日照）国民休闲水上运动会、中国运动休闲大会、日照马拉松等精品赛事，承办三人篮球国家联赛、中超联赛、中国女排超级联赛（山东日照钢铁女子排球俱乐部2023—2024赛季主场）、全国帆船锦标赛、中国足球U系列赛事等重大赛事，大力发展休闲海钓等特色项目。2021年陕西第十四届全国运动会，日照运动员为山东贡献4金6银4铜。

在水美术馆，每个角度都能折射出非凡的创作艺术。白鹭湾小镇供图

山东先行

十二　跟着荀子游临沂
——山东第一城的时尚梦　红色沂蒙人定胜天

临沂市文旅概况

临沂地处山东省东南部，地近黄海，南邻江苏，因临沂河而得名，境内的蒙山海拔 1156 米，为山东省第二高峰。临沂是中华文明的重要发祥地之一，沂水跋山遗址，属旧石器时代中期的重要遗存，其中出土的距今约 9.9 万年的“象牙铲形器”是中国目前发现最早的磨制骨器。2021 年，跋山遗址入选“考古中国”重大项目。

战国末期，临沂南部属楚，北部属齐。1945 年 8 月在莒南县大店镇成立山东省政府。1994 年 12 月 17 日，国务院设立省辖临沂市。今天，这座按成立日期推算为“射手座”的共和国城市，已然走过了持续发展的 30 年。今天的临沂很时尚很 city，是北方最大的短视频直播电商基地，“南有义乌、北有临沂”。据第一财经·新一线城市研究所《2024 新一线城市魅力排行榜》，临沂排名 70 座三线城市第二位，属于准二线城市，排序在江苏扬州和千年古都洛阳之前。据华顿经济研究院《2024 年中国百强城市排行榜》，临沂排名第 70 位，略高于江西九江。

沂蒙精神是被纳入第一批中国共产党人精神谱系的伟大精神。临沂是联合国教科文组织认定的最能代表中国的两首民歌之一《沂蒙山小调》的诞生地。山东民歌《谁不说俺家乡好》唱出了临沂孟良崮人民对家乡的热爱，2009 年 5 月，该曲入选“中国共产党中央委员会宣传部推荐的 100 首爱国歌曲”。

临沂市总面积 17191.2 平方千米，是山东省面积最大的地市，其中，沂水县面积 2434.8 平方千米，居全省 136 区县第 2 位。截至 2023 年末，临沂市常住人

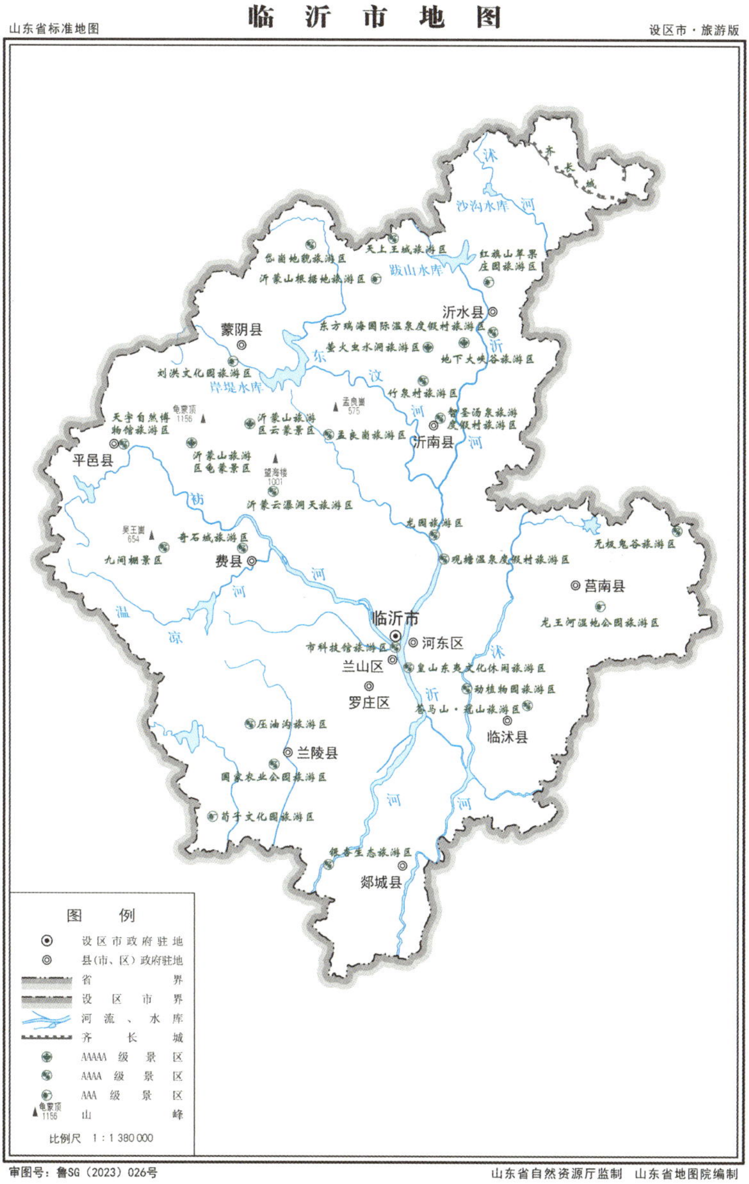

临沂市地图 · 旅游

口 1094.38 万人，是全省常住人口最多的地市，其中，兰山区常住人口 198 万人，居全省区县第 2 位。临沂籍的历史名人主要有：杰出的政治家、军事家、战略家、发明家、文学家、三国时期蜀汉丞相“智圣”诸葛亮，东晋大臣、书法家“书圣”王羲之，东汉时期数学家、天文学家、“算圣”刘洪等。

临沂城市文旅 slogan 是“红色沂蒙 · 时尚临沂”，市花是沂州海棠，车牌代码为鲁 Q、鲁 W，境内现有 1 处国家级夜间文化和旅游消费集聚区，有齐长城临

孟良崮是中国红色地标。临沂市文化和旅游局供图

沂蒙山银座天蒙旅游区流云飞瀑。摄影：翟明夏

沂段（沂水）1处世界文化遗产，有沂水县、费县、郯城县、兰陵县、平邑县、蒙阴县、临沭县7个“千年古县”。截至2024年6月，临沂市有1处国家一级博物馆；13处国家一级文化馆（居全省第一）；13处国家一级图书馆（居全省第二）；6处国家级非物质文化遗产；13处全国重点文物保护单位；3家五星级

旅游饭店（居全省第五）；30 家国家 4A 级以上旅游景区（居全省第一），包括 2 家国家 5A 级旅游景区——沂蒙山旅游区云蒙·龟蒙和沂水萤火虫水洞·地下大峡谷旅游区，5A 级旅游景区数量居全省第一。

近年来，临沂市高质量举办世界地质公园年会，持续打造“长寿名山·康养圣地”蒙山旅游目的地和“沂蒙乡愁”农文旅融合品牌，重大节庆活动包括书圣文化节、诸葛亮文化节、沂河体育节和蒙阴桃花节。中国临沂书圣文化节始于 2003 年，在王羲之诞辰 1700 周年之际，经当时的文化部批准，山东省文化厅、临沂市人民政府等共同主办了首届书圣文化节，向全世界推出“书圣故里”文化品牌，打造了“羲之故里”“中国书法名城”等城市文化名牌。

“引客入鲁”临沂城市文旅首席推介官：荀子

姓名：荀子（名况，字卿）

别名：荀卿、孙卿

出生地：今山西省临汾市安泽县

职业：思想家、哲学家、教育家、官员

荣誉：儒家学派代表人物，被称为“后圣”。

家庭背景：荀子父亲一说是秀才荀获，知识分子家庭。

何时入鲁：荀子，战国晚期赵国人，先秦时代百家争鸣的集大成者，秦国开国丞相李斯、法家代表人物韩非等治世能臣都是他的学生，堪称一代宗师。荀子具有朴素的唯物主义世界观，反鬼神，反天命；坚持“隆礼重法”的治国观；主张“人本观”，水能载舟，亦能覆舟；认为“人之初，性本恶”，强调人性中丑恶的一面必须加强修为才能克服。

荀子 30 岁游学于齐国，曾三次担任稷下学宫的“祭酒”（相当于大学校长）。后被楚春申君任命为楚国兰陵令。作家路遥在《平凡的世界》一书中写道：“人活着，就得随时准备经受磨难。”荀子遭诬陷被辞后三年，再任兰陵令，去世后葬于兰陵。荀子的《劝学》成为历代学子的精神利器，荀子文化园景区位于临沂市兰陵县兰陵镇驻地，是国家 3A 级旅游景区。

试着以荀子的视角来解读他与临沂的缘分:“我本赵人,一生游历燕齐楚秦赵,后蒙春申君厚爱,受聘于楚,来到兰陵这片兰花盛开的高地。兰陵、安泽同为千年古县,客居第二故乡 26 年,我习惯了小城的节奏,这里要比繁华都会临淄更适合我,已成为我命中注定的归宿。不积跬步,无以至千里;不积小流,无以成江海。2024 山东文旅产业高质量发展大会召开,好客山东 · 亲情沂蒙让海内外高朋共同见证了她的巨大潜力。作为一名‘沂漂’,我很荣幸能成为红色沂蒙 · 时尚临沂的城市文旅首席推介官。”

为荀子点歌:张杰《少年中国说》

少年智则国智
少年富则国富
少年强则国强
少年自由则国自由
红日初升　其道大光
河出伏流　一泻汪洋
潜龙腾渊　鳞爪飞扬
乳虎啸谷　百兽震惶
少年自有　少年狂
身似山河　挺脊梁
敢将日月　再丈量
今朝唯我　少年郎
敢问天地　试锋芒
披荆斩棘　谁能挡
世人笑我　我自强
不负年少
……

跟着荀子游临沂

临沂必品美肴： 临沂炒鸡、沂蒙羊肉汤、香山母鸡汤、蒙阴草鸡、蒙阴（付家）光棍鸡、平邑火锅鸡、蒙山全蝎、锅塌全鱼、沂河河虾等

临沂必吃美味： 糁汤、煎饼卷大葱、莒南驴肉、沂蒙渣豆腐、临沂大锅饼、烤排、鸡肉糁汤等

舌尖上的中国： 蒙阴县垛庄镇椿树沟煎饼登陆《舌尖上的中国 2》

临沂必饮美酒：

中华老字号： 兰陵美酒

山东老字号： 蒙山酒、温和酒

临沂必住美宿：

五星级旅游饭店： 临沂华盛江泉城大酒店、鲁商铂尔曼大酒店、翔宇豪生大酒店

五星级乡村酒店： 临沂蒙阴岱崮振兴乡村接待中心

山东省五星级旅游民宿： 富泉山居民宿、鸣凤堂民宿、燕语堂民宿、竹泉别院民宿、竹泉人家民宿、孟良家园 · 清山民宿、沂蒙云舍民宿、松山书院 · 隐舍民宿、沂蒙山舍民宿、爱琴海民宿、麦山小院民宿、郯城醉东风乡村艺栈等、蒙阴县沂蒙书舍、云墅民宿、山光物态民宿、山与民宿等

其他： 蒙山会馆、蒙阴山之崮民宿

临沂必游美景：

国家 5A 级旅游景区： 沂蒙山旅游区云蒙 · 龟蒙景区、萤火虫水洞 · 地下大峡谷旅游区

国家 4A 级旅游景区： 沂南竹泉村旅游区、雪山彩虹谷旅游区、天谷旅游区（沂

水天然地下画廊）、孟良崮旅游区、沂蒙云瀑洞天旅游区、沂水天上王城旅游区、皇山东夷文化休闲旅游区、郯城县银杏生态旅游区、岱崮地貌旅游区（“中国第五大地貌”）、沂南沂蒙马泉休闲园旅游区、河东区龙园旅游区、临沭县苍马山·冠山旅游区、压油沟旅游区、平邑县九间棚景区、沂水县沂蒙花开旅游区、无极鬼谷旅游区（与日照市岚山区共享）、郯城县郯国古城旅游区

其他：沂蒙山银座天蒙旅游区、莒南天佛旅游区（3A）、崮上草原露营地、蒙阴县蒙阴街道大田庄村（蜜蜂小镇文化园项目）、蒙阴街道东汶村（九孔莲藕种植示范区）等

国家湿地公园：汶河、沂水、沭河、沂沭河、武河、汤河、浚河、鸡龙河、云蒙湖、会宝湖国家湿地公园

中国森林氧吧：沂蒙山·云蒙景区

临沂打卡美地：

国家4A级旅游景区：朱家林创意小镇旅游区（“全国最美乡村”、国家级田园综合体）、莒南山东省政府和八路军115师司令部旧址旅游区、沂南沂蒙红

银装素裹惊艳天蒙。摄影：范曙光

国家 5A 级旅游景区萤火虫水洞，已成年轻人的浪漫许愿地。临沂市文化和旅游局供图

色影视基地旅游区、沂南智圣汤泉旅游度假村旅游区、观唐温泉度假村旅游区、临沂市科技馆旅游区、临沂市动植物园旅游区、兰陵国家农业公园旅游区等

其他：沂蒙山银座天蒙旅游区悬索桥、郯城鲁地天沐温泉度假区、沂河小埠东橡胶坝（长 1247 米，被列入吉尼斯世界纪录）等

国家级夜间文化和旅游消费集聚区：沂蒙彩虹文化休闲区

国家一级博物馆：临沂市博物馆

全国重点文物保护单位：齐长城临沂段（沂水）、新四军军部暨华东军区华东野战军诞生地旧址、大青山突围战遗址等

临沂最美书店：琅琊城市书房、临沂书城、1972 创客书店

临沂必购美品：

中华老字号：玉皇花生油、边家干煸辣肉丝（百年老店）、惟一斋八宝豆豉（百年老店）

中国温泉之乡临沂观唐温泉。临沂市文化和旅游局供图

山东老字号：六姐妹煎饼、大庄烧鸡、高来德烧鸡、秋香月饼、沂兴丰糕、小康馒头

其他：沂蒙煎饼花、琅琊草编、临沂徐公砚、郯城中国结、临沂茶饮品牌莫沫南路、山住茶等

临沂必赏美秀：琅琊古城大型旅游演艺《国秀·琅琊》、沂水天上王城《王城之战》等

乡村振兴·齐鲁样板·临沂先行

1. 国家乡村振兴示范县创建名单：兰陵县
2. 国家全域旅游示范区：沂南县
3. 国家现代农业示范区：沂水县国家现代农业示范区

《国秀 · 琅琊》大型情景演艺秀，讲述东夷文化、琅琊群贤。临沂市文化和旅游局供图

4. 国家生态文明建设示范市县区：蒙阴县

5. “绿水青山就是金山银山”国家级实践创新基地：蒙阴县

6. 全国乡村旅游重点村镇：

沂南县：铜井镇，铜井镇竹泉村；马牧池乡常山庄村

沂水县：院东头镇，院东头镇桃棵子村、四门洞村

兰陵县：苍山街道压油沟村、卞庄街道代村

蒙阴县：岱崮镇笊篱坪村、桃墟镇百泉峪村

平邑县：地方镇九间棚村

7. 全国休闲农业与乡村旅游示范县、示范点：沂南县、兰陵县、沂水县；沂南县竹泉村旅游度假区、兰陵县国家农业公园、莒南县涝坡镇休闲农业集中区

8. 中国最有魅力 / 最美 / 美丽休闲乡村：平邑县蒙山旅游区李家石屋村、柏林镇张里庄村；沂水县诸葛镇耿家王峪村；兰陵县卞庄街道代村；费县大田庄乡周家庄村；蒙阴县旧寨乡杏山子村

9. 国家农业产业强镇：沂水县院东头镇（生姜）、四十里堡镇（花生）；蒙阴县岱崮镇（蜜桃）、垛庄镇（蜜桃）；郯城县归昌乡（稻米）；费县胡阳镇（西

红柿）；平邑县地方镇（黄桃）

10. 全国“一村一品”示范村镇：

沂南县：辛集镇（沂南黄瓜）、铜井镇（休闲农业）、苏村镇（设施蔬菜）、依汶镇（蔬菜）、双堠镇埠口村（绿蒙山油桃）、蒲汪镇大王庄村（长虹岭花生）、蒲汪镇茶坡村（茶坡芹菜）

沂水县：泉庄镇（桃）、诸葛镇（沂水苹果）、许家湖镇（生姜）

费县：东蒙镇（山楂）、胡阳镇（胡阳西红柿）、上冶镇顺合村（金蛋）

莒南县：洙边镇（金龙湖沂蒙绿茶）、大店镇（草莓）、临港经济开发区坪上镇（大樱桃）

兰陵县：神山镇（大蒜）、庄坞镇（蒡之道牛蒡）

平邑县：郑城镇（金银花）、地方镇（天宝山山楂）

蒙阴县：岱崮镇（蒙阴蜜桃）、旧寨乡（蒙阴蜜桃）

河东区：汤河镇（沂州海棠）

11. 全国乡村特色产业产值超十亿元镇、超亿元村：

费县：胡阳镇（西红柿，2021、2022 年）、东蒙镇（山楂，2021、2022 年）、上冶镇顺合村（金蛋，2021、2022 年）

沂南县：辛集镇（黄瓜，2021、2022 年）、铜井镇（冰枣，2021、2022 年）

平邑县：地方镇（天宝山山楂，2021、2022 年）、郑城镇（金银花，2021、2022 年）

沂水县：许家湖镇（生姜，2020、2021、2022 年）

兰陵县：庄坞镇（牛蒡，2021、2022 年）

蒙阴县：旧寨乡（蜜桃，2021、2022 年）

12. 国家森林乡村：

蒙阴县：云蒙街道百泉峪村、岱崮镇坡里社区、垛庄镇皇姑庵村、野店镇烟庄村

郯城县：郯城街道北墩村、新村银杏产业开发区新村二村、胜利镇三合庄村

沂水县：院东头镇桃棵子村、许家湖镇快堡村、崔家峪镇南垛庄铺村

费县：东蒙镇龙雨庄村、马庄镇西南峪村、大田庄乡西安太村

莒南县：十字路街道虎山泉村、坪上镇大山空村、洙边镇东夹河村

兰山区：白沙埠镇玉平社区、半程镇下艾崮社区

罗庄区：罗西街道涧头村、黄山镇菊花屯社区

河东区：梅家埠街道玉河村、汤河镇东岭村

沂南县：双堠镇五彩庄村、马牧池乡拔麻村

兰陵县：大仲村镇车庄村、下村乡米峪子村

平邑县：地方镇九间棚村、长山生态保护区白龙泉村

临沭县：曹庄镇朱村、青云镇西朱崖村

13. 全国农产品地理标志：

沂南县：沂南黄瓜、孙祖小米、双堠西瓜、双堠樱桃、砖埠草莓、茶坡芹菜、长虹岭花生

沂水县：沂水绿茶、沂水苹果、沂水大樱桃、沂水生姜、跋山芹菜

莒南县：莒南板栗、莒南花生、莒南绿茶、大店草莓、马鬐山银鱼

平邑县：郑城金银花、天宝山山楂、天宝山黄梨、蒙山黑山羊

蒙阴县：蒙阴蜜桃、蒙山蜂蜜、蒙阴苹果

兰陵县：苍山辣椒、苍山牛蒡、苍山大蒜

费县：芍药山核桃、胡阳西红柿

郯城县：新村银杏、姜湖贡米

临沭县：临沭花生、临沭地瓜

兰山区：孝河藕

河东区：八湖莲藕

罗庄区：沙沟芋头

覆盖临沂全境：沂蒙绿茶、沂蒙黑猪、临沂大银鱼、沂蒙长毛兔

覆盖蒙阴县、平邑县、费县、沂南县：蒙山全蝎

交通强国·临沂先行

国家高速铁路：京沪通道山东段，京沪高铁二线（建议中），潍宿高铁莒县沂水站、沂南站、临沂北站、兰陵站、郯城西站。其他：日兰高铁厉家寨站、莒南北站、临沂北站、费县北站、蒙山站。

国家高速公路： G2京沪（北京—上海）高速、G22青兰（青岛—兰州）高速、G25长深（长春—深圳）高速从临沂市境内通过。

国际运输机场： 临沂启阳国际机场，为4D级国际支线机场，始建于1958年，是当时山东省最早、唯一的民用机场。临沂市积极发展无人机物流，带动航空旅游等配套产业发展。

国家内河港： 临沂港（中心港区、郯城港区、兰陵港区、莒南港区、费县港区、临沭港区、沂南港区和沂水港区），主要功能是物流服务、国际贸易和旅游客运。

体育强市·临沂先行

近年来，临沂市坚持“以赛亮城”，举办万人健步行、红色沂蒙“城BA”、千村万人拔河大赛、2023—2024中国男子排球超级联赛、临沂马拉松等精品赛事，2023临沂马拉松产生经济社会效益6.1亿元；成功创建兰山国家体育产业示范基地、雪山彩虹谷国家体育旅游示范基地，郯城县被评为全国县域足球示范县。竞技体育领域，2023年杭州亚运会，临沂贡献2金1铜。2021年陕西第十四届全国运动会，临沂运动员收获2金3银2铜。

沂蒙山云蒙景区中国瀑布飞流直下、气势磅礴。临沂市文化和旅游局供图

山东先行

十三　跨着刘备游德州

——“头文字 D”之城一路向北双向奔赴千年古县集群的乡村振兴梦

德州市文旅概况

德州地处山东省西北部，黄河下游北侧，西、北分别与河北省衡水市和沧州市为邻。德州之“德”源于“德水”。德州旧称安德，“德”字，汉语拼音声母为“头文字 D”；德州在山东的位置，用周杰伦的一首歌诠释就是《一路向北》；城市宣传语是“大德之州”，同样是“头文字 D”的英文单词 dedicate，有“奉献”之意，与“德”字内涵如出一辙。基于地理位置的优势，德州和京津冀双向奔赴，德州正深度服务努力融入京津冀协同发展，京津冀创新转化（德州）中心深度对接雄安新区、北京朝阳区。

东周及春秋，今德州境内分属齐、晋，战国分属齐、赵。秦始皇二十六年（公元前 221 年），秦始皇更“黄河”曰“德水”，以为水德之瑞。汉置安德县，隋开皇三年（583 年）改“安德”为“德州”，此为德州地名之始。1994 年 12 月 17 日，国务院设省辖德州市。今天，这座按成立日期推算为“射手座”的共和国城市，已然走过了蓬勃发展的 30 年。德州市是中国太阳城、中国优秀旅游城市和国家交通运输主枢纽城市。据第一财经·新一线城市研究所《2024 新一线城市魅力排行榜》，德州位列三线城市行列，跟著名的旅游城市千年古都洛阳、扬州、桂林、三亚同档，排序在广东肇庆、揭阳之前。据华顿经济研究院《2024 年中国百强城市排行榜》，德州排名全国第 93 位，略高于广西柳州。

德州市总面积 10356 平方千米，居山东省第七位。截至 2023 年末，德州市常住人口 553.63 万人，居全省第九位。德州籍的历史名人主要有：西汉文学家东

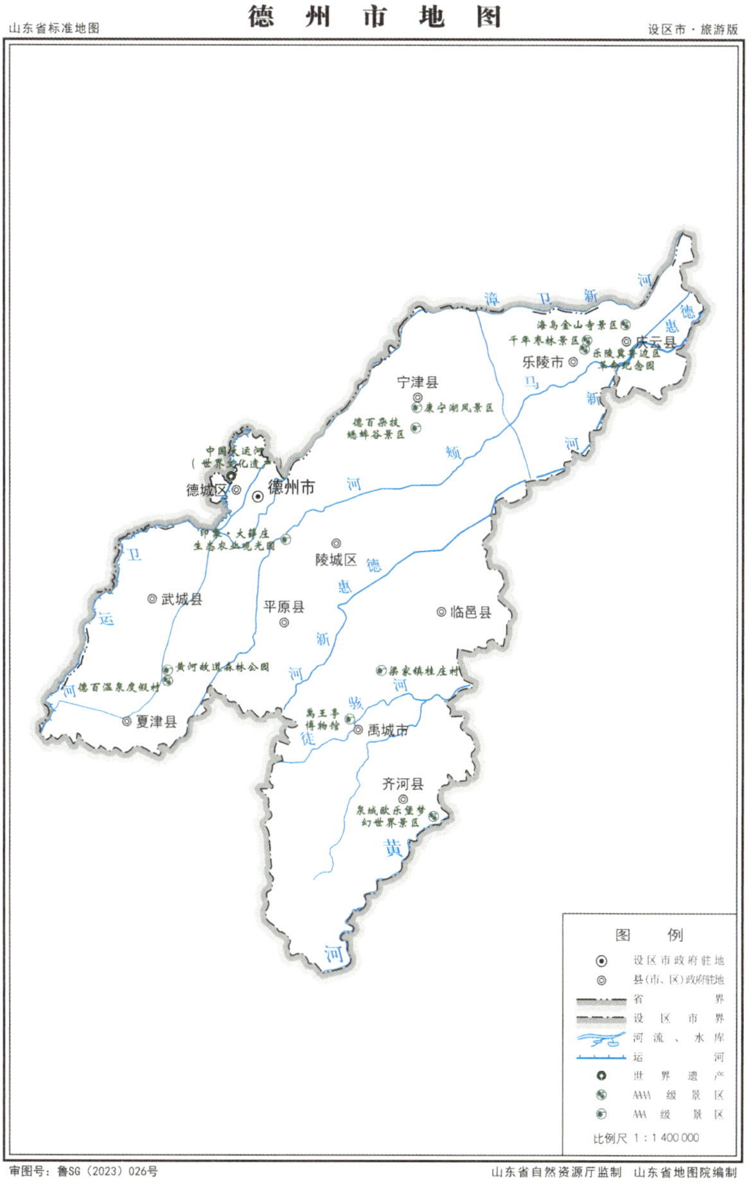

德州市地图 · 旅游

方朔等。

德州城市文旅 slogan 是“大德之州 · 好运之河”，市花是菊花，车牌代码是鲁 N。德州市境内有京杭大运河德州段 1 处世界文化遗产，有德城区、乐陵市、禹城市、临邑县、平原县、夏津县、武城县 7 个“千年古县”。截至 2024 年 6 月，德州市拥有 1 处国家一级博物馆；11 处国家一级文化馆（居全省第五）；7 处国家一级图书馆；4 处国家级非物质文化遗产；2 处全国重点文物保护单位；9 家国

夏津黄河故道森林公园椹仙楼。夏津县文化和旅游局供图

家 4A 级以上旅游景区。

近年来，德州市全力推进大运河国家文化公园、黄河文化旅游带建设，打响大运河国家文化公园德州品牌。重要节庆方面，主要有中国（乐陵）金丝小枣文化旅游节和山东夏津黄河故道椹果生态文化节。前者始于 1989 年 10 月，入选 2023 中国节庆品牌 100 强榜单；后者始于 2008 年，夏津县桑产业综合开发年产值已达 10 亿元。2018 年 4 月 19 日，“夏津黄河故道古桑树群”被列入全球重要农业文化遗产，成为山东省第一个全球重要农业文化遗产。

“引客入鲁”德州城市文旅首席推介官：刘备

姓名：刘备

别名：刘玄德、蜀汉先主

出生地：今河北保定涿州市

职业：政治家

荣誉：建立蜀汉，三国蜀汉皇帝。

家庭背景：东汉远支皇族，西汉景帝子中山靖王刘胜之后，刘备父亲刘弘举孝廉出身，曾任幽州小吏。

何时入鲁：刘备父亲早亡，因为家贫，跟母亲一起织草席、卖草鞋谋生。东汉末参加镇压黄巾起义，三顾茅庐请诸葛亮出山，采纳诸葛亮建议，联孙抗曹，赤壁大战，大败曹操，占荆州，夺益州，221 年称帝，国号汉。

189 年，29 岁的刘备因战功被任为下密县丞，属青州北海国，相当于今潍坊昌邑市副市长；190 年，30 岁的刘备先是担任高唐县公安局局长兼武装部部长，后又升为高唐县县长。据《三国志》记载："（先主）后为高唐尉，迁为令。"当时的高唐在今德州禹城市西南。192 年，32 岁的刘备因战功先试守平原县县令（相当于今德州市平原县县长），后领平原相（相当于平原郡太守，今德州市市长）。在平原期间，刘备外御贼寇，内施德政，深得人心。有一则小故事流传至今，乡民刘平不服治理，唆使刺客暗杀刘备，毫不知情的刘备仍礼遇刺客，令刺客深受感动，便放弃刺杀，袒露实情后离去。

美国作家塞林格在《麦田里的守望者》一书中写道："一个不成熟的人的标志是他愿意为了某个理由而轰轰烈烈地死去，而一个成熟的人的标志是他愿意为了某个理由而谦恭地活下去。"倘若让刘备听闻此话，刘皇叔想必会"拍案叫绝，大喜，急召上殿"：一个卖草鞋的，一路寄人篱下，30 岁就当上了县长，32 岁就当上了地级市市长，而且还把一个因为连年战争导致的贫困地区"平原"搞成了粮食生产大县，三顾茅庐请待业青年诸葛亮出山，直至 60 岁成为蜀汉皇帝，完成了不断逆袭的传奇一生，还有比这更好的励志故事吗……

试着以刘备的视角来解读他与德州的缘分："朕这一生去过很多地方，但平原一定是我没齿难忘的福地，某种程度上，它对朕的重要性比成都更甚。在东汉平原，我第一次当上了父母官，第一次被东汉王朝的体制认可，第一次真正实现了阶层跨级，是平原为我提供了渴望已久的情绪价值。直到从曹孟德嘴里听到'今天下英雄，惟朕与他两人而已'，孟德视那时的朕更甚于当时正与他鏖战官渡、争天下的袁绍，朕在惊讶之余仍不知此生上限几何，直到三顾茅庐请来了齐鲁才俊诸葛亮，正是受益于诸葛丞相的赋能，朕这戎马一生才能坚持走下去，朕这一路是妥妥的幸存者偏差啊。朕第三次去请卧龙出山时他正在午休，朕坚持在外面干等着，让他睡到自然醒，现在想起来，那次等待简直是太值了。"

"听闻今天的平原县，有纪念朕和关羽、张飞二弟三弟在此桃园结义而得名的桃源街道，还建有三国文化广场，朕心好暖。2022 年，平原县乡村振兴桃园示范区被认定为首批山东省乡村振兴齐鲁样板示范区，在‘我最喜爱的乡村齐鲁样板’评选中，位居全省第一。朕要给一个大大的“赞”字。我们诚信燕赵和好客山东地缘相近，德州市为了服务好京津冀的游客，干脆把主城区德城区都建在了冀鲁边界，听说整个河北省对山东文旅的贡献巨大，朕心甚慰。石济客专开通后，河北人民去往德州、山东更为方便了，朕愿成为德州城市文旅首席推介官，引领更多的河北父老畅游好客山东。”

为刘备点歌：毛不易《无名的人》

离家的人啊　我敬你一杯酒
敬你的沉默　和每一声怒吼
敬你弯着腰　上山往高处走
头顶　苍穹　努力地生活
无名的人啊　我敬你一杯酒
敬你的沉默　和每一声怒吼
敬你弯着腰　上山往高处走
头顶　苍穹　努力地生活
……
往前吧　带着你的梦

跟着刘备游德州

德州必品美肴：糖醋黄河鲤鱼、煎转鲫鱼、德州扒鸡、布袋鸡、崔口烧鸡、四喜鸭子、宋记烤鸽、粉蒸肉、苦水羊肉丸子、羊肠汤、田口牛肉、邢记驴肉、保店驴肉

德州必吃美味：又一村蒸包（中华老字号、百年老店）、房寺油酥烧饼、武

山东省五星级旅游民宿——长颈鹿庄园民宿。齐河县文化和旅游局供图

城煊饼、孟寺烧饼、大柳面、长官包子、宋楼火烧等

德州必饮美酒：

中华老字号：古贝春酒、洛北春酒、通德小米原浆酒

德州必住美宿：

四星级旅游饭店：贵都大酒店、凯元温泉度假村、平原桃园宾馆、青澜（宁津）花园酒店、鲁峰美丽华酒店

山东省五星级旅游民宿：长颈鹿庄园民宿、安德湖民宿、桂园田居民宿、椹仙村民宿、斓芸民宿

德州必游美景：

国家 4A 级旅游景区：千年枣林景区、海岛金山寺、董子园风景区、宁津德

百杂技蟋蟀谷

国家级旅游度假区：山东省德州齐河黄河国际生态城旅游度假区

国家湿地公园：德州减河、齐河黄河水乡、禹城徒骇河、夏津县九龙口国家湿地公园

德州齐河黄河国家级旅游度假区黄河文化博物馆群。齐河县文化和旅游局供图

黄河文化博物馆群雄狮根雕。齐河县文化和旅游局供图

德州打卡美地：

国家4A级旅游景区：泉城极地海洋世界、泉城欧乐堡梦幻世界、德百温泉度假村、宁津德百杂技蟋蟀谷、冀鲁边区革命纪念园

其他：中国驿·泉城中华饮食文化小镇（3A）、黄河文化博物馆群（在建）、九龙湾文旅融合园（在建）、星锐影视基地（在建）

国家一级博物馆：德州市博物馆

全国重点文物保护单位：京杭大运河德州段（德城区、武城县、夏津县）、苏禄王墓

德州最美书店：群光汇钟书阁

德州必购美品：

中华老字号：德州扒鸡（百年老店）、永盛斋扒鸡

其他：圣喜酱牛肉、乐陵金丝小枣、梁子黑陶等

德州必赏美秀：红色音乐剧《兵出渤海湾》、杂技剧《山水国潮》等

乡村振兴·齐鲁样板·德州先行

1. 国家乡村振兴示范县创建名单：乐陵市、禹城市

2. 国家全域旅游示范区：齐河县

3. 国家现代农业示范区：德州市国家现代农业示范区、陵县（陵城区）国家现代农业示范区

4. 国家生态文明建设示范市县区：齐河县

5. “绿水青山就是金山银山”国家级实践创新基地：乐陵市、齐河县

6. 全国乡村旅游重点村镇：乐陵市朱集镇后周村

7. 全国休闲农业与乡村旅游示范县、示范点：德州馨秋种苗科技有限公司、乐陵市千年枣林公园、夏津县黄河故道森林公园、临邑县红坛寺省级森林公园

8. 中国最有魅力 / 最美 / 美丽休闲乡村：陵城区薛庄、平原县王打卦镇花园村、临邑县临盘街道前杨村、夏津县苏留庄镇前屯村

9. 国家农业产业强镇：陵城区糜镇（小麦）、禹城市伦镇（小麦）、宁津县保店镇（小麦）、平原县王杲铺镇（小麦）、临邑县德平镇（小麦）

10. 全国“一村一品”示范村镇：

乐陵市：云红街道（乐陵金丝小枣）、朱集镇（红枣）、黄夹镇（马铃薯）、花园镇（甜瓜）、杨安镇（“飘”牌调味品）

平原县：坊子乡（坊欣庄园西葫芦），坊子乡叶庄（西葫芦）；王杲铺镇（杲牌黄瓜）

齐河县：宣章屯镇（晏婴蔬菜）、祝阿镇（祝阿西瓜）

武城县：武城镇（辣椒）、老城镇后庄村（英潮武城辣椒）

禹城市：辛店镇沙河辛村（沙河辛西瓜）

宁津县：柴胡店镇崔杨村（蟋蟀）

庆云县：徐园子乡张培元村（祥园大葱）

临邑县：临盘街道前杨村（休闲旅游）

夏津县：白马湖镇前梅村（前后梅大葱）

11. 全国乡村特色产业产值超十亿元镇、超亿元村：

乐陵市：杨安镇（调味品，2020、2021、2022 年）、朱集镇（红枣，2020、2021、2022 年）、黄夹镇（马铃薯，2021、2022 年）

庆云县：徐园子乡张培元村（大葱，2021、2022 年）

武城县：武城镇（辣椒，2022 年）

12. 国家森林乡村：

陵城区：神头镇后石庄村、边临镇簸箕王村

乐陵市：朱集镇王清宇村、黄夹镇许家村

禹城市：辛店镇修庄村、沙河辛村

宁津县：时集镇杨西川村、刘营伍乡宋庄村

庆云县：尚堂镇颊河徐村、常家镇大高村

临邑县：临盘街道前杨村、林子镇弭家村

齐河县：表白寺镇西小刘村、仁里集镇东潘村

平原县：王打卦镇花园社区花园村、王凤楼镇西杨在兹庄村

夏津县：苏留庄镇小石堂村、雷集镇齐营村

武城县：李家户镇西店村、经济开发区东刘庄村

13. 全国农产品地理标志：

齐河县：齐河西瓜

武城县：武城辣椒

乐陵市：乐陵金丝小枣

禹城市：沙河辛西瓜

庆云县：庆云大叶香菜

夏津县：夏津椹果

黄河文化博物馆群玉石满汉全席。齐河县文化和旅游局供图

交通强国 · 德州先行

国家高速铁路：国家“八纵八横”高速铁路网，京沪通道山东段，京沪高铁德州东站；青银通道山东段，石济客专齐河站、禹城东站、平原东站、德州东站。

国家高速公路：G2 京沪（北京—上海）高速、G3 京台（北京—台北）高速、G0321 德上（德州—上饶）高速、G0322 京德（北京—德州）高速、G1818 滨德（滨州—德州）高速、G9911 济南都市圈环线从德州境内通过。

国内通用机场：规划建设 A1 类庆云通用机场，主要用于航空低空飞行服务、航空物流配送、空中游览等方面。

国家内陆港：推动平原、齐河内陆港建设，助推平原内陆港获批运营。

德百温泉度假村全景。夏津县文化和旅游局供图

体育强市 · 德州先行

近年来，德州市积极开展特色体育名城建设，持续擦亮“活力德州 · 运动之城”品牌，宁津县被国家体育总局命名为国家体育产业示范基地，加快推进国家高端体育装备技术创新中心创建工作，境内企业泰山体育参与研发的冬奥智能雪蜡车填补国内空白。

德州市大力培育体育赛事等热点消费，积极承办全国青年女子篮球挑战赛、全国钓鱼明星赛等 20 余项国家级、省级高端赛事，举办“运河马拉松”、全市第十三届全民健身运动会等群众性体育活动 1300 多场。

山东先行

十四　跟着马可·波罗游聊城
——一座“生活着的江北千年水城”繁华压两京的大河梦

聊城市文旅概况

聊城市地处山东省西部，冀、鲁、豫（华东、华北、华中）三省交界处的鲁西平原上，南部隔金堤河与河南省濮阳市为邻，西部靠漳卫河与河北省邯郸市、邢台市隔水相望。聊城一说因城傍聊水而得名，古聊水，即今徒骇河；一说聊城因史称聊摄国而得名，《左传集解》释“聊”曰：“聊、摄，齐西界也。”平原聊城县东北有摄城。聊城是国家历史文化名城、中国优秀旅游城市、国家园林城市、国家森林城市、“中国蔬菜第一市”，一座“生活着的江北千年水城”。

聊城是黄河文明和运河文明共同孕育的一座古城，有5000多年的文明史、2500多年的建城史。春秋战国时期，今聊城境内系齐、卫、晋、魏、赵国属地。秦置聊城县，此为“聊城”之名起始。元至元二十六年（1289年），京杭大运河（会通河）临清段开通，聊城借大运河漕运之便，繁盛400多年，是运河沿岸九大商埠之一，被誉为“江北一都会”。仅临清一城，税收一度占全国七分之一多。清朝，今聊城境域分属东昌府、兖州府、泰安府、临清直隶州。1997年8月29日，国务院批准设立地级聊城市。今天，这座按成立日期推算为“处女座”的年轻的共和国城市，即将迎来而立之年。据第一财经·新一线城市研究所《2024新一线城市魅力排行榜》，聊城位列三线城市行列，跟千年古都洛阳、扬州、桂林、三亚属同档，排序在湖北荆州之前。

聊城市总面积8628平方千米，位列山东第10位。截至2023年末，聊城市常住人口585.93万人，居山东16地市第8位，其中东昌府区常住人口105.34万人，

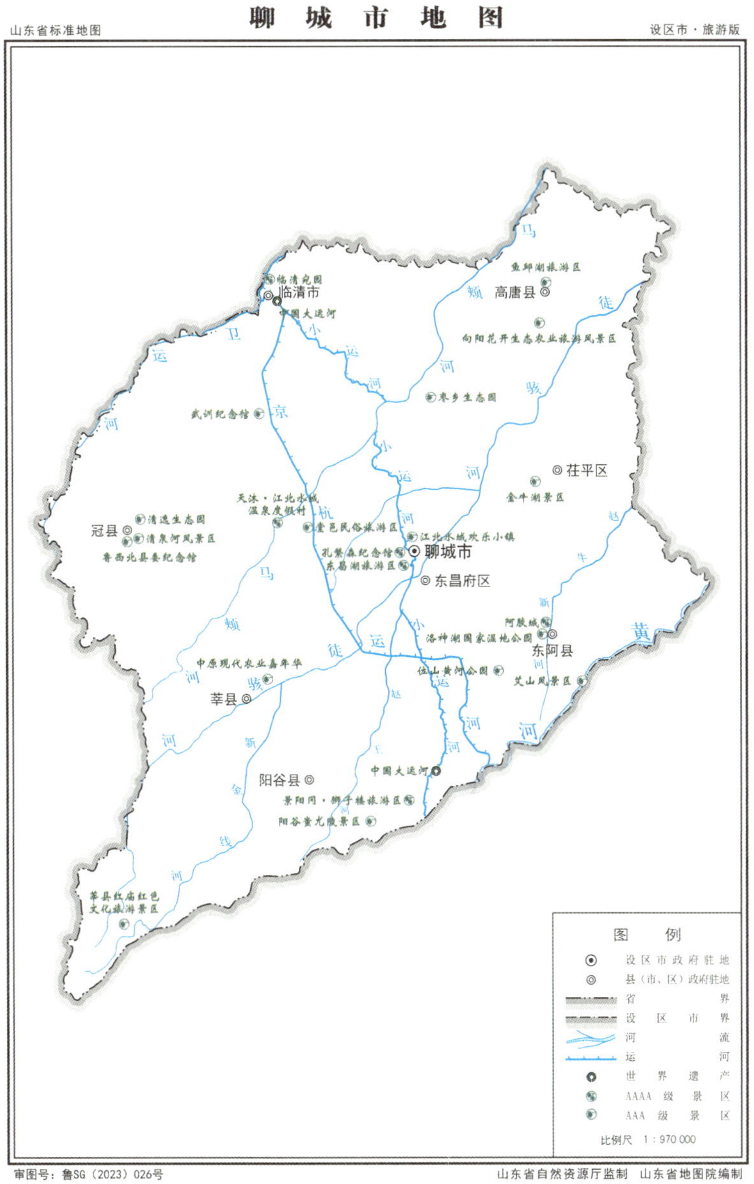

聊城市地图 · 旅游

居全省 136 区县第 19 位。东昌府区人口密集很重要的一个原因是：位于全市地理中心点的主城区东昌府区，与除高唐在外的其他区县全部接壤。聊城籍的历史名人主要有：战国时期齐国高士鲁仲连、抗日名将张自忠、国学泰斗季羡林等。

聊城市城市文旅 slogan 是“两河明珠 · 江北水城”，市花是荷花、月季，车牌代码是鲁 P。聊城市境内有京杭大运河聊城段 1 处世界文化遗产，有东昌府区、茌平区、临清市、阳谷县、莘县、东阿县、冠县、高唐县 8 个“千年古县”。截

东昌古城始建于宋神宗熙宁三年，距今已有千年历史。摄影：朱锐（@摄影师么么锐）

至 2024 年 6 月，聊城市有 1 处国家一级博物馆；4 处国家一级文化馆；4 处国家一级图书馆；12 处国家级非物质文化遗产；13 处全国重点文物保护单位；1 家五星级旅游饭店；8 家国家 4A 级以上旅游景区，暂无国家 5A 级旅游景区。2024 年，聊城市公开提出推动东昌湖景区、东阿阿胶 · 阿胶世界创建 5A 级景区。

近年来，聊城市成功承办中国 2022 大运河国际文化和旅游推广季活动，高规格举办中国两河文化论坛，打响“两河之约”旅游品牌，高水平加快推进国家文化公园（聊城段）建设，打造“黄河文化旅游带”文旅名城，全面建设全国知名旅游目的地。重要节庆方面，2023 年 10 月 14 日晚，以“诚邀天下客，共话葫芦缘”为主题的第十五届中国江北水城 · 两河明珠（聊城）葫芦文化艺术节顺利开幕。东昌葫芦雕刻技艺已有 500 多年历史，2008 年被列入国家级非物质文化遗产名录，拥有葫芦雕刻国家级传承人 1 人。至 2023 年，东昌府区葫芦产业年综合效益已达到 16 亿元。

“引客入鲁”聊城城市文旅首席推介官：马可·波罗

姓名：马可·波罗

出生地：意大利威尼斯

职业：探险家、旅行家、商人

荣誉：著有《马可·波罗游记》，家乡威尼斯以他的名字命名机场“马可·波罗国际机场”。

家庭背景：生于威尼斯商人家庭。

何时入鲁：1271 年，意大利旅行家马可·波罗和他的父亲及叔父从威尼斯出发，历经四年，于 1275 年夏抵达了元上都（今内蒙古锡林郭勒盟正蓝旗上都镇境内）。此后，马可·波罗在中国居住游历 17 年之久。

元至元十九年（1282 年），28 岁的马可·波罗奉元世祖忽必烈之命巡视南方，由水路从河北衡水景县至临清，他在其《马可·波罗行纪》中提到临清：“沿途见有环墙之城村甚众，皆隶属大汗。其中商业茂盛，为大汗征收赋税，其额甚居（巨）。此强格里城中央有一宽而深之河流经过，河上运输有丝、香料及其他巨价货物不少。”这里的“强格里城”指的就是临清城。十年后，马可·波罗获恩准返回威尼斯，他从北京出发，沿着大运河经临清和聊城东昌到达杭州，然后走水路到泉州，从泉州沿海路回国。

聊城市正举全市之力打造黄河、大运河国家文化公园建设聊城样板。土生土长的意大利威尼斯人马可·波罗，作为本书 16 地市唯一来自国外的城市文旅推荐官，向全世界推介临清以及代管临清市的“东方威尼斯”聊城市。

西班牙作家塞万提斯·萨维德拉在《堂吉诃德》一书中写道：“我很清楚，干游侠骑士这一行，总免不了要吃尽千辛万苦。可我也知道随之而来的无尽福祉。我也懂得，美德只能走在狭窄的小径上……尽管狭窄崎岖，但一直通往新生，不是有限的新生，而是没有止境的永生。”在这里，对马可·波罗先生在推广中国大运河和运河两岸山东省的城市所作出的不朽贡献，送上深深的敬意。

临清舍利宝塔犹如幻境。摄影：司建平

试着以马可·波罗的视角来解读他与聊城的缘分：“客居中国 17 年，这里已成为我的第二家乡。我去过中国很多城市，聊城给我的印象极深，因为它的别称是‘东方威尼斯’，而我的家乡正是意大利的威尼斯。中国的聊城是一座泡在运河中的千年水城，商业繁盛的临清恰似是京杭大运河皇冠上的明珠，甚至税收竟巨于我曾供职过的扬州。我尤其喜欢临清的是，那里有各国各族人民的美食以及漂亮的临清猫。听说我是‘引客入鲁’唯一出生在异国的城市文旅首席推介官，十分荣幸。但现在，我已迫不及待想要踏上回家的路，我愿成为中意两国友谊的桥梁，等我回到威尼斯，一定会向我的朋友们说，在遥远的东方，也有一个威尼斯，它的名字叫‘聊城’。我给意大利人乃至所有的外国友人的建议是，当你决定远行，踏足中国的第一站一定要是山东，因为这里诞生的儒家思想是中国人永恒的精神家园。不了解山东，就不足以了解中国。”

东昌湖景区向国家 5A 级旅游景区冲刺。摄影：司建平

为马可·波罗点歌：杨坤、王睿卓、王赫野《异客》

那远山呼唤我曾千百次路过
半山腰摘几朵便飘向歌颂者
那份简单离开后
就再也没见过
……
他们说
不管在什么地方
永远在路上
游子归冬雪至
便不惧怕风浪
月亮照着背包上的归途照亮回家的路
……

跟着马可·波罗游聊城

聊城必品美肴： 清真八大碗、东阿黄河鲤鱼、高唐驴肉、魏氏熏鸡、八宝布袋鸡、布袋海参、临清什香面（相传为乾隆赐名）、宛家烤肉、范怀梦烧鸽、冠县酥肉、空心琉璃丸子、阳谷蒸碗、张秋炖鱼、芝麻羊肉、水爆肚、海米豆腐砂锅等

聊城必吃美味： 聊城呱嗒、博平马蹄烧饼、临清烧卖、托板豆腐、武大郎吊炉烧饼、武德奎肉饼、阳谷肉盒、临清托板豆腐、高唐老豆腐、鲁西北空心面、徐家豆沫、荷包油条、炸糕、壮馍、烫菜、砂锅鱼杂、蒜拌鸡蛋、徐家豆沫等

聊城必饮美酒：

中华老字号： 景阳冈酒

山东省五星级旅游民宿海源雅集。聊城市文化和旅游局供图

聊城必住美宿：

五星级旅游饭店：聊城阿尔卡迪亚国际酒店

全国甲级旅游民宿：聊城原木舍民宿

山东省五星级旅游民宿：聊城市不花民宿、原木舍民宿、如愿客栈、海源雅集民宿、大树王国民宿、半日闲民宿

聊城必游美景：

国家4A级旅游景区: 东昌湖旅游区、临清宛园和东宛园、景阳冈·狮子楼景区、鱼山曹植风景区、九州洼月季旅游景区

其他：中华水上古城、东宛园（3A）、位山黄河公园、西湾森林湿地、东阿黄河康养旅游度假区（在建）、黄河文化博物馆（在建）

国家湿地公园：聊城东昌湖、东阿洛神湖、茌平金牛湖国家湿地公园

聊城打卡美地：

国家 4A 级旅游景区：聊城市孔繁森纪念馆、东阿阿胶城、阳谷景阳冈旅游区

其他：莘县燕塔（3A）、莘县西瓜博物馆（3A）、天沐温泉、阳谷迷魂阵村、景阳冈酒道馆、阳谷县图书馆、蚩尤陵、茌平许庄（2000 余年枣乡村）、临清中州古城、张秋 & 阿城 & 七级运河古渡口

国家一级博物馆：中国运河文化博物馆

全国重点文物保护单位：京杭大运河聊城段（临清市、茌平区、东昌府区、阳谷县）、临清运河钞关、光岳楼、山陕会馆、东阿曹植墓、阳谷县景阳冈遗址、茌平隆兴寺铁塔、高唐兴国寺塔

聊城最美书店：沐凡舍书店

聊城必购美品：

中华老字号：东阿阿胶、济美牌酱油 & 食醋

其他：东昌葫芦雕刻、魏氏熏鸡、堠堌熏鸡、高唐驴肉、东昌毛笔、梨膏糖、景阳冈酒等

聊城必赏美秀：临清东宛园超级电音泼水派对、运河国潮舞团、鼓乐幻城实景演艺等

乡村振兴 · 齐鲁样板 · 聊城先行

1. 国家现代农业示范区：聊城市国家现代农业示范区

2. 全国乡村旅游重点村镇：东阿县铜城街道、东昌府区韩集镇

3. 全国休闲农业与乡村旅游示范县、示范点：冠县梨园生态旅游有限公司

4. 中国最有魅力 / 最美 / 美丽休闲乡村：江北水城旅游度假区李海务街道刘道之村

5. 国家农业产业强镇：东昌府区梁水镇（小麦）、茌平区贾寨镇（设施蔬菜）、

临清市尚店镇（牛）、阳谷县安乐镇（肉鸡）

6. 全国“一村一品”示范村镇：

阳谷县：阿城镇（奥德源蔬菜）、七级镇（菠菜）、高庙王镇（辣椒）、安乐镇（肉鸡）

莘县：河店镇（莘绿香瓜）、燕店镇（王公香瓜）、董杜庄镇（西瓜）

冠县：店子镇（灵芝）、东古城镇田马元村（田马元甜樱桃、苹果）、兰沃乡韩路村（冠县鸭梨）

东昌府区：堂邑镇路西村（堂邑工艺葫芦）

茌平区：贾寨镇耿店村（茌星蔬菜）

7. 全国乡村特色产业产值超十亿元镇、超亿元村：

莘县：燕店镇（王公香瓜，2020、2021、2022 年）、河店镇（香瓜，2022 年）

阳谷县：阿城镇（西葫芦，2021、2022 年）、安乐镇（肉鸡，2022 年）

东昌府区：堂邑镇路西村（工艺葫芦，2021、2022 年）

冠县：店子镇（灵芝，2022 年）

8. 国家森林乡村：

东昌府区：道口铺街道高马村；李海务街道刘道之村；堂邑镇肖庙村；韩集镇后姜村、张会所村

临清市：先锋办事处孟店居、金郝镇代庄村、潘庄镇前汪堤村

阳谷县：安乐镇刘庙村、寿张镇冀王村、十五里园镇肖店村

东阿县：牛角店镇红布刘村、高集镇庙杨村、陈集镇胡楼村

高唐县：清平镇北街村、军户李村、沈庄村

茌平区：菜屯镇南海子村、乐平铺镇常海子村

莘县：十八里铺镇苏堂村、古城镇前三里营村

冠县：兰沃乡大曲村

9. 全国农产品地理标志：

东阿县：东阿黄河鲤鱼、东阿黑毛驴、东阿鱼山大米

东昌府区：许营西瓜

茌平区：贾寨葡萄

临清市：临清椹果

冠县：冠县鸭梨

中国十大名楼之一、国保单位光岳楼全景航拍。摄影：宁志浩

临清东宛园仲夏夜之梦。摄影：朱锐（@摄影师么么锐）

东阿阿胶世界。聊城市文化和旅游局供图

高唐县：高唐栝楼

阳谷县：阳谷朝天椒

交通强国 · 聊城先行

国家高速铁路：国家“八纵八横”高速铁路网，京港（台）通道山东段，京雄商高铁（在建）临清东站、聊城西站、阳谷东站。

国家高速公路：G22 青兰（青岛—兰州）高速、G0311 济聊（济南—聊城）高速、G0321 德上（德州—上饶）高速、G2516 东吕（东营—吕梁）高速从聊城市境内通过。

国内机场：聊城民用机场（正推进审批立项），位于东昌府区，机场定位为国内 4C 级支线机场。

国际陆港：临清市鲁西国际陆港集装箱吞吐量稳居山东港口 33 个内陆港之

聊城光岳楼霞光万道、瑞彩千条。聊城市文化和旅游局供图

首。冠县积极建设冠州国际陆港等 3 条铁路专用线。

体育强市 · 聊城先行

近年来，聊城市深入实施全民健身战略，推进体育强市建设，成功举办聊城市首届环东昌湖半程马拉松赛，办好亚洲大学生龙舟锦标赛等赛事。2024 年 1 月，聊城市政府计划建成山东省首个青少年时尚体育公园。2023 年杭州亚运会，聊城籍运动员贡献 1 金，“00 后”张建辉与队友一起夺得电子竞技项目和平精英亚运版本团体金牌（5 人团体项目），实现山东电竞项目亚运金牌零的突破。2021 年陕西第十四届全国运动会，聊城市运动员为山东贡献 2 银 2 铜。

山东先行

十五　跟着范仲淹游滨州

——从孙子故里走向一代名宰　黄河三角洲“爱之城”的海洋梦

滨州市文旅概况

滨州市地处山东省北部、渤海湾西南岸，西北隔漳卫新河与河北省沧州市相望，全市横跨黄河南北，是黄河三角洲面积最大、人口最多的行政区。滨州市因濒临渤海而得名，大陆海岸线长度为130.28千米，境内分布着21个海岛。境内发现了新石器时代重要遗存丁公遗址（丁公陶文），1992年12月30日，山东大学在《人民日报》（海外版）郑重宣布：中国进入有文字记载的历史从原来的公元前1400年提至公元前2300年左右。

今滨州境内，周属齐国封地。后周显德三年（956年），置滨州。明洪武元年（1368年），滨州属济南府。2000年6月23日，国务院设立省辖滨州市。今天，这座按成立日期推算为“巨蟹座”的共和国城市，同时也是山东省最年轻的城市，迎来了新发展机遇的第三个十年。滨州市素有“渤海雄邦”之誉，近年来入选全国文明城市提名城市名单，是中国特色魅力城市、中国优秀旅游城市、中国乡村旅游最佳示范城市、国家园林城市、国家级交通运输主枢纽城市。据第一财经·新一线城市研究所《2024新一线城市魅力排行榜》，滨州位列90座四线城市第13位，是准三线城市，排序高于首批国家历史文化名城之一、“八朝古都”开封和著名旅游城市黄山。据华顿经济研究院《2024年中国百强城市排行榜》，滨州排名全国第84位，略高于河北邯郸。

滨州市总面积9660平方千米，位列山东第9位，其中，面积最大的沾化区2218平方千米，居山东136区县第5位；无棣县面积2094平方千米，居全省第8位。

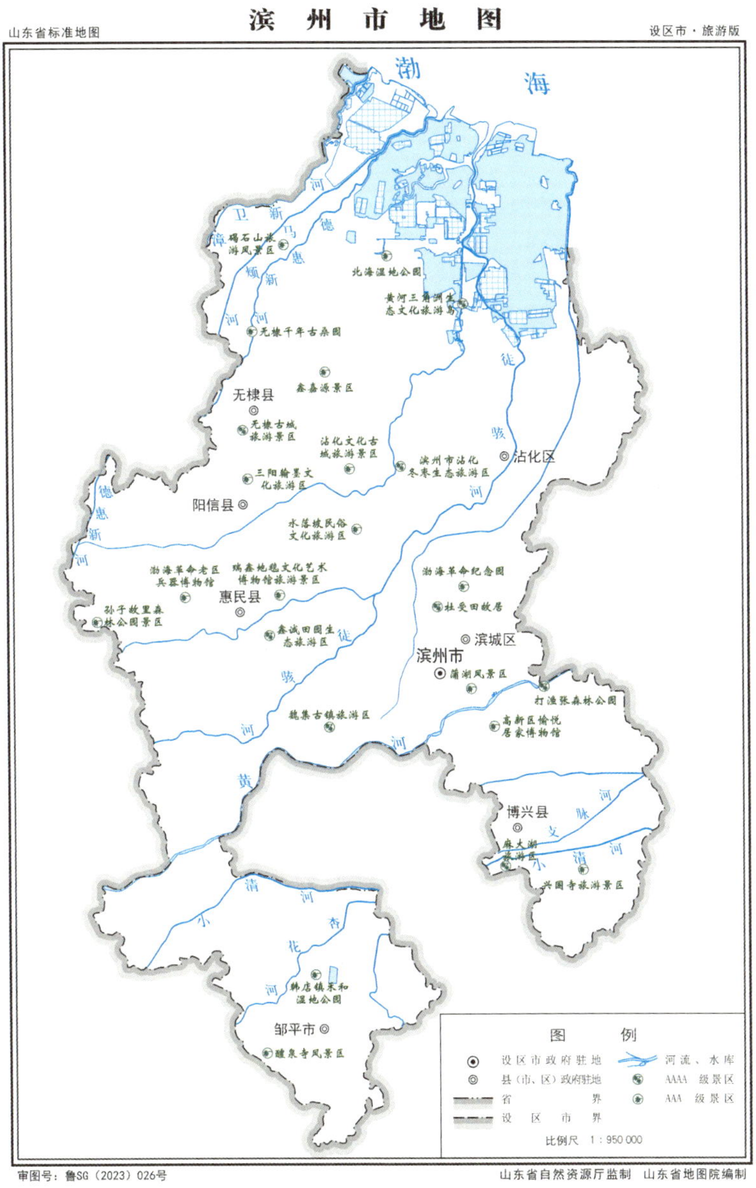

滨州市地图 · 旅游

截至 2023 年末，滨州市常住人口 390.41 万人，居山东省第 12 位。滨州籍的历史名人主要有：春秋时期兵家鼻祖、《孙子兵法》的作者孙武（一说是东营广饶人），东汉孝子董永，隋朝绘画大师展子虔等。

滨州城市文旅 slogan 是“孙子故里 · 生态滨州”，市花是月季，车牌代码是鲁 M。滨州市境内有邹平市、阳信县、无棣县、博兴县 4 个“千年古县”，“爱之城”滨州市（博兴县）是“董永和七仙女”传说的发源地。2023 年 5 月 5 日，

蒲湖美景惹人醉。滨州市文化和旅游局供图

以董永与七仙女的爱情传说为总体设计理念的博兴黄河郊野公园开园纳客，这是滨州市首个爱情文化主题公园。截至 2024 年 6 月，滨州市拥有 1 处国家一级博物馆；6 处国家一级文化馆；5 处国家一级图书馆；10 处国家级非物质文化遗产；5 处全国重点文物保护单位；9 家国家 4A 级以上旅游景区。

重要节庆方面，2023 年 9 月 20 日，滨州市中国农民丰收节暨第二十五届沾化冬枣节在沾化区市民活动中心盛大启幕，本届节庆由山东省文化和旅游厅、滨州市人民政府共同主办。2023 年，沾化冬枣产业产值突破 55 亿元。此外，滨州市还有阳信梨花节等特色节庆。

“引客入鲁”滨州城市文旅首席推介官：范仲淹

姓名：范仲淹

别名：范文正

出生地：一说今江苏省徐州市，一说今河北省石家庄市正定县

职业：政治家、文学家

官至：参知政事，正二品，代行宰相之职。

荣誉：发起“庆历新政”，力推改革。逝世后，宋仁宗亲书其碑额为“褒贤之碑”。后累赠太师、中书令兼尚书令、魏国公。至清代以后，相继从祀于孔庙及历代帝王庙。后世称范仲淹为“北宋第一完人”，有《范文正公集》传世。

家庭背景：先祖为唐朝宰相范履冰。据考，范仲淹至少是“官五代”，高祖曾任丽水县丞，曾祖、祖父均在吴越为官，父亲范墉官至任武宁军节度掌书记（相当于徐州军分区司令员的机要秘书）。

何时入鲁：范仲淹两岁时，父亲病故，母亲谢氏因贫无依靠，改嫁朱文翰（时

山水邹平，范仲淹四岁移居至此。摄影：李刚

位于惠民县的孙子兵法城，秦汉式园林建筑群穿越千年。滨州市文化和旅游局供图

滨州黄河楼，落霞与群雁齐飞，秋水共长天一色。 摄影：李钟毅

任平江府推官，正七品，相当于今天的苏州市中级人民法院院长），范仲淹改名朱说。四岁时，随继父北归长山县河南村（今滨州邹平市长山镇范公村）。1015 年，27 岁的朱说考中进士，被授予正九品官职后，很快就把母亲接到身边奉养。29 岁，复范姓，改名仲淹。

1051 年春天，因性格刚正，多次犯颜直谏，范仲淹屡遭诬谤、数度被贬，再度回到山东，出任青州知州，63 岁的范公身体已大不如前，但对于第二故乡的思念，让他拖着病体绕道邹平，看望那里的父老乡亲和师长，场面感人。为官青州，范仲淹体察民情，政绩突出，可惜次年病逝于今徐州境内。在范仲淹的教导下，四个儿子全都成才。次子范纯仁官至尚书右仆射兼中书侍郎（宰相），以父为榜样，生活俭朴，人称“布衣宰相”，“父子宰相”传为佳话。

今天的邹平长山范公祠，位于长山镇孝妇河南岸，始建于北宋英宗治平二年（1065 年），即范仲淹病逝后的第 13 年，这是全国最早的纪念范公的享堂，同时也是今天的范仲淹政德教育基地所在。此外，在邹平青阳镇醴泉寺及潍坊青州市、淄博博山区，还各有一处范公祠，心系人民的人始终会被人民铭记。

试着以范仲淹的视角来解读他与滨州的缘分：“仲淹两岁时，家父去世，家母为仲淹改嫁，四岁随继父迁往长山县（今邹平），长山的百姓对我很好，在这里，我第一次有了一种家的感觉。仲淹先祖为唐朝宰相范履冰，自高祖、曾祖、祖父到父亲，仲淹以上四代皆为朝廷命官。文能提笔安天下，武能上马定乾坤，这是仲淹给自己定下的人生目标。‘先天下之忧而忧，后天下之乐而乐’，这是仲淹一生所追求的政治抱负。俄国作家陀思妥耶夫斯基在《罪与罚》一书中写道：‘我不是向你下跪，而是向人类的一切苦难下跪。’981 年前，当 55 岁的仲淹跪在支持‘刀刃向内’改革的宋仁宗面前时，于我心中，正是这样想的：百姓安居、政通人和。哪有什么‘北宋第一完人’？这世上总得有人为百姓负重前行，‘虽千万人吾往矣’。”

为范仲淹点歌：王菲《如愿》

而我将　爱你所爱的人间
愿你所愿的笑颜
你的手我蹒跚在牵

请带我去明天
如果说 你曾苦过我的甜
我愿活成你的愿
愿不枉啊 愿勇往啊
这盛世每一天
……

跟着范仲淹游滨州

滨州必品美肴：青阳炒鸡、滨州烧鸡、黄河刀鱼、绣球干贝、韩记香肠、梁才四喜丸子、干粉丸子等

滨州必吃美味：众品工贸纸皮包子（中华老字号）、滨州锅子饼、马蹄火烧、油煎锅贴、苏州饭店（煎包）等

滨州必饮美酒：孙武酒、范公酒

滨州必住美宿：

四星级旅游饭店：银茂大酒店、贵苑大酒店、惠民圣豪丽景温泉酒店

山东省五星级旅游民宿：惠民县贤山居民宿

滨州必游美景：

国家 4A 级旅游景区：滨州孙武古城旅游区（孙子兵法城、武定府衙）、沾化冬枣生态旅游区、无棣古城旅游景区、博兴县打渔张森林公园、麻大湖旅游区、鑫诚田园生态旅游区、蒲湖风景区等

其他：孙武不夜城

国家湿地公园：滨州秦皇河、滨州小开河、无棣县黄河岛、博兴县麻大湖国家湿地公园

国家级自然保护区：滨州贝壳堤岛与湿地国家级自然保护区，位于无棣县，是滩涂湿地候鸟重要栖息地。

国家级自然保护区无棣古贝壳堤，全球三处古贝壳堤之一。摄影：李文明

无棣七彩盐田，犹如大地的调色盘。摄影：朱锐（@摄影师么么锐）

孙武不夜城点亮潮生活。滨州市文化和旅游局供图

滨州打卡美地：

国家 4A 级旅游景区：魏集古镇旅游区、杜受田故居

其他：渤海革命老区机关旧址等

国家一级博物馆：滨州市博物馆

全国重点文物保护单位：邹平丁公遗址、博兴龙华寺遗址、惠民魏氏庄园等

滨州最美书店：孙武书城

滨州必购美品：

中华老字号：福人楼珠宝、华阳冷鲜肉和原汁牛肉、武定府酱菜

其他：芝麻酥糖、黄河五道口大米、阳信鲁绣、魏集驴肉、阳信媚梨、沾化冬枣、中枣酒、三河湖镇“共富茶”、炊牛小镇牛肉制品等

滨州必赏美秀：蒲湖大型实景演艺、印象孙武(拟)大型实景文旅演艺、吕剧《烈烈渤海红》等

乡村振兴 · 齐鲁样板 · 滨州先行

1. 国家现代农业示范区：滨城区国家现代农业示范区、博兴县国家现代农业示范区

2. 国家生态文明建设示范市县区：惠民县

3. 全国乡村旅游重点村镇：滨城区里则街道西纸坊村

4. 全国休闲农业与乡村旅游示范县、示范点：滨州市芳绿食用菌高效生态休闲农业点

5. 中国最有魅力 / 最美 / 美丽休闲乡村：滨城区杜店街道狮子刘村

6. 国家农业产业强镇：沾化区下洼镇（沾化冬枣）、冯家镇（海蜇）；阳信县温店镇（肉牛）；无棣县西小王镇（棉花）

7. 全国“一村一品”示范村镇：

博兴县：店子镇（博绿西红柿）；乔庄镇（黄三角南美白对虾），乔庄镇苍上村（南美白对虾）；锦秋街道湾头村（草柳编工艺品）

滨城区：三河湖镇王立平村（笠坪韭菜）、杨柳雪镇西辛庄村（黄瓜）

沾化区：下洼镇（冬枣）、利国乡（洼地绵羊）

邹平市：黛溪街道张高村（张高水杏）、长山镇毛张村（山药）

惠民县：麻店镇（西瓜）、皂户李镇（苗木花卉）

无棣县：车王镇（肉牛）、海丰街道大齐村（大齐黄金杏）

阳信县：金阳街道（阳信鸭梨）

8. 全国乡村特色产业产值超十亿元镇、超亿元村：

博兴县：店子镇（西红柿，2020、2021、2022 年）、乔庄镇（南美白对虾，2021、2022 年）、锦秋街道湾头村（草柳编产品，2021、2022 年）

惠民县：皂户李镇（苗木花卉，2021、2022 年）、麻店镇（西瓜，2021、2022 年）

沾化区：下洼镇（冬枣，2020、2021、2022 年）

9. 国家森林乡村：

惠民县：皂户李镇火把李村、康家堡村；魏集镇贾家集村、滋角镇解家村

滨城区：梁才街道王大夫村、大郑村；杨柳雪镇杨柳雪村

沾化区：富国街道黑龙村、泊头镇冯王村、冯家镇大蔡村

邹平市：黄山街道贺家村、码头镇前安村、孙镇党里村

阳信县：水落坡镇祁王村、商店镇北街村、劳店镇潘家村

无棣县：棣丰街道王白杨村、西小王镇西小王村、水湾镇谷家刘李庄西村

博兴县：乔庄镇梁楼村、刘古村；吕艺镇寨王村

10. 全国农产品地理标志：

无棣县：无棣黑牛、无棣驴、汪子岛鳎麻鱼、无棣卤虫卵

沾化区：沾化洼地绵羊、沾化白山羊、沾化冬枣

惠民县：惠民蜜桃、麻店西瓜

博兴县：麻大湖毛蟹、博兴对虾

滨城区：三河湖韭菜

邹平市：张高水杏

阳信县：阳信鸭梨

邹平夜猫子集文艺范儿十足。滨州市文化和旅游局供图

交通强国 · 滨州先行

国家高速铁路：国家“八纵八横”高速铁路网，沿海通道山东段、京沪通道山东段（京沪高铁二线），津潍高铁（在建）无棣站、滨州站；青银通道山东段，济青高铁邹平站。

国家高速公路：G25 长深（长春—深圳）高速、G2516 东吕（东营—吕梁）高速、G1818 滨德（滨州—德州）高速从滨州市境内通过。

国内通用机场：滨州大高机场，位于沾化区，是 4C 级 A1 类跑道型通用机场。

国家一类口岸（水港）：滨州港（滨州港区、东风港区、鲁北港区、富国港区）是山东省会经济圈最近的出海通道，同时也是山东对接天津滨海新区最近的出海口岸。

体育强市 · 滨州先行

近年来，滨州市积极打造特色体育名城，发力培育体育赛事等新消费，深化创建全国体育公园城市，持续擦亮“九九黄河”体育文化品牌。博兴县成功入选全国首批全民运动健身模范县，成为山东 136 区县两个“模范生”之一。成立于 2020 年 2 月的山东滨盛文旅体育产业集团有限公司，是山东十六地市仅有的两个在企业名称中带有“体育”二字的文旅 / 旅游集团。

竞技体育是滨州的强项。2023 年杭州亚运会，滨州健儿为国贡献 2 金：鲁诗雨获赛艇女子双人双桨冠军，张博文搭档姜冉馨在射击 10 米气手枪混合团体赛上夺金。2022 年，鲁诗雨作为中国女子四人双桨项目主力队员，为国出征并获得赛艇世界杯年度总冠军。2021 年陕西第十四届全国运动会上，滨州健儿贡献 8 金，金牌数位居全省地市第六，帮助山东实现全运会金牌总数“四连冠”。

山东先行

十六 跟着范蠡游菏泽
——牡丹之都的商圣传奇、一座引领国人极致浪漫风尚的城

菏泽市文旅概况

菏泽古称“曹州”，地处鲁、苏、豫、皖四省交界地区，东南与江苏省徐州市、安徽省宿州市接壤，南与河南省商丘市相连，西与河南省开封市、新乡市毗邻，北接河南省濮阳市。因南有“菏山”，北有“雷泽”，1735 年，清朝雍正皇帝赐名“菏泽”。菏泽位于黄河下游，黄河流经东明县、牡丹区、鄄城县、郓城县四县区，在菏泽境内全长 157 千米。

菏泽历史悠久，是中华民族的发祥地之一。早在四千多年以前的新石器时代，今菏泽境内就有人类活动的遗迹。春秋时期，境内分属宋、鲁、卫、曹国。北周武帝宣政元年（578 年），改西兖州为曹州，是为曹州得名之始。清雍正十三年（1735 年），曹州升为府。1948 年 9 月，菏泽全境解放。2000 年 6 月 10 日，经国务院批准，菏泽撤地设市。今天，这座按成立日期推算为“巨蟹座”的共和国城市，是山东省最年轻的城市，迎来了新发展机遇的第三个十年。2023 年，菏泽市地区生产总值达到 4464 亿元，排名山东第八，GDP 增速高居山东第二。据第一财经·新一线城市研究所《2024 新一线城市魅力排行榜》，菏泽位列三线城市行列，跟千年古都洛阳、扬州、桂林、三亚同档，排序在广东湛江之前。据华顿经济研究院《2024 年中国百强城市排行榜》，菏泽排名全国第 99 位，略高于河南许昌。

菏泽市总面积 12238.62 平方千米，列山东省第 4 位，其中曹县面积 1967 平方千米，居全省 136 区县第 10 位。截至 2023 年末，菏泽市常住人口 863.55 万人，

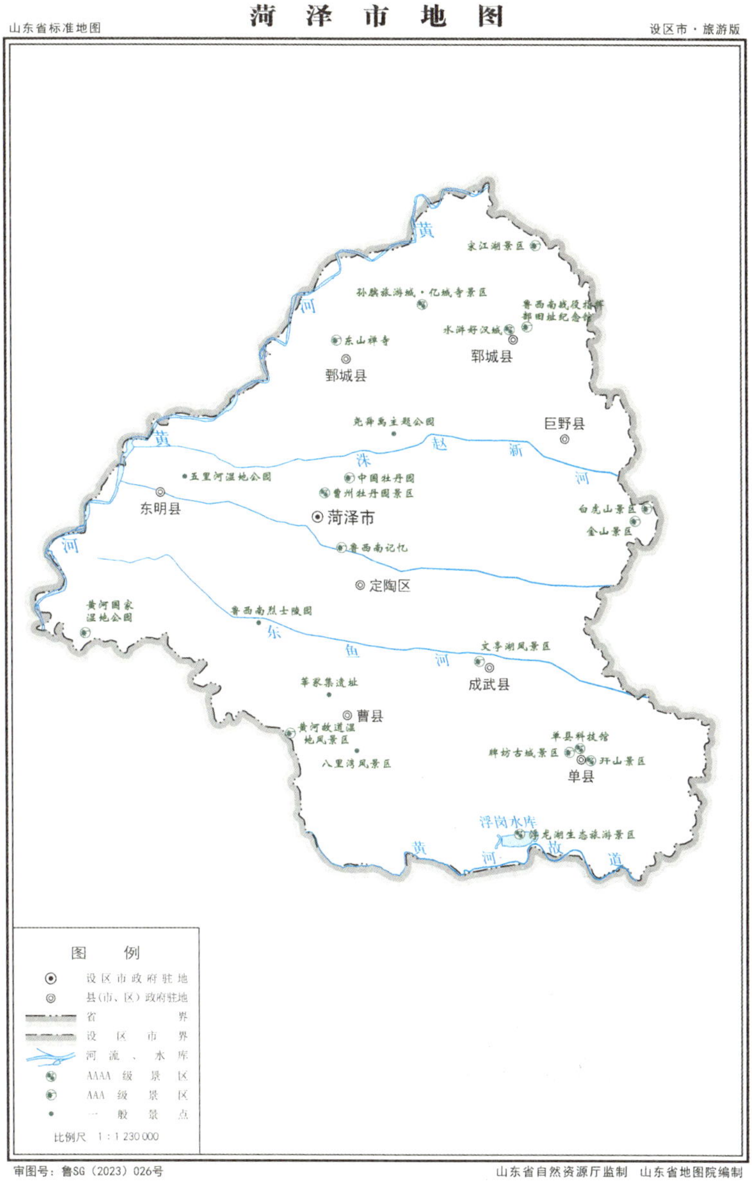

菏泽市地图 · 旅游

居全省第 5 位，其中牡丹区常住人口 169 万人、曹县 135 万人。菏泽籍的历史名人主要有：辅佐商朝四代帝王的贤相伊尹，战国时期齐国军事家孙膑，战国中期思想家、哲学家、文学家、道家学派代表人物庄子等。值得一提的是，公元前 487 年，曹被宋所灭，曹国后裔以国名为姓氏纪念国家。《三国志》载，曹操乃西汉相国曹参之后，从这个意义上讲，这位曹魏政权的奠基者籍贯是菏泽应无争议。

菏泽城市文旅 slogan 是“牡丹之都 · 花样菏泽”，市花是牡丹。菏泽市境内有定陶区、郓城县、单县、成武县、巨野县、鄄城县、东明县 7 个“千年古县”。截至 2024 年 6 月，菏泽市有一处国家一级博物馆；6 处国家一级文化馆；6 处国家一级图书馆；32 处国家级非物质文化遗产（高居全省第 1）；11 处全国重点文物保护单位；8 家国家 4A 级以上旅游景区。

菏泽是国家确立的牛、羊出口基地，有三大“国宝”：青山羊、小尾寒羊的饲养量居全国农区第一，鲁西黄牛饲养量列全国第三位。菏泽市是国务院命名的“武术之乡”“书画之乡”“戏曲之乡”，是中国优秀旅游城市、中国优秀节庆城市，全国著名的“西瓜之乡”“西红柿之乡”“芦笋之乡”“大蒜之乡”及中药材生产基地。

2024 年爆火的中国首款 3A 游戏《黑神话：悟空》以中国四大名著之一、吴承恩所著《西游记》为背景设定，唐僧西天取经团队包括师徒四人和白龙马。中国历史上最为知名的相马师伯乐就是菏泽成武人。伯乐，本名孙阳，春秋时期郜国人。中唐韩愈所著《马说》中有言：“世有伯乐，然后有千里马。千里马常有，而伯乐不常有。”孙阳善相马，传说伯乐是主管天马的星名，今成武县有伯乐集镇。

曹县汉服引领中式浪漫。山河锦绣汉服设计馆供图

某种程度上，菏泽是一座引领国人极致浪漫风尚的城市。牡丹区是全国唯一一个用花卉命名的市辖区，在传统服饰方面，从马面裙到战国袍，菏泽曹县汉服产业一直引领着国人的极致浪漫风尚。武王伐纣终结商王朝后，周武王封弟叔振铎于曹，定都陶丘（今菏泽市定陶区）。春秋时期，陶丘凭借地理及水路交通优势成为商业大都会。2700 多年后的今天，曹县又一次站在了商业的风口，作为汉服主产区的大集镇是全国乡村特色产业十亿元镇、全国一村一品示范村镇。2023 年，曹县线上线下渠道汉服销售额突破百亿元，市场份额占据全国汉服市场的一半，逐渐形成了中国县域经济高质量发展的“曹县路径”，带动菏泽成为山东省最

具活力的地市。

重大节庆方面，菏泽国际牡丹文化旅游节始于 1992 年，曾荣获“中国最具影响力的品牌展会”等称号，进入 2023 中国节庆品牌 100 强榜单，高居第 16 位。菏泽牡丹栽培始于明嘉靖年间，已有 400 多年的历史，自古享有“曹州牡丹甲天下”的美誉。2012 年 3 月，菏泽被中国花卉协会正式命名为“中国牡丹之都”。2023 年菏泽牡丹产业实现总产值 108 亿元。2024 年 4 月 8 日，以“让世界爱上菏泽牡丹”为主题的 2024 世界牡丹大会暨第 33 届菏泽国际牡丹文化旅游节开幕式在菏泽会盟台举行。世界牡丹大会始于 2019 年，是由山东省人民政府主办、菏泽市人民政府承办的国际性牡丹行业盛会。菏泽其他较有影响力的节庆还有水浒文化旅游节等。

黄河故道油菜花海。曹县黄河故道国家湿地公园供图

“引客入鲁”菏泽城市文旅首席推介官：范蠡

姓名：范蠡

别名：陶朱公

出生地：今河南省南阳市宛城区

职业：政治家、军事家、经济学家

官至：相国、上将军、上大夫

荣誉：被百姓奉为“文财神”“商圣”“商祖”

家庭背景：祖上为楚国贵族，至其父已家道衰落，沦为庶人。

何时入鲁：据《史记·越王勾践世家》：“范蠡以为……勾践为人可与同患，难与处安，为书辞勾践……范蠡浮海出齐，变姓名……父子治产。居无几何，致产数十万……故范蠡三徙，成名于天下……卒老死于陶，故世传曰陶朱公。”

范蠡陪勾践为奴三年，在赋能勾践灭吴雪耻后，范蠡认为勾践共患难易，同富贵难，于是留下书信离开越国，从此隐姓埋名，64岁开始在山东定陶经商，致使原本就富贵的家庭“不堪重富”，“十九年间，三致千金”。传奇之所以是传奇，是因为往往“不世出”，范蠡甘愿陪勾践为奴，完美执行“美人计”，助越灭吴，参透人性急流勇退，纵横商海，成就巨富，三散其财，传奇人生，百年难遇。范蠡被后世尊为“商祖”，今定陶区建有范蠡像。

勾践灭吴的一大关键是向吴王夫差施行“美人计”，相传范蠡在越国民间选美，选中了中国古代四大美女之首的西施，西施忍辱负重、以身报国。西施传说入选第一批国家级非物质文化遗产。民间亦多有范蠡和西施的爱情传说。1999年版《定陶县志》为读者加了一个彩蛋：“据传，范蠡来陶时，曾携西施一同前来。范蠡和西施在白土山下，凿池养鱼，植桑养蚕，牧马喂鸭，过着自由欢快的生活。”不知2500年前的西施看到这个彩蛋后，内心有没有想跟范蠡说的话？“我欠你啥子嘛，我啥子都不欠你的，走走停停不如定定，凄凄切切说句谢谢……”不过，范蠡的心里大概率只能装得下勾践和计然，而不是西施。

试着以范蠡的视角来解读他与菏泽的缘分：“美国作家赫尔曼·麦尔维尔

在《白鲸》一书中写道：‘这个世界上的种种情状无一不是由对比而生。孤立存在的事物是没有的。’想当初，吾师文种和范蠡一同投奔越王，但在助越灭吴后，师傅没有听范蠡的劝离开，却遭勾践赐剑自刎。反观范蠡隐退江湖，打开了另一扇窗子。陶丘居天下之中，是全华夏最好的经商场所，范蠡在此经商，这是老天爷赏饭吃，并非范蠡有什么特异功能。后世尊在下为商祖，范蠡实不敢当，但‘十九年间，三致千金’的事情却是真的，有人说这是‘幸福者退让’原则，这是看不透范蠡‘还富于民’的‘一片冰心在玉壶’。后来范蠡听闻越王也已北上琅琊，谁能帮在下带句话？没有范蠡的日子里，王，今在他乡还好吗？没有下臣的日子，王，别来无恙？每当黄昏来临，晚风吹起，就是范蠡在想念王……”

为范蠡点歌：金志文《远走高飞》

我一路看过千山和万水
我的脚踏遍天南和地北
日晒或是风吹　我都无所谓
路边那朵蔷薇　鲜红的纯粹
关掉了手机管他谁是谁
不要去理会是是与非非
天亮走到天黑　从不觉疲惫
黄昏中的堡垒　多颓废
如果迎着风就飞
俯瞰这世界有多美
让烦恼都灰飞
别去理会自我藉慰
如果还有梦就追
至少不会遗憾后悔
迎着光勇敢追
远走高飞　说走就走一回
……

跟着范蠡游菏泽

菏泽必品美肴：

山东老字号：金堤酱牛肉、满当烧牛肉、三义春羊肉汤、复盛永陶家红油羊肉、什集烧羊肉、小老王皮婆婆烧鸡、李全德东明香肚

菏泽必吃美味：

山东老字号：银盛园老鸡汤馄饨、胡辣汤、曹县香酥鸡蛋火烧、小笼包、水煎包

其他：壮馍、鲁单许记全羊馆菏泽羊汤、槐花汤等

舌尖上的中国：郓城西瓜酱（登陆《舌尖上的中国2》）

羊汤永远是菏泽头号美食招牌。单县头一锅羊肉汤馆供图

菏泽必饮美酒：

山东老字号：杨湖酒、花冠酒、水浒酒、万事孔子酒、陈王酒

菏泽必住美宿：

四星级旅游饭店：和平大酒店、郓城县泰舟酒店

菏泽必游美景：

国家4A级旅游景区：曹州牡丹园景区、水浒好汉城、孙膑旅游城·亿城寺景区、单县浮龙湖生态旅游景区、单县开山景区

其他：方特“熊出没”主题乐园（在建）、华夏部落文化旅游区（在建）、浮龙湖野生动物欢乐世界（在建）、凤凰山文旅综合体（在建）等

国家湿地公园：东明黄河、曹县黄河故道、单县浮龙湖、成武县东鱼河国家湿地公园

黄河故道湿地晚秋美景。曹县黄河故道国家湿地公园供图

菏泽打卡美地：

国家4A级旅游景区：单县科技馆、曹县黄河故道湿地风景区、巨野县金山景区

其他：冀鲁豫边区革命纪念馆（3A）、鄄城黄河大堤（夏日版鄄城大草原）、巨野前王庄（500余年石头寨）等

国家一级博物馆：巨野县博物馆

全国重点文物保护单位：单县百寿坊及百狮坊、成武县卧化塔、郓城观音寺塔、巨野县永丰塔、巨野文庙大成殿等

菏泽最美书店：当当书店菏泽店

菏泽必购美品：

山东老字号：王光烧牛肉、精一坊鄄城鲁锦、乡韵鲁锦纺织服饰、大刘庄麻糖、良心红薯粉条及绿豆粉皮、“思香牌”小磨香油＆芝麻酱、润香斋酱油、鸿方缘成武酱大头

其他：曹县汉服（马面裙、战国袍等）、巨野工笔牡丹画、单县羊肉汤等

菏泽必赏美秀：大型水上实景演出《曹州吟》、舞台剧《牡丹传奇》等

乡村振兴·齐鲁样板·菏泽先行

1. 国家现代农业示范区：巨野县国家现代农业示范区

2. 全国乡村旅游重点村镇：巨野县核桃园镇前王庄村

3. 中国最有魅力/最美/美丽休闲乡村：郓城县张营街道后彭庄村、单县浮岗镇小王庄村、巨野县核桃园镇前王庄村、东明县武胜桥镇玉皇庙村

4. 国家农业产业强镇：东明县马头镇（富硒小麦）、小井镇（生猪）；郓城县侯咽集镇（小麦）；成武县大田集镇（大蒜）；巨野县独山镇（香辛类蔬菜）

5. 全国“一村一品”示范村镇：

定陶区：陈集镇（陈集山药）、南王店镇（南王店西瓜）；陈集镇七一村（天智绿业山药）、南王店镇王楼村（南王店西瓜）、半堤镇成海村（胡萝卜）、黄店镇朱庄村（玫瑰）

曹县：大集镇（电子商务）、青堌集镇（芦笋）、邵庄镇（油菜）、普连集镇（小麦）

巨野县：陶庙镇（大蒜）；麒麟镇南曹村（种鸭）、大义镇吴集村（添口福大棚蔬菜）、万丰镇阚店村（苦瓜）

成武县：大田集镇（田集大蒜）、白浮图镇（翠博芸豆）；张楼镇乔庄村（青展黄瓜）

郓城县：李集镇梁楼村（芦笋）、南赵楼镇甄庄（平菇）

牡丹区：沙土镇（蔬菜）

单县：李新庄镇（单县香瓜）

鄄城县：彭楼镇（中药材）

东明县：陆圈镇马军营村（蔬菜）

6. 全国乡村特色产业产值超十亿元镇、超亿元村：

曹县：大集镇（电子商务，2021、2022年）、青堌集镇（芦笋，2021、2022年）、邵庄镇（油菜，2022年）、普连集镇（强筋小麦，2022年）

成武县：大田集镇（大蒜，2020、2021、2022 年）
定陶区：陈集镇（山药，2021、2022 年）
巨野县：麒麟镇南曹村（种鸭，2021、2022 年）
牡丹区：沙土镇（蔬菜，2022 年）

7. 国家森林乡村：

单县：终兴镇井庄村、杨楼镇刘寨村、黄岗镇后花园村、郭村镇魏楼村

巨野县：董官屯镇舒王庄村、太平镇郭坊村、核桃园镇付庙村、龙固镇耿庄村

郓城县：双桥镇坡里何庄村、唐庙镇胡庄村、李集镇杨集村、玉皇庙镇西陈庄村

牡丹区：小留镇康庄村、胡集镇黄屯村、安兴镇任庄村
定陶区：冉堌镇王堂村、半堤镇曲庄村、马集镇袁堂村
曹县：魏湾镇张康村、青岗集镇江楼村、朱洪庙乡李庄寨村
成武县：九女集镇岳庄村、党集镇西刘海村、汶上集镇洪楼村
鄄城县：古泉街道常庄村、旧城镇葵堌堆村、彭楼镇王堂村
东明县：武胜桥镇玉皇庙村、菜园集镇李屯村、陆圈镇于屯村

8. 全国农产品地理标志：

定陶区：南王店西瓜、半堤胡萝卜、黄店玫瑰
单县：单县罗汉参、单县青山羊
郓城县：郓半夏
曹县：曹县芦笋
东明县：东明西瓜
覆盖菏泽全境：鲁西斗鸡

交通强国·菏泽先行

国家高速铁路：国家“八纵八横”高速铁路网，京港（台）通道山东段，京雄商高铁（在建）菏泽段全长 148.8 千米，设郓城站、菏泽东站（与日兰高铁双

线共站）、曹县西站，菏泽将成为国家高速铁路网中的一个重要枢纽。

国家高速公路： G35 济广（济南—广州）高速、G3511 菏宝（菏泽—宝鸡）高速、G0321 德上（德州—上饶）高速、G1511 日兰（日照—兰考）高速从菏泽境内通过。

国内机场： 菏泽牡丹机场位于定陶区，为 4C 级国内支线机场，已实现通航乌鲁木齐、三亚、哈尔滨等 26 座城市。

内河航运： 菏泽港洙水河航道巨野麒麟港日吞吐量超 1 万吨，新万福河航道巨野万丰港日吞吐量超 2 万吨，成武港安济河作业区试运营，货运船只通过京杭大运河实现了内河航运的通江达海。

体育强市 · 菏泽先行

菏泽市是原中国国家篮球队主力中锋穆铁柱和举重体育名人马文广的家乡。近年来，菏泽成功举办国家级 A 类赛事“华瑞 · 华小粮杯”2023 菏泽马拉松赛，单县一中男排八战八捷，勇夺第二届全国初中联赛冠军，填补山东省在该项荣誉上的空白；2021 年陕西第十四届全国运动会上，菏泽健儿取得 2 金 2 银 4 铜的菏泽历史最好成绩。

参考文献

1. 中华人民共和国各级人民政府官方网站、中国旅游饭店业协会等官方网站。

2.（唐）房玄龄注，（明）刘绩增注：《管子》，上海古籍出版社 1989 年版。

3.（明）吴承恩著，方原、黄苑、紫蔷注：《西游记》，华夏出版社 1994 年版。

4.（清）吴楚材、吴调侯选注，施适校点：《古文观止》，上海古籍出版社 2016 年版。

5.（清）刘鹗著，陈翔鹤校，戴鸿森注：《老残游记》，人民文学出版社 2024 年版。

6.（清）袁枚著，陈伟明译注：《随园食单》，中华书局 2020 年版。

7.《诸子集成》（全 8 册），上海书店 1986 年影印版。

8. 中华书局编辑部编：《二十四史》（全 63 册），中华书局 2000 年版。

9. 韩路主编：《四书五经》（全 4 卷），沈阳出版社 1996 年版。

10. 杨伯峻、杨逢彬注译：《论语》，岳麓书社 2000 年版。

11. 钱穆：《先秦诸子系年》，商务印书馆 2001 年版。

12. 翦伯赞主编：《中国史纲要》，人民出版社 1995 年版。

13. 艾思同、张廷兴、张达、张文珍：《齐鲁文化综论》，中国档案出版社 2004 年版。

14. 王志民、吕文明主编：《齐鲁文化要览》，山东人民出版社 2022 年版。

15. 王志民主编：《齐文化概论》，山东人民出版社 1993 年版。

16. 陈光林主编：《建设山东文化大省论集》，山东文艺出版社 2001 年版。

17. 中共山东省委党史研究院、山东省地方史志研究院编著：《中华人民共和国成立七十年山东大事记》，山东人民出版社 2019 年版。

18. 宋军继、王复进主编：《山东千年古县志》，山东省地图出版社 2006 年版。

19. 星球研究所、中国青藏高原研究会：《这里是中国》，中信出版集团2019年版。

20. 中国铁道出版社有限公司编著：《中国铁路地图集》，中国铁道出版社2023年版。

21. 魏新：《吃了吗》，山东美术出版社2016年版。

22.《中国国家地理·选美中国特辑》，《中国国家地理》2005年增刊。